Wolfgang Gessenharter · Thomas Pfeiffer (Hrsg.)

Die Neue Rechte – eine Gefahr für die Demokratie?

Wolfgang Gessenharter
Thomas Pfeiffer (Hrsg.)

Die Neue Rechte – eine Gefahr für die Demokratie?

VS VERLAG FÜR SOZIALWISSENSCHAFTEN

Vorwort

Als der Verfassungsschutz in Nordrhein-Westfalen das Thema „Neue Rechte“ vor rund zehn Jahren genauer in den Blick zu nehmen begann, warnte mein Amtsvorgänger Herbert Schnoor vor einem modernisierten Rechtsextremismus im intellektuellen Gewand, der gefährlicher sei als die rechtsextremistischen Gruppen alter Prägung. Und seine Sorge war sehr wohl begründet. Es ging und geht um eine Strömung, die sich auf die antidemokratischen Theoretiker der „Konservativen Revolution“ stützt und die vor allem ein Ziel verfolgt: die Meinungsführerschaft in Deutschland zu erringen, die politischen Koordinaten nach rechts außen zu verschieben. Das heißt zum Beispiel: den Pluralismus einer offenen Gesellschaft zu Gunsten starrer, nicht zu hinterfragender Wertvorstellungen zurückzudrängen. Dazu gehört es, das Individuum ethnisch verstandenen Kollektiven wie Volk und Nation unterzuordnen.

Die Gefährdungen für die Demokratie durch gewaltbereite, auch neonazistische Gruppen einerseits und die intellektuelle Neue Rechte andererseits sind unterschiedlich gelagert und daher nur schwer vergleichbar. Geht es in ersterem Fall insbesondere um die direkte, körperliche Bedrohung von politischen Gegnern – generell von Andersdenkenden – und von Migrantinnen und Migranten in Deutschland, stehen in letzterem die Gefahren für die politische Kultur im Vordergrund. Eines aber ist zentral: Der Rechtsextremismus lässt sich nicht auf militante Gruppen reduzieren, er ist weder ein reines Kriminalitäts- noch allein ein Jugendphänomen. Auch keines, das allein marginale Randgruppen betreffen würde. Vielmehr wirft gerade die Auseinandersetzung mit der Neuen Rechten die Frage auf, welche Breitenwirkung ihre Ideen entfalten oder entfalten könnten. Und wie scharf die Trennungslinie zwischen dem demokratischen und dem rechtsextremistischen Spektrum gezogen ist. Viele Wissenschaftler und auch der Verfassungsschutz in Nordrhein-Westfalen beobachten besorgt eine „Erosion der Abgrenzung“, die maßgeblich von der Neuen Rechten betrieben wird.

Die Beiträge dieses Bandes gehen auf die Fachtagung „Die Neue Rechte – eine Gefahr für die Demokratie?“ zurück, die der Verfassungsschutz NRW am 8. Oktober 2003 in Düsseldorf veranstaltet hat. Sie analysieren das Thema „Neue Rechte“ aus den Perspektiven der Wissenschaften, der Medien und des Verfassungsschutzes. Ich möchte der Vielfalt der Blickwinkel einen weiteren hinzufügen – den des Politikers – und einige Schlaglichter auf die Kernthemen der Neuen Rechten aus dieser Sicht werfen. Abweichende Politikentwürfe können im Prinzip durchaus dazu beitragen, den Blick auf neue, möglicherweise unkonventionelle Lösungswege zu lenken. Die Neue Rechte nimmt in diesem Sinne gerne einen „Nonkonformismus“ in Anspruch. In welche Richtung weisen ihre Ideen?

Ein erstes Beispiel: Die Neue Rechte fordert, sich auf Volk und Nation zu besinnen und diese Kategorien ins Zentrum der Politik zu rücken. Die Suche nach dem Verbindenden, Gemeinsinn und Solidarität Stiftenden ist ohne Frage legitim. Auch und gerade in einer pluralistischen Gesellschaft, in der wir leben. Dazu könnte ein modernes Nationsverständnis gehören – oder auch ein „Verfassungspatriotismus“. Die nationale Zugehörigkeit zählt ganz sicher zu einer Vielzahl von Einflüssen, die den Menschen prägen. Ich möchte nur einige wenige weitere nennen: zum Beispiel Bildung, Geschlecht, unterschiedliche politische Grundauffassungen, religiöse Bindungen oder – ein Faktor, der in Nordrhein-Westfalen eine wichtige Rolle spielt – die Verbundenheit mit Regionen. Das alles überragende Moment, wie der Kernbegriff der „nationalen Identität“ in der Neuen Rechten impliziert, ist die nationale Prägung sicherlich nicht. Es drängt sich eher der Verdacht auf, dass mit diesem Begriff der „nationalen Identität“ das komplexe Gebilde „Identität“ aus politischen Motiven heraus auf einen einzigen Faktor reduziert werden soll.

Wenn ich den Titel eines Aufsatzes des Mitherausgebers dieses Bandes, Prof. Dr. Wolfgang Gessenharter, zitieren darf, frage ich mich: „Kann Nation die Antwort sein“ auf die drängenden Fragen der Gegenwart und Zukunft? In den weitaus meisten Fällen denke ich: nein. Der Schutz der natürlichen Lebensgrundlagen, Ressourcenverteilung, Menschenrechte, Fragen nach Krieg und Frieden – all dies sind Themen, die nur durch transnationale Anstrengungen, im europäischen Kontext, im Rahmen der Vereinten Nationen zu lösen sind. Ein ausgrenzender, allein ethnisch definierter Nationalismus, wie ihn die Neue Rechte vertritt, hilft keineswegs weiter. Vielmehr ist ihr Ziel die ethnische Homogenität der Bevölkerung – ein Konstrukt, das weder realistisch noch wünschenswert ist. Wir haben in NRW sehr unmittelbar eine Region vor Augen, die ohne lang anhaltende Zuwanderungsprozesse so nicht hätte entstehen können: Das Ruhrgebiet hat seine Stärke gerade aus der Integration von Einwanderern gewonnen.

Damit komme ich zu einem weiteren Beispiel: der Einwanderungsfrage. Selbstverständlich muss sich die Politik der Chancen wie der Schwierigkeiten von Einwanderung bewusst sein. Das Ziel allerdings ist unter Demokraten praktisch unumstritten: Integration, ein verständiges Zusammenleben auf der Basis gemeinsamer Eckwerte. Dazu zählen die Menschenrechte, die im Grundgesetz festgeschrieben sind. Was wir brauchen, ist mehr Integration, nicht weniger. Ich wünsche mir durchaus – um ein berühmtes Wort Willy Brandts zu übertragen –, dass auch im Verhältnis von ethnisch Deutschen und den hier lebenden Menschen mit Einwanderungshintergrund noch mehr „zusammenwächst, was zusammengehört“. Die Neue Rechte beschwört das Gegenteil: Ihr schwebt ein so genannter „Ethnopluralismus“ vor, das heißt: die räumliche, zumindest aber kulturelle Trennung ethnischer Gruppen.

Ein drittes Beispiel: das Verhältnis zur Geschichte des Nationalsozialismus. Richard von Weizsäcker hat in seiner berühmten Rede zum 8. Mai gesagt: „Es geht nicht darum, Vergangenheit zu bewältigen. Das kann man gar nicht. Sie lässt sich ja nicht nachträglich ändern oder ungeschehen machen. Wer aber vor der Vergangenheit die Augen verschließt, wird blind für die Gegenwart. Wer sich der Unmenschlichkeit nicht erinnern will, der wird wieder anfällig für neue Ansteckungsgefahren.“ Das kritische Erinnern an den Nationalsozialismus zählt zum Grundkonsens der Bundesrepublik Deutschland – nicht in erster Linie um der Schuld und Sühne willen, sondern um Vergleichbares in Gegenwart und Zukunft unmöglich zu machen. Die Forderung Theodor Adornos gilt zu Recht für alle, die in Deutschland politische Verantwortung tragen – und nicht nur für diese: „das Denken und Fühlen so auszurichten, dass Auschwitz nicht mehr sei, nichts Ähnliches geschehe“. Wer diesen Grundkonsens aufkündigt, muss mit dem engagierten Widerspruch der Demokraten rechnen. Wer ihn als „Political and Historical Correctness“ verspottet, ihn als geradezu pathologischen Schuldkomplex darstellt, wer sich offen oder versteckt mit Holocaust-Leugnern solidarisiert, wie es in der Neuen Rechten immer wieder geschieht, der rüttelt an den Grundfesten der politischen Kultur.

Zukunftsweisende Impulse sind im politischen Denken der Neuen Rechten nicht zu erkennen. Im Gegenteil: Vielfach verbergen sich hinter einem gemäßigten Duktus antidemokratische und fremdenfeindliche Konzepte. Diese zu enttarnen und auf mögliche Gefahren hinzuweisen ist eine der Kernaufgaben der Verfassungsschutzbehörden. Daher hat es seinen guten Grund, dass sich der Verfassungsschutz NRW wie zahlreiche andere Verfassungsschutzbehörden intensiv mit der Neuen Rechten beschäftigt. Es hat also weder etwas mit Willkür noch mit böswilliger Fehldeutung zu tun, wenn die Behörden den verfassungsfeindlichen Gehalt theoretisch ummantelter Positionen öffentlich darstellen. Vielmehr ist dies ihre Pflicht, denn ohne eine informierte Öffentlichkeit ist ein echter Schutz der Verfassung undenkbar. Die Auseinandersetzung mit dem Rechtsextremismus und auch der Neuen Rechten ist aber keine Aufgabe, die Politik, Justiz oder Verfassungsschutzbehörden allein bewältigen können. Ein gesamtgesellschaftliches Problem fordert Staat und Zivilgesellschaft gleichermaßen heraus. Daher freue ich mich, dass eine Veranstaltung des Innenministeriums Nordrhein-Westfalen den Impuls geliefert hat, dem Thema „Neue Rechte“ in diesem Band differenziert und kontrovers nachzugehen. Die Aufsätze liefern nicht nur Informationen und

Analyse. Sie sind auch Beiträge zur Diskussion – einer Diskussion, die notwendig ist, weil sie zentrale Fragen der demokratischen Kultur in Deutschland berührt.

Dr. Fritz Behrens
Innenminister des Landes Nordrhein-Westfalen

Wolfgang Gessenharter und Thomas Pfeiffer

Einleitung

Ein Dialog wird fortgesetzt

Die Neue Rechte – ein Randphänomen oder eine Gefahr für die politische Kultur? Bedroht diese intellektuelle Strömung das Wertegerüst des Grundgesetzes, wenn ja, mit welchen Mitteln und welchem Ziel? Fragen wie diese standen im Mittelpunkt der Tagung „Die Neue Rechte – eine Gefahr für die Demokratie?", zu welcher der Verfassungsschutz Nordrhein-Westfalen am 8. Oktober 2003 Vertreter aus Wissenschaft, Medien, Bildungsarbeit und Verfassungsschutz nach Düsseldorf eingeladen hatte. Mit dem Informations- und Gedankenaustausch griff die Behörde eine Einladung zum Dialog auf, die von der ‚Arbeitsgruppe Demokratieforschung' an der Universität der Bundeswehr Hamburg (seit Dezember 2003: Helmut-Schmidt-Universität) ausgegangen war. Im Mai 1997 hatte sie den Impuls für einen engeren Kontakt von Wissenschaft und Verfassungsschutz gegeben: Auf ihrer Tagung brachte sie Vertreter beider Bereiche an einen Tisch, stieß eine Debatte über Rechtsextremismus und Neue Rechte an und warf die Frage auf, ob die „Neuvermessung eines politisch-ideologischen Raumes" auf der Tagesordnung stehe. Die Veranstaltung sollte seinerzeit einen offenen Austausch voranbringen, der die Unterschiede der Arbeitsfelder Wissenschaft und Verfassungsschutz nicht in Frage stellt. Gerade deshalb stieß sie auf lebhaftes Interesse; neben vielen anderen waren Mitarbeiter des Verfassungsschutzes NRW an der Veranstaltung in Hamburg beteiligt, darunter der damalige Leiter Dr. Fritz-Achim Baumann.

Die besonderen Vorzeichen, unter denen die Düsseldorfer Tagung im Oktober 2003 stattfand, unterstreichen, dass das Thema „Neue Rechte" an Aktualität und Brisanz nichts verloren hat. Bereits Monate vor der Veranstaltung agitierten Vertreter dieser Strömung – vor allem die neurechte Zeitung ‚Junge Freiheit' (JF) – gegen den nordrhein-westfälischen Verfassungsschutz im Allgemeinen und die Tagung im Besonderen. Im Vorfeld wurden Referenten in einer Weise diffamiert, die sich die Organisatoren nicht hatten vorstellen können und die fatal an die McCarthy-Ära erinnerte. Vor allem wurden einige Referenten – mitunter auch alle pauschal – mit dem Vorwurf des Linksextremismus überzogen. Diese Kampagne hat sowohl innerhalb des traditionellen Rechtsextremismus Resonanz gefunden – beispielsweise in Publikationen der ihres strategische Zieles, die Meinungsführerschaft – „kulturelle Hegemonie“ – zu erlangen. Armin Pfahl-Traughbers Fallstudie über die Verwendung des Begriffs „Demokratie“ in der Neuen Rechten zeigt, wie sich hinter wohlklingenden Worten Konzepte verbergen können, die um das Gegenteil einer liberalen, pluralistischen Gesellschaft kreisen: Vorstellungen einer „identitären Demokratie“ im Sinne Carl Schmitts. Die Neue Rechte kann sich auf die Ablehnung des politischen Liberalismus weitgehend verständigen – auf ein Programm, das es umzusetzen gilt, wohl kaum. Sie sei heterogener als vielfach angenommen, argumentiert Roger Woods, der den in der Neuen Rechten vertretenen Werten nachgeht und vielfältige Widersprüche vorfindet. Wenn verbale Zurückhaltung bei der Formulierung von Werten und Zielen in der Neuen Rechten häufig auch gewollt ist, so gilt dies für eine Gruppe sicherlich nicht: Das ‚Deutsche Kolleg‘ – unter anderem um den ehemaligen RAF-Aktivisten Horst Mahler – sticht durch aggressiven Antisemitismus hervor und eine deutliche, nicht selten bizarre Sprache. Diese Verquickung von Sprache und Ideologie untersucht Frank Aydt mit den Mitteln einer satzorientierten Analyse von Mahlers Propagandatext ‚Appell an die Bürger des Deutschen Reiches‘, der im Internet verbreitet wird.

Der zweite Block der Vertiefungen, der sich – wie auch ein Workshop der Tagung vom Oktober 2003 – mit Einflüssen der Neuen Rechten auf studentische Verbindungen beschäftigt, hat bei einigen Vertretern der Korporationen zeitweise zu dem Missverständnis geführt, hier sollten Verbindungen pauschal mit dem Rechtsextremismus gleichgesetzt werden. Dass dies keineswegs der Fall war, machte die Veranstaltung alsbald deutlich. Dies gilt auch für die Beiträge von Dietrich Heither und Hans-Peter Lüngen in diesem Band; beide weisen ausdrücklich darauf hin, dass es in diesem Zusammenhang um einen Ausschnitt des vielgestaltigen Spektrums akademischer Bünde geht. Heither nimmt den Dachverband ‚Deutsche Burschenschaft‘ in den Blick und stößt dort auf Ansichten, Akteure und Aktivitäten, die seiner Auffassung nach tatsächlich Nähen zum Rechtsextremismus älterer und neuerer Prägung aufweisen. Ebendies beklagten einige konservativ-liberal ausgerichtete Korporationen und traten aus dem Verband aus. Lüngen geht am Beispiel studentischer Verbindungen auch der Frage nach, unter welchen – aus gutem Grund engen – Voraussetzungen Verfassungsschutzbehörden bestimmte Gruppen oder Organisationen beobachten dürfen. Das gesetzliche Kriterium in NRW sind die „tatsächlichen Anhaltspunkte für den Verdacht extremistischer Bestrebungen“. Der Autor macht deutlich, was die Formel bedeutet und warum Burschenschaften in Nordrhein-Westfalen keine Beobachtungsobjekte des Verfassungsschutzes sind.

Der dritte Abschnitt der Vertiefungen wirft Schlaglichter auf modernisierte intellektuelle Kräfte im Ausland, die sich innerhalb des Rechtsextremismus oder an dessen Rande bewegen. In den drei Fallbeispielen – Frankreich, Österreich und USA – zeigen sich sehr unterschiedliche Szenarien. Die französische Nouvelle Droite – die Organisation GRECE und ihr Kopf Alain de Benoist – haben die Neue Rechte in Deutschland inspiriert sowie ideologisch und strategisch die Richtung gewiesen: Beispielsweise haben sie das metapolitische Konzept, den „Gramscismus von rechts", und die Idee des Ethnopluralismus vorgedacht. Matthias Weber geht davon aus, dass die französische Strömung aufgrund ihrer „publizistischen Kontinuität, Vielfalt und Produktivität weiterhin eine Ausnahmestellung unter den neurechten Formationen in Europa" einnimmt, dass sie aber zum wahlpolitisch erfolgreichen ‚Front National' in einem gespannten Verhältnis steht. Metapolitik steht für entsprechende Kräfte in Österreich nicht auf der Tagesordnung. Dort, meint Brigitte Bailer, fehle die zentrale Bedingung einer Strömung, die der deutschen Neuen Rechten vergleichbar wäre: die Schwäche des parteiförmigen Rechtsextremismus. Stattdessen biete die ‚Freiheitliche Partei Österreichs' auch rechtsextremen Intellektuellen ein Betätigungsfeld. Statt um kulturelle Hegemonie, so das Fazit der Autorin, kämpften sie um Positionen in der FPÖ. In den USA dagegen ist eine sehr spezifische Bewegung auf den Plan getreten: die christliche Neue Rechte. Thomas Grumke sieht in ihr einen ernst zu nehmenden und einflussreichen politischen Akteur. Demnach hat sie sich vom kruden Rassismus und Antisemitismus des „klassischen" Rechtsextremismus abgewandt – wenn sie sich auch als Statthalter der „weißen Kultur" versteht – und hat neue Feindbilder ausgeformt.

Die Publizistik ist das zentrale Handlungsfeld der Neuen Rechten in Deutschland und Thema des vierten Vertiefungsabschnitts. Aus der Perspektive der Bewegungsforschung umreißt Thomas Pfeiffer die Medienlandschaft des Rechtsextremismus. Solche Medien seien das Kapillarsystem, das Ideologeme, Kampagnenthemen und Begriffe in die Verästelungen rechtsextremer Netzwerke transportiert. Der neurechte Medienmix aus Internet, Büchern und Periodika – die meist zu den professionellsten des Rechtsextremismus zählen – trägt dazu bei, Ideologie und Strategie zu entwickeln, und soll entsprechende Gedanken an die Mehrheitsgesellschaft heranführen. Im Mittelpunkt der neurechten Publizistik stehen Zeitungen und Zeitschriften dieser Strömung, die sich als „Blätter gegen Zeitgeist und Dekadenz" verstehen. Anton Maegerle betrachtet Köpfe und Profile solcher Periodika; er geht aber auch dem personellen Beziehungsgeflecht nach, auf dem eine informelle Strömung wie die Neue Rechte basiert und das anhand der Organe deutlich wird, die der Autor zur Neuen Rechten zählt. Im Blickpunkt der Öffentlichkeit steht seit Jahren vor allem die Berliner Wochenzeitung ‚Junge Freiheit' – wohl das wichtigste Medium der deutschen Neuen Rechten und Beobachtungsobjekt des Verfassungsschutzes in Nordrhein-Westfalen und Baden-Württemberg. Mit professionellem Design und Beiträgen von Personen, die keine Rechtsextremisten sind, bemüht sich die Zeitung um ein Image als seriöses, demokratisch-konservatives Blatt. Michael Puttkamer verweist auf Äußerungen in dieser Zeitung, die eine andere Sprache sprechen: auf eine

Solidarisierung mit Holocaust-Leugnern, auf fremdenfeindlich gefärbte Positionen und vor allem auf Anleihen an die Konservative Revolution.

Die Neue Rechte – also eine Randerscheinung oder eine ernst zu nehmende Gefahr für die Demokratie? Diese Frage haben Uwe Backes, Christoph Butterwegge, Wolfgang Gessenharter und Hartwig Möller, moderiert von Wolfgang Kapust, in Düsseldorf lebhaft und kontrovers diskutiert. Der abschließende Beitrag basiert auf dieser Debatte. Er greift die wichtigsten Fragen rund um das Thema Neue Rechte noch einmal auf: Um wen geht es? Um ein Bindeglied zwischen rechtsextremen und wertkonservativen Kräften – um eine intellektuelle Teilmenge des Rechtsextremismus – um eine Strömung, die Markt, Leistung und Konkurrenz an die Stelle von Führer, Volk und Vaterland setzt? Ist der Einfluss solcher Gruppen und Medien marginal – oder könnte es einer Neuen Rechten gelingen, ihre Wirkung auszuweiten, womöglich dem Ziel der Meinungsführerschaft nahe zu kommen? Ist der kritische Blick der Zivilgesellschaft gefordert, die Beobachtung durch den Verfassungsschutz – oder beides?

Dieser Band wäre ohne vielfältige Unterstützung nicht möglich gewesen. Nicht alle Personen, die daran beteiligt waren, können im Einzelnen genannt werden. Ausdrücklich danken die Herausgeber allen Autoren, darüber hinaus der Landeszentrale für politische Bildung Nordrhein-Westfalen, namentlich Herrn Dr. Andreas Kost, für die enge Zusammenarbeit. Dass das Buch zügig veröffentlicht werden konnte, ist nicht zuletzt dem ‚Verlag für Sozialwissenschaften' (ehemals Leske + Budrich) in Opladen zu verdanken. Die Herausgeber hoffen, dass dieser Band in unterschiedlichen Kontexten – beispielsweise wissenschaftlichen, verfassungsschützerischen, journalistischen und pädagogischen – hilfreich ist, um Hintergründe der Neuen Rechten zu erhellen und Gefahren zu beurteilen, die einer demokratischen Kultur in Deutschland lauern könnten. Einer der Schlüsselbegriffe vieler Beiträge dieses Bandes lautet: Wachsamkeit. Wenn das Buch hierzu einen Beitrag leisten würde, wäre ein wichtiges Ziel erreicht.

Hamburg und Düsseldorf im Januar 2004

Neue Rechte:
Hintergründe, Positionen, Erscheinungsformen

Kurt Sontheimer

Die Kontinuität antidemokratischen Denkens

Von der Weimarer Republik zur Bundesrepublik

Seit der Niederlage des verbrecherischen nationalsozialistischen Deutschland im Zweiten Weltkrieg haben sich die deutsche Politik und die historischen und politischen Wissenschaften mit der Frage beschäftigt, wie es möglich war und möglich wurde, dass die erste deutsche Republik und Demokratie, die von Weimar, nach nur 14 Jahren scheiterte und nach der Machtergreifung durch die Nationalsozialisten in ein totalitäres System mit katastrophalen Folgen für Deutschland, ja die Welt, umgestaltet werden konnte. Mein eigener Beitrag zur historischen Aufarbeitung dieses großen Themas war 1962 eine umfassende Untersuchung der Rolle und Bedeutung, die das antidemokratische Denken, das heißt gegen die demokratische und liberale Staatsform gerichtete geistige Strömungen, im Prozess der Auflösung und Zerstörung der Weimarer Republik gespielt haben. Es ist mir gelungen, darzulegen, dass dem antidemokratischen Denken, von dem die politischen Kräfte inspiriert waren, welche die Weimarer Republik bekämpften und sie am Ende zu Fall brachten, im Prozess der Zerstörung der Weimarer Republik, an dem viele Faktoren beteiligt waren, eine bedeutsame Rolle zukommt.

Dies ist der Grund dafür, dass man in der Bundesrepublik Deutschland, die aus guten Gründen großen Wert darauf legt, sich als freiheitliche Demokratie zu behaupten und zu bewähren, von Anfang an, das heißt bereits in ihrer Verfassung, Vorkehrungen getroffen hat, verfassungsfeindliche, also antidemokratische Strömungen abzuwehren und sie, soweit möglich, aus dem demokratischen politischen Prozess zu eliminieren. Angesichts der großen Bedeutung, welche antidemokratische Ideen und Ideologien in der unglücklichen Geschichte der Weimarer Republik gespielt haben, stellt sich darum auch für die ungleich viel erfolgreichere Bundesrepublik die Frage, ob es eine Kontinuität antidemokratischen Denkens in Deutschland gibt, wie sie sich zeigt und unter welchen Rahmenbedingungen sie operiert. Dabei wird sich nach meinem Urteil zeigen, dass es, ungeachtet gewisser Kontinuitäten antidemokratischen Denkens, erhebliche Unterschiede hinsichtlich der Rolle und Bedeutung antidemokratischen Denkens zwischen der Weimarer und der Bundesrepublik gibt. Um dieses Thema angemessen herauszuarbeiten, gebe ich zunächst eine zusammenfassende Darstellung antidemokratischen Densei. Als westliche Demokratie jedoch könne sie für das Land der Mitte, für Deutschland, niemals die geeignete Staatsform darstellen; vielmehr sei es die Aufgabe der Deutschen, ihre eigene Staatlichkeit zu finden, sich vom, wie man es verächtlich nannte, „faulen Westlertum" loszusagen und aus der Kraft des deutschen Volkstums, aus den Quellen des deutschen Blutes und den besonderen Bedingungen der deutschen Lage ein eigenständiges Staatsgebilde zu schaffen. Die Anpassung an die westliche Demokratie und ihren Liberalismus bedeute nichts anderes als den fortschreitenden Untergang Deutschlands, seinen Verzicht auf die Idee des Reiches als der ihm gemäßen staatlichen Form, die Preisgabe der Kultur an die Zivilisation. Spengler vertrat in geradezu wütenden Artikeln die Meinung, dass jedes Land seine eigene staatliche Form finden müsse – nichts sei darum törichter als die Nachahmung fremder Vorbilder. England wisse sehr wohl, warum es den Ländern seinen Parlamentarismus empfehle, denn er sei für die fremden Völker wie ein Gift.

Die kritische Einstellung gegenüber dem westlichen Denken fand in anderen polemischen Begriffen ihren Niederschlag. Dem westlichen Demokratismus wurde die Idee eines deutschen, volkhaft gegliederten Gemeinwesens gegenübergestellt, der Idee der Gleichheit die Forderung nach Hierarchie und Wertigkeit, dem Individualismus der Universalismus. Othmar Spann zum Beispiel sah das ganze Weltgeschehen eingespannt in die unausweichliche Polarität von Individualismus und Universalismus. Er plädierte für den Universalismus, sah im Individualismus das blanke Verderben und verhieß als Rettung vor der Anarchie und der vollständigen Atomisierung der Gesellschaft den Ständestaat, der nicht mehr demokratisch war, weil er das Prinzip der Gleichheit verurteilte. Andere gebrauchten mit Vorliebe die Antithese Individualismus und Sozialismus. Doch der Sozialismus dieses Typs war nicht identisch mit dem internationalen Sozialismus aus der Schule von Karl Marx, den man dem liberalen Denken zurechnete, sondern war ein Sozialismus der Gemeinschaft. Die massenhaft auftretenden Ideologen des Gemeinschaftsdenkens wollten die Massengesellschaft wieder in organische Gemeinschaften zurückverwandeln, die Städte entvölkern und die ländlichen und bündischen Formen des Zusammenlebens auch politisch zur alleinigen Richtschnur machen. Die Idee eines deutschen oder nationalen Sozialismus war letztlich synonym mit der Idee der Volksgemeinschaft, die das Endziel der Erneuerungsbewegung war. Volkhaft zu denken war denn auch für die Antidemokraten das Gebot der Stunde. Doch die Begriffe berührten sich sehr schnell. „Volkhaft denken" war vielen gleichbedeutend mit „deutsch denken"; deutsch war aber für die so genannten „Völkischen" in erster Linie das Nichtjüdische, so dass die Idee des „Völkischen" in vielen Gruppen und Zirkeln zu einer primitiven antisemitischen Ideologie gerann, die in dieser barbarischen Form auch den Nationalsozialismus beherrschte.

Überblickt man die antidemokratischen Ideen der Weimarer Republik, so kann man, wie das auch zur Weimarer Zeit selbst getan wurde, zwei Hauptrichtungen unterscheiden, sofern wir die antidemokratische Aktivität der Linken aus dem Spiele lassen: und zwar einen alten und einen neuen Nationalismus. Der alte Nationalismus war politisch gruppiert um die Deutschnationalen, die ehemaligen Konservativen, die in der Weimarer Republik restaurativ, wenn nicht reaktionär ausgerichtet waren. Ihnen schwebte die wilhelminische Reichsherrlichkeit als eine den politischen Impuls belebende Erinnerung an die große alte Zeit des Bismarckreiches vor Augen. Der in viele Zirkel und Richtungen aufgesplitterte neue Nationalismus hingegen hielt wenig von einer Restauration der Monarchie, sondern empfand mit der Jugendbewegung durchaus das Brüchige und Abgestandene des Wilhelminismus, den er revolutionär zu überwinden trachtete. Obwohl die Weimarer Republik doch soziologisch wie politisch eine starke Umschichtung der Verhältnisse bewirkt hatte, empfanden die jungen Nationalisten sie in vielem als eine unberechtigte Fortsetzung des Alten und wirkten mit allen Kräften darauf hin, Deutschland geistig wie politisch zu revolutionieren. Hier hatte das antidemokratische Denken seine fruchtbarsten und wirkungsvollsten Ansätze, und es gab Hunderte von verschiedenen Gruppen, die in der einen oder anderen Richtung – sei es national-revolutionär oder national-bolschewistisch, jungkonservativ und jungnational – das Weimarer Staatsgebilde zu reformieren und zu überwinden trachteten. Der neue Nationalismus empfing einen starken Impuls durch das so genannte „Kriegserlebnis“, was auf der einen Seite das harte, militante Vokabular dieses Denkens erklärt, andererseits aber auch als Vorform der zu schaffenden Volksgemeinschaft und der heroischen Lebensauffassung der neuen Zeit begriffen wurde. Die junge antidemokratische Rechte wollte aus einem liberalen Volk von Krämern eine Volksgemeinschaft kriegerischer Menschen schmieden, aus den Bürgern sollten nach Ernst Jüngers berühmtem Buch über den „Arbeiter“ Soldaten und Arbeiter werden.

Kein Zweifel, dass gerade das Denken der jungnationalen Rechten – maßgeblich bestimmt durch Autoren wie Wilhelm Stapel, Oswald Spengler, Arthur Moeller van den Bruck, Ernst und Friedrich Georg Jünger, Ernst Niekisch, August Winnig und viele andere – das geistige Vorfeld für das Wachsen des Nationalsozialismus bereitet hat. Die Konservative Revolution, die sie in die Wege leiten wollten, kam der Massenbewegung des Nationalsozialismus zugute, zumal der neue Nationalismus über keine wirksame politische Vertretung verfügte – im Gegensatz zum alten Nationalismus, der in Hugenbergs ‚Deutschnationaler Volkspartei‘ seine Heimat hatte. Die paradoxe Verbindung der Idee des Erhaltenden und des Umstürzenden im Begriff der Konservativen Revolution war durchdacht, sollte doch durch die revolutionäre Erneuerung des deutschen Volkes und seiner Staatlichkeit ein konservatives Wertsystem, das man als ewig ausgab, wieder in sein Recht eingesetzt werden. Konservative Revolution bedeutete also Revolution um der Erhaltung der gefährdeten konservativen Werte willen. Der neue Staat, auf den man hinarbeitete, sollte wieder in Verbindung sein mit dem volkhaften Lebensgrund, er sollte die seelische Form des Deutschtums bewahren und dieses nicht fremden Institutionen und gewissenlosen Parteidemagogen anheimfallen lassen. Die konservativen Revolutionäre hielten an der Weimarer Demokratie kaum etwas für bewahrenswert.

Wenn wir heute mit den Schriften, Aufsätzen, Pamphleten konfrontiert werden, die in den Jahren der Weimarer Republik gegen diesen Staat verfasst wurden, so erscheint uns Heutigen manches unverständlich und verblendet. Ein tieferer Blick in die geistespolitische Situation der Zeit zeigt jedoch, dass die antidemokratischen Ideen weit verbreitet waren. Die Unterwerfung eines großen Teiles des geistigen Deutschland unter die dann zur neuen Staatsreligion erhobene nationalsozialistische Weltanschauung ist nicht gut denkbar ohne die vorausgegangene antidemokratische Geistesbewegung. Sie hatte in ihrer Verachtung alles Liberalen die Geister stumpf werden lassen gegenüber den unverletzbaren Rechten des Individuums und der Wahrung menschlicher Würde. Sie hatte die Idee der Humanität geopfert, weil ihr heroischer Sinn sie als eine Schwäche empfand; sie hatte den individuellen Freiheitssinn gelähmt, weil sie die Bindung an ein Ganzes für das Primäre und Wesentliche hielt.

Blicken wir zurück auf diese Ideenwelt, so erscheint sie trotz all ihrer Kraft und Intensität wie ein politisch verhängnisvoller Griff in den politischen Giftschrank. Nach 1945 durften wir zurückkehren zur liberaldemokratischen Verfassung, und Thomas Mann hatte vollkommen recht, wenn er noch vor der Machtergreifung den Satz schrieb: „Die antidemokratisch-nationalistische Bewegung beurteilt das Jahrhundert vollkommen falsch, wenn sie es allein durch ihre eigenen Tendenzen bestimmt glaubt. Denn sie übersieht, dass die jetzt von ihr verachteten und verpönten Strebungen für dieses Jahrhundert mindestens so lebenswichtig bleiben wie sie, und dass ohne die seelisch-sittlichen Inhalte, die das Wort Freiheit birgt, der Mensch nicht Mensch ist und nicht auf menschliche Art zu leben vermag.“

Weimar im politischen Bewusstsein der Bundesrepublik

Im Jahre 1956 wartete der bekannte Schweizer Journalist Fritz René Allemann mit einer Darstellung des politischen Systems der Bundesrepublik und seiner bisherigen Geschichte auf, der er den Titel gab: „Bonn ist nicht Weimar“. Das Buch wurde damals nicht sonderlich beachtet, aber sein Titel ist zu einem geflügelten Wort geworden. Die These „Bonn ist nicht Weimar“ wurde nicht nur als Ausdruck der offenkundigen Verschiedenheit zwischen der ersten und der zweiten deutschen Demokratie verstanden, sondern, vor allem im Munde von Politikern, auch als Beweis eines Erfolgs, einer unbestreitbaren Überlegenheit der neuen Demokratie im Vergleich zur alten. Niemand kann ja ernsthaft in Zweifel ziehen wollen, dass die Bundesrepublik eine erfolgreichere, beständigere, lebendigere und effektivere Demokratie geworden ist, als es die Weimarer war. Doch es hat in ihrer Geschichte immer wieder Situationen gegeben, in denen es nahe lag, die selbstsichere Formel „Bonn ist nicht Weimar“ in die besorgte Aufforderung zu transformieren: Bonn darf nicht Weimar werden. Dies war in der fünfzigjährigen Geschichte der Bundesrepublik immer wieder der Fall, am bedrängendsten in der zweiten Hälfte der sechziger Jahre, in denen das Aufkommen der nationalistischen NPD in Verbindung mit dem Angriff der linken Außerparlamentarischen Opposition auf die repräsentative Demokratie und ihre Institutionen die Erinnerung an das Schicksal der Weimarer Demokratie wieder bedrohlich wach werden ließ. Bonn ist nicht Weimar geworden, aber die Warnung vor Weimar, die identisch ist mit der Warnung vor einem Scheitern der demokratischen Staatsform, gehört zum politischen Bewusstsein der Bundesrepublik und wird auch in Zukunft immer wieder laut werden, wenn Gefahren für die Stabilität und Funktionsfähigkeit der Demokratie zu drohen scheinen.

„Nun lasst doch endlich das Gespenst von Weimar ruhen!“ So rief Golo Mann, einer der führenden Historiker und Intellektuellen der Bundesrepublik, einmal aus. Er wollte damit die Leichtfertigkeit kritisieren, mit der man in der Bundesrepublik jedes Vorkommnis, das mit der demokratischen Norm nicht übereinstimmte, sogleich mit Weimar in Verbindung brachte. In der Tat wird Weimar in der politischen Diskussion der Bundesrepublik zu leicht und zu oft angerufen, wo doch andererseits so gut wie von allen Seiten der These zugestimmt wird, dass Bonn nicht Weimar sei. Der Grund dafür ist, dass Weimar zu einem Synonym für alle möglichen und denkbaren Schwächen und Gefahren einer Demokratie geworden ist. Es passt auf den Links- wie auf den Rechtsradikalismus und erst recht auf das Zusammenwirken beider; es steht für eine Demokratie ohne Demokraten, das heißt ohne genügendes demokratisches Engagement der Bürger; es lässt sich herbeizitieren, wenn man die mangelnde Bereitschaft einer Demokratie, sich gegen ihre Feinde zur Wehr zu setzen, im Blick hat. Kurz: Weimar steht in der politischen Diskussion für alles, was mit Scheitern oder Untergang zu tun hat und was zu diesem bösen Ende beitragen könnte. Längst ist es auch in der internationalen Politikwissenschaft zu einem historischen Beispiel geworden, das häufig zitiert und studiert wird. Man wird also auch in Zukunft in der politischen Diskussion auf den Bezug zur Weimarer Republik nicht verzichten, ganz gleich, ob es sich um ein Gespenst oder um einen eher berechtigten Vergleich handelt. Das ist auch weiter nicht schlimm, und es liegt vor allem für Deutschland selbst nahe, den historischen Bezug zur ersten deutschen Demokratie herzustellen. Das wissenschaftliche Werk von Karl Dietrich Bracher, der mit seiner 1955 veröffentlichten großen Untersuchung über „Die Auflösung der Weimarer Republik“ zum führenden deutschen Historiker über die Weimarer Zeit wurde, belegt in eindrucksvoller Weise die Bedeutung der Weimarer

Republik für die darauffolgende deutsche Geschichte und ihre bald größere, bald geringere Verschiedenheit zur zweiten deutschen Republik: „Weimar bleibt ein exemplarischer Fall, an dem die Hinfälligkeit einer parlamentarischen Demokratie mit plebiszitärem Präsidenten unter den Belastungen sozio-ökonomischer Krisen und dem Ansturm politisch-ideologischer Sprengkräfte, die Versuchung und Verführung durch Rechts- wie Linksextreme, antiliberale und totalitäre Tendenzen in Staat und Gesellschaft zu studieren ist. Lähmung und Verfall eines freiheitlichen Staatswesens, im Machtvakuum von 1932 zur Hilflosigkeit gegenüber Diktaturbewegungen gesteigert, war nicht zuletzt eine Folge verwirrter Maßstäbe, geschwächter Abwehrbereitschaft und falscher Illusionen über Toleranz gegen Feinde der Demokratie."

Die Warnung vor Weimar wird auch den weiteren Weg der Bundesrepublik in das nächste Jahrhundert begleiten; ihre Botschaft ist einfach und sinnfällig. Das Beispiel Weimar erinnert daran, dass Demokratien keine Bestandsgarantie besitzen, dass sie als freie und offene Gesellschaftssysteme dem Wandel ausgesetzt und auf die Bereitschaft und Fähigkeit der Bürger und speziell der Machteliten angewiesen bleiben, die Regeln der demokratischen Auseinandersetzung zu beachten und die Werte und Grundprinzipien anzuerkennen, von denen und für die der demokratische Staat lebt.

Als Verfasser des Buches über das antidemokratische Denken in der Weimarer Republik wurde ich im Verlauf der Zeit, je nachdem man die Gefahr eines Rückfalls in Weimarer Verhältnisse für bedrohlich hielt, oft mit der Frage konfrontiert, ob es auch in der Bundesrepublik noch antidemokratisches Denken gebe und als wie gefährlich ich derartige Strömungen einschätzte. Diese durchaus berechtigte Fragestellung liegt auch zugrunde, wenn bei der Untersuchung des Phänomens einer so genannten Neuen Rechten die Frage gestellt wird, ob man in ihr eine mögliche Gefahr für die Demokratie der Bundesrepublik sehen müsse. Ich konnte mich in der Beantwortung dieser Frage in der Regel auf die erwähnte Formel des Schweizer Journalisten Allemann zurückziehen: „Bonn ist nicht Weimar". Diese summarische Feststellung gilt auch für das antidemokratische Denken. Zwar gibt es von den Anfängen der Bundesrepublik bis heute extremistische Strömungen und Gruppierungen, die sich gewisser Elemente des antidemokratischen Denkens der Weimarer und der Nazi Zeit bedienen, aber sie haben erfreulicherweise nie jene Bedeutung gewinnen und Wirkung entfalten können, die sie in der Weimarer Republik gehabt haben. Immerhin sah ich mich einmal, und zwar im Jahre 1968, veranlasst, einen besorgten längeren Artikel über „Antidemokratisches Denken in der Bundesrepublik" zu schreiben (im Anhang zur verkürzten Studienausgabe meines Buches), in dem ich am Beispiel der aufsteigenden NPD und vor dem dräuenden Hintergrund der Studentenunruhen die bislang relativ stabile und demokratische Bundesrepublik in der Gefahr wähnte, nach rechts abzudriften und der Versuchung zu einem autoritären Nationalismus nachzugeben. Ich formulierte damals, 1968, auf dem Höhepunkt einer Phase der Herausforderung der Demokratie: „Die jetzige Krise der Bonner Demokratie, weit entfernt vom krisenhaften Zustand der Weimarer Republik, ist gekennzeichnet durch die Unterwanderung des demokratischen Systems mit antidemokratischen Tendenzen und Bewusstseinsinhalten. Die antidemokratischen Ideen kochen wieder in den Töpfen der Rechten, wenn auch auf Sparflamme. [...] Schlimmer ist, dass antidemokratisches Denken innerhalb der Gruppen, die diese Republik tragen, an Einfluss und Wirksamkeit gewonnen hat." Die Bundestagswahl vom September 1969, die den „Machtwechsel" zu Brandt/Scheel ermöglichte, hat, dank der knappen Niederlage der NPD, die damalige Gefahr von rechts für die deutsche Demokratie verschwinden lassen. Die nachfolgende Gefahr von links war anderer Art. Sie hatte nie einen Rückhalt bei den Massen der deutschen Wählerschaft.

Gibt es eine Kontinuität antidemokratischen Denkens?

Die Geschichte der Bundesrepublik lässt sich, wenn man die momentane Aufregung über die wirtschaftlichen und finanziellen Probleme einmal außer Acht lässt, durchaus als eine Erfolgsgeschichte schreiben. Dies gilt vor allem hinsichtlich der inneren Stabilität des politischen Systems und des Funktionierens seiner politischen und gesellschaftlichen Institutionen. Gewiss könnte man sich wünschen, dass der politische Extremismus in der Bundesrepublik überhaupt nicht mehr in Erscheinung getreten wäre, aber es wäre weltfremd anzunehmen, dass die Geschichte der unter höchst schwierigen Bedingungen existierenden Weimarer Republik und erst recht die des Dritten Reiches keine Spuren hinterlassen hätten, die noch bis in unsere Gegenwart reichen. Entscheidend war, dass sie, von einigen irritierenden Wahlergebnissen der extremen Rechten bei Landtagswahlen abgesehen, niemals zu einer echten Gefahr für den Bestand und die Zukunftsfähigkeit unserer Demokratie wurden. An diesem Erfolg einer sich als wehrhaft verstehenden und gebenden Demokratie haben viele Faktoren ihren Anteil: zunächst die Totalität der deutschen Katastrophe von 1945; die Unterstützung durch die westlichen Siegermächte, dann jedoch die Entschlossenheit der großen Mehrheit der deutschen, eine Demokratie aufzubauen, die sich gegen alle Versuche, sie als Staatsform zu schwächen oder gar zu demontieren, zur Wehr setzt. Hier haben auch die dem Verfassungsschutz dienenden Institutionen ihren Anteil. Sie müssen wachsam sein, besonnen und vorausschauend in ihrer Bewertung dessen, was sie in ihrem Aktionsbereich wahrnehmen.

Schon vor einigen Jahren hat der einfallsreiche, einst auf der unabhängigen Linken agierende Schriftsteller Hans Magnus Enzensberger festgestellt, die Mehrheit der Deutschen wolle von politischen Abenteuern nichts mehr wissen: „Sie lehnt jeden ideologischen Fanatismus ab, Utopien aller Art und totalisierende Träume sind ihr verdächtig. [...] Die Integrationsfähigkeit dieses Gemeinwesens hat alle Erwartungen übertroffen.“ Ich finde, dass man diesen Befund berücksichtigen muss, wenn man zu klären versucht, ob und inwieweit die Aktivitäten der so genannten Neuen Rechten eine Gefahr für unsere Demokratie darstellen. Ich habe die Bedeutung antidemokratischen Denkens für die Weimarer Republik so ausführlich dargelegt, weil dies zeigt, dass dieses Denken und die daraus fließenden Aktionen tatsächlich zu einer Gefahr für eine Demokratie werden können. Aber wir leben in anderen politischen Umständen als damals. Es ist zwar nicht zu leugnen, dass es Kontinuitäten in diesem Denken gibt, zumal sich deren heutige Vertreter zumeist auf die damals einflussreichen antidemokratischen Denker berufen, aber die politischen Rahmenbedingungen sind ganz andere: In Weimar eine enorme Popularität und Attraktivität dieser Autoren, in der Bundesrepublik ein ärmliches Schattendasein in ziemlich obskuren Blättchen und unbekannten Verlagen. In Weimar eine Fülle von Schreibern und Lesern, bei uns mehr oder weniger begabte Kopisten und Interpreten, die der politischen und literarischen Öffentlichkeit völlig unbekannt sind. Damals eine geistig mächtige Strömung, heute ein ärmliches Rinnsal, von dem nur wenige Eingeweihte, darunter einige Verfassungsschützer, Notiz nehmen.

Auch fehlt es, verglichen mit der Weimarer Zeit, an originellen Köpfen, die dem antidemokratischen Denken neue Wege und Perspektiven eröffnen. Auch die paar Universitätsprofessoren, die sich wie Willms und Diwald dem national-konservativen Denken öffneten, haben ihrer ideologischen Richtung keinen akademischen Glanz verleihen können. Deshalb darf man den Zielsetzungen der Neuen Rechten, die kulturelle Hegemonie in Deutschland erringen zu wollen, zwar glauben, aber umso weniger trauen. Sie ist meilenwert davon entfernt, und sie kann, so wie die Dinge heute stehen, nicht zu einer Ideenschmiede für eine politisch-soziale Bewegung werden. Freilich macht diese mangelnde Überzeugungskraft die antidemokratischen Ideen dieser rechtsextremistischen Gruppen weder harmlos noch vernünftig. Es ist richtig, sie zur Kenntnis zu nehmen und sich mit ihnen auseinander zu setzen, nur sollte man ihnen nicht gleich das politische Gewicht und die Gefährlichkeit zuschreiben, die antidemokratisches Denken unter den Bedingungen der Weimarer Republik gehabt hat. Auch hier gilt es zwar, den Anfängen zu wehren, aber mit Maßen und mit einem Sinn für die richtigen Proportionen. Ich hoffe, dass wir in diesem Zusammenhang diese Geisteshaltung walten lassen. Unsere Wachsamkeit gilt – vor dem historischen Hintergrund der folgenschweren Zerstörung der ersten deutschen Demokratie – dem hohen Ziel, die Demokratie der Bundesrepublik in ihrer werthaften und sozialen Substanz zu bewahren und ihren potenziellen Unterminierern und Feinden keine Chance zu geben.

Literatur

Allemann, Fritz René: Bonn ist nicht Weimar, Köln/Berlin 1956
Bracher, Karl Dietrich: Die Auflösung der Weimarer Republik. Eine Studie zum Problem des Machtverfalls in der Demokratie, Stuttgart/Düsseldorf 1955
Sontheimer, Kurt: Antidemokratisches Denken in der Weimarer Republik. Die politischen Ideen des deutschen Nationalismus zwischen 1918 und 1933 (Studienausgabe mit Ergänzungsteil: Antidemokratisches Denken in der Bundesrepublik), München 1968

Wolfgang Gessenharter

Im Spannungsfeld

Intellektuelle Neue Rechte und demokratische Verfassung

1. „Junge Freiheit“ und „Erosion der Abgrenzung“

Es ist schon erstaunlich zu beobachten, dass sich immer wieder Menschen, Männer wie Frauen, die sich zur konservativen politischen, ökonomischen, gesellschaftlichen, kulturellen oder militärischen Elite zählen, für Interviews zur Verfügung stellen oder eigene Publikationen beisteuern in Zeitschriften, die alles daran setzen, sich aus dem Rechtsaußen-Bereich über diese Kundschaft in die Mitte der Gesellschaft hineinzumogeln. Als Beispiel aus jüngerer Zeit kann die CDU-Bundestagsabgeordnete Vera Lengsfeld gelten, die im Zusammenhang mit der Hohmann-Affäre in einem zweiseitigen Interview mit der neurechten Wochenzeitung ‚Junge Freiheit‘ (JF) ihrer Partei vorwarf, zu wenig gegen die „hysterische Einengung der Meinungsvielfalt“ zu tun, und kritisierte, es würden „Listen in Zeitungen veröffentlicht, wer wo veröffentlicht hat. Schon deshalb gebe ich der Jungen Freiheit ein Interview“ (JF vom 19./26.12.2003: 4), folgerte sie trotzig. Mit ähnlicher Intention war schon zweimal vorher der Brandenburgische CDU-Innenminister Jörg Schönbohm Interview-Gast bei dieser Zeitung.

Dass beide Persönlichkeiten keine Rechtsextremisten sind, versteht sich von selbst. Von ihnen kann aber sicherlich auch nicht vermutet werden, sie wüssten nicht, wer in diesem Medium sonst noch zu Wort kommt und welche Unzahl an bis ins Rechtsextreme hineinreichenden Artikeln und Äußerungen von dieser Zeitung zu verantworten sind (vgl. Dietzsch u.a. 2003). Schönbohm hat sich mittlerweile – als ihn der Berliner ‚Tagesspiegel‘ mit Zitaten aus der JF konfrontierte – recht deutlich von der neurechten Zeitung distanziert. Unter diesen Bedingungen, sagte er, werde er der ‚Jungen Freiheit‘ kein Interview mehr geben (vgl. Appenzeller/Jansen 2002). Die „Erosion der Abgrenzung“, die die letzten Verfassungsschutzberichte des Bundes bei der ‚Jungen Freiheit‘ sehen (Bundesministerium des Innern 2003: 91), findet aber nicht nur bei dieser Zeitung, sondern auch bei anderen kulturellen Projekten statt, wie ein Blick in Zeitschriften, die das rechte Lager kontinuierlich beobachten, seit vielen Jahren erkennen lässt [vgl. zum Beispiel ‚blick nach rechts‘ (hrsg. vom ‚Institut für Information und Dokumentation‘); Archiv-Notizen (des ‚Duisburger Instituts für Sprach- und Sozialforschung‘); vgl. auch Innenministerium des Landes Nordrhein-Westfalen 2003; Gessenharter

1994]. Darüber wäre kein Wort zu verlieren, würde es sich bei diesen Projekten um äußerst konservative Unternehmungen handeln. Die Situation stellt sich aber grundlegend anders dar, wenn wir bei diesen Projekten Denkansätze, Strategien und Taktiken entdecken, die letztlich auf eine Infragestellung, Verspottung oder Aushöhlung dessen abzielen, was die Grundlage der demokratischen Verfassung der Bundesrepublik ausmacht. Offenbar scheinen manche der konservativen Beiträger nicht darüber im Bilde zu sein, welche Intentionen die von ihnen akzeptierten neurechten Medien tatsächlich haben, wenn man nicht unterstellen mag, dass sie, die Beiträger, diese Intentionen mehr oder weniger klammheimlich unterstützten. Der vorliegende Beitrag versucht einmal mehr, über diese Zusammenhänge zu informieren. Dabei liegt der Fokus auf der Ebene der Ideologie und der Kritik an ihr vor dem Hintergrund des normativen Gehalts des Grundgesetzes. Es gibt schon seit geraumer Zeit keinen Mangel an Literatur, die sich nachvollziehbar und begründet mit der intellektuellen Neuen Rechten und ihren den Kernbestand der Verfassung tangierenden Intentionen auseinandersetzt. Kritisch muss zu dieser Literatur allerdings angemerkt werden, dass sie recht verwirrend wirkt, weil sie von recht unterschiedlichen normativen und theoretischen Grundlagen ausgeht und sich folglich in ihrer Terminologie unterscheidet – etwa wenn neurechte Sachverhalte mit den Begriffen rechtsextrem, rechtsradikal, neurechts, nationalkonservativ oder ähnlichen bezeichnet werden (unter anderem Schmidt 2001; Minkenberg 1998; Pfahl-Traughber 1998; Schwilk/Schacht 1997; Gessenharter/Fröchling 1998; Grumke/Wagner 2002).

Weil die Meinungsfreiheit nach Art. 5 GG ein außerordentlich hohes Gut darstellt, hat derjenige, der sich kritisch mit einer Meinung auseinandersetzt, die Argumentationslast in einer solchen Auseinandersetzung zu tragen. Um dieser Forderung in der folgenden Auseinandersetzung mit der intellektuellen Neuen Rechten nachzukommen, werde ich wie folgt argumentieren: Nach der Charakterisierung der Funktion, die die ‚Junge Freiheit' im Prozess der „Erosion der Abgrenzung" nach rechtsaußen ausübt (Kapitel 1), sollen im 2. Kapitel der Begriff „intellektuelle Neue Rechte" kurz definiert und einige grundlegende Bemerkungen zu dem hier behaupteten Spannungsfeld zwischen neurechten ideologischen Positionen und dem Grundgesetz gemacht werden. Sodann wird es nötig sein, die normativen und empirisch-theoretischen Grundlagen meiner eigenen Analyse kenntlich zu machen (Kapitel 3). Dabei versuche ich, jene zentralen Felder der neurechten Ideologie zu benennen, die trotz des tatsächlich vorhandenen Facettenreichtums neurechter Literatur als diese Facetten dennoch verbindende Elemente bezeichnet werden können. In Kapitel 4 werde ich im Einzelnen auf Spannungen bzw. Widersprüche neurechten Denkens zum Grundgesetz eingehen. In Kapitel 5 werde ich ein Paradebeispiel für die Orientierung der ‚Jungen Freiheit' an Carl Schmitt darstellen und analysieren. Ein Fazit mit praktischen Folgerungen für die weiterhin notwendige kritische Analyse neurechter Positionen beschließt meine Ausführungen (Kapitel 6).

2. Intellektuelle Neue Rechte und Grundgesetz

Bei der intellektuellen Neuen Rechten handelt es sich keineswegs um eine festgefügte Organisation oder gar um eine Partei. Vielmehr ist sie ein eher loses Netzwerk aus Personen, politischen Projekten (unter anderem ‚Institut für Staatspolitik'), Publikationen und Verlagen. Deren Zielsetzung ist es, auf die politische Kultur der Bundesrepublik im Sinne ihrer ideologischen Orientierung einzuwirken, um auf diese Weise den politischen Primat zu erringen. Ohne das Gesamtbild der heutigen intellektuellen Neuen Rechten allzu sehr zu vergröbern, können für die ideologische Orientierung folgende acht Diskussionsfelder identifiziert werden, die für das neurechte Denken charakteristisch sind: Freund-Feind-Denken, Homogenitätserzwingung und Aussonderung des Heterogenen, autoritärer Etatismus, Vorrang des Kollektivs vor dem Individuum, Ethnopluralismus, Antiuniversalismus, elitärer „Verismus", Absage an NS-Ideologie (vgl. Gessenharter 2002: 190ff.). Die intellektuelle Neue Rechte stellt ein ideologisches, personelles und organisatorisches Scharnier zwischen dem demokratischen Konservatismus und manifestem Rechtsextremismus dar. Man kann sie auch vor einem bewegungstheoretischen Hintergrund als Bewegungselite oder -unternehmer fassen (Gessenharter/Fröchling 1998; vgl. den Beitrag von Thomas Pfeiffer „Das informationelle Kapillarsystem" in diesem Band).

Wenn im Folgenden die intellektuelle Neue Rechte daraufhin untersucht wird, ob, in welcher Art und in welchem Ausmaß bei ihr Spannungen zum Grundgesetz ausgemacht werden können, impliziert dieser Ansatz die Erkenntnis, dass bei ihr nicht sofort und ohne weiteres ihre Gegnerschaft bzw. Widersprüche zum Grundgesetz oder gar die klare Absicht erkannt werden können, „die freiheitliche demokratische Grundordnung zu beeinträchtigen oder zu beseitigen oder den Bestand der Bundesrepublik Deutschland zu gefährden", wie es Art. 21 GG für die Verfassungswidrigkeit von Parteien vorsieht. Aber selbst für solche Parteien bzw. Vereinigungen, die von den Verfassungsschutzämtern als rechtsextremistisch bezeichnet werden, fällt es nicht leicht, diese Art von Gegnerschaft nachzuweisen, weil sich diese Gruppierungen normalerweise eines öffentlichen Verhaltens befleißigen, das sie nicht sofort in die Messer der staatlichen Autoritäten laufen lässt. Der missglückte Verbotsantrag gegen die NPD hat dies zur Genüge belegt. Kurz gesagt: Wir haben es bei der intellektuellen Neuen Rechten nicht mit Menschen zu tun, die sich öffentlich und laut dafür aussprächen, das ganze Grundgesetz oder auch nur Teile davon einfach beseitigen zu wollen. Ganz im Gegenteil: Auch sie berufen sich immer wieder auf dieses, so etwa auf den Meinungsfreiheitsartikel (Art. 5 GG), den Gleichheitsartikel (Art. 3 GG) oder das Recht auf Anerkennung ihrer Menschenwürde nach Art. 1 GG, wie dies in der Auseinandersetzung von Josef Schüßlburner mit dem Verfassungsschutz beispielhaft zu sehen ist (vgl. Schüßlburner 2003). Darüber hinaus wird man auch in Rechnung stellen müssen, dass die intellektuelle Neue Rechte in ihrem Kampf gegen den vermeintlichen linken Meinungsterror, gegen die „Political Correctness“ (PC), manche bewusst provokative Äußerung fallen lässt, die man jedoch nicht einfach zum Nennwert nehmen sollte. Umgekehrt wird man aber auch bei scheinbar unproblematischen Äußerungen durchaus mehrmals kritisch hinschauen müssen, denn es gilt nach wie vor die Empfehlung eines einflussreichen Neuen Rechten an seine Gesinnungsgenossen, sich bei öffentlichen Äußerungen durchaus eines Anpassungsverhaltens zu bedienen, das sich aus der Beurteilung einer Situation ergebe, „ob hier der offene Angriff oder die politische Mimikry gefordert ist“. (Weißmann 1986: 176ff.). Ein freiheitlicher Rechtsstaat wird jedoch auch mit seinen Gegnern nach den eigenen Rechtsregeln, das heißt nach dem Gebot von Meinungspluralismus und Toleranz verfahren. Dem widerspricht aber keineswegs eine schonungslose, harte Kritik, die sich jedoch selbst als normativ und empirisch nachvollziehbar ausweisen muss, das heißt über die Orientierung am Grundgesetz und durch nachprüfbare Analyse einschlägiger Materialien, insbesondere von Publikationen, Medienerzeugnissen, Interviews, programmatischen Äußerungen, öffentlichen Aufrufen usw.

3. Der unveränderliche Kern des Grundgesetzes – zur normativen Dimension

Bekanntlich kennt das Grundgesetz nach Art. 79, Abs. 3 (neben dem Verbot der Aufhebung des föderativen Prinzips) zwei Artikel, deren dort niedergelegte „Grundsätze“ nicht verändert werden dürfen. Dies sind Art. 1 (Schutz der Menschenwürde) und 20 (Verfassungsgrundsätze, Staatsziele). Wenn es im Folgenden nun darum geht, bei den Neuen Rechten auf solche Punkte aufmerksam zu machen, wo ihr Denken mit Grundpositionen der Verfassung in eine unüberbrückbare Spannung, vielleicht sogar in einen unüberbrückbaren Widerspruch gerät, dann steht man bei dieser Aufgabe jedoch vor einem Problem, das die Verfassung selbst bereitet. Konrad Hesse, Verfassungsrechtler und ehemaliger Richter am Bundesverfassungsgericht, betrachtet in seinem Standardwerk ‚Grundzüge des Verfassungsrechts der Bundesrepublik Deutschland‘ die Verfassung „als ein, wenn auch von Widersprüchen nicht freies Ganzes“ (Hesse 1999: VI). Damit lenkt er nicht nur den Blick darauf, dass etwa zwischen den in Art. 20 GG genannten Staatszielen durchaus Spannungen bestehen können, wie zum Beispiel zwischen dem Rechts- und Sozialstaatsprinzip (ebd.: 93ff.)[1] oder zwischen dem Demokratie- und Repu-

---

1 So etwa, wenn nach dem Rechtsstaatsprinzip das Eigentum garantiert wird, andererseits nach dem Sozialstaatsprinzip in bestimmten Fällen Bedürftigen staatliche Zu-

blikprinzip[2], sondern dass sich auch zwischen der Wirklichkeit des gesamtgesellschaftlichen Lebens und den Verfassungsnormen, die dieses formen, Widersprüche auftun können (ebd.: 19). Diese Spannungen bzw. Widersprüche könnten nur dann wirklich beseitigt werden, wenn einer der jeweiligen Pole zu Lasten des anderen maximiert würde. Damit würde aber das Grundgesetz als Ganzes Schaden nehmen. Vielmehr wird es darauf ankommen, im Blick auf die jeweiligen normativen Leitlinien durch politisches Aushandeln jenen Optimierungsgrad zwischen den Spannungspolen zu erzielen, der dann im Zeitablauf durchaus auch verschiedene Zustände erreichen kann. Ein solches Vorgehen bedeutet keine Relativierung der Grundnormen, sondern geht von unterschiedlichen Zielerreichungsgraden bei der Umsetzung dieser Grundnormen aus, ohne deren prinzipielle Richtung zu verändern. Insofern ist es auch nicht nötig, hier auf die differenzierte Diskussion um den Begriff „Menschenwürde" und seine Einpassung in das juristische Gebäude des Grundgesetzes, die insbesondere im Zuge der Entwicklung der Gentechnologie entstanden ist, einzugehen. Denn für die Auseinandersetzung mit der intellektuellen Neuen Rechten genügt bereits das Beharren auf einer Minimalposition. Diese Minimalposition sehe ich darin, dass Art. 1 GG unmissverständlich vorschreibt, dass derjenige, der im empirisch immer vorhandenen Spannungsfeld zwischen Einzelnem und Kollektiv (etwa dem Staat, dem Volk) den Schutz oder die Erweiterung der Rechte des Kollektivs zu Lasten des Individuums verstärken zu müssen glaubt, die volle Argumentationslast zu tragen hat, während ihm dies im umgekehrten Falle nicht zugemutet werden darf. Der Art. 1 GG kann nach dem weitgehend unbestrittenen (Selbst-)Verständnis des GG seit dessen Bestehen auf jeden Fall als eine Argumentationslastregel zugunsten des Individuums gegenüber dem Kollektiv verstanden werden (vgl. Gessenharter 1994: 72)[3].

Damit vollzieht das Grundgesetz von 1949 in bewusster und eindeutiger Absicht eine Einhundertachtzig-Grad-Kehrtwende gegenüber den zwölf Jah-

---

wendungen gewährt werden müssen, die aber nur über Umverteilung und damit über Eigentumsabtretungen zustande kommen können.

2 So etwa, wenn nach dem Demokratieprinzip durchaus die Möglichkeit bestünde, im Zuge einer Änderung des Art. 102 GG die Todesstrafe wieder einzuführen, nach dem im Republikprinzip zum Tragen kommenden zentralen Legitimationsgrund des GG aber, nämlich dem unantastbaren Recht auf Menschenwürde nach Art. 1 GG, Todesstrafe mit dieser von vielen als nicht vereinbar angesehen wird.

3 wo ich allerdings, jedoch im gleichen Zusammenhang, von „Beweislastregelung" spreche. Der oben gebrauchte Begriff indes scheint mir mittlerweile passender zu sein. Als ein hervorragendes Beispiel für eine Gesetzgebung, die dieser Argumentationslastregel nachkam, kann die in den 1950er Jahren ins Grundgesetz eingefügte Wehrverfassung mit ihren Einzelgesetzen gelten, weil dort bis in Kleinste alle für nötig gehaltenen Grundrechtseinschränkungen für die Soldaten argumentativ begründet und enumerativ aufgelistet wurden, um keinen Spielraum für eine möglicherweise kollektivistisch orientierte Ermessensentscheidung zu eröffnen.

ren Nazi-Barbarei und allen politischen Gedankenströmungen, derer sich der Nationalsozialismus gerne bedient hatte – aber auch gegenüber dem staatskollektivistischen Kommunismus. Zu Ersterem zählen insbesondere die politischen Überzeugungen der so genannten Konservativen Revolution aus der Zeit der Weimarer Republik[4], auf die die heutigen Neuen Rechten bemerkenswerter Weise in frappanter Offenheit zurückgreifen (vgl. unter anderem Feit 1987; Gessenharter 1994; Pfahl-Traughber 1998; vgl. auch die Beiträge von Kurt Sontheimer und Michael Puttkamer in diesem Band). Dabei stützen sie sich am intensivsten auf das Werk des Staatsrechtslehrers Carl Schmitt (1888-1985)[5], der bereits in den konservativen Kreisen der Weimarer Republik ein hohes Ansehen genoss und als einer der wichtigsten intellektuellen Wegbereiter der Nazis und als ihr „Kronjurist" gelten kann (vgl. Gessenharter 1994; Gessenharter 2002). Sein intellektueller Einfluss schlägt sich nach wie vor in den oben genannten acht Diskussionsfeldern nieder. Dass innerhalb dieser Felder durchaus unterschiedliche Betonungen, Ent- oder Verschärfungen bei einzelnen Aspekten möglich sind, ist deshalb schon nicht überraschend, weil innerhalb dieses gemeinsamen Identifikationsrahmens durchaus eine gewisse Form von Binnenpluralismus bis hin zu massiven Konkurrenz- und Streitbeziehungen zu finden ist.

Dies sieht teilweise anders eine aus dem ‚Institut für Staatspolitik' (IfS) entstandene Schrift: „Die ‚Neue Rechte'. Sinn und Grenze eines Begriffs" (2003). Das IfS steht im engsten Umfeld zur neurechten Wochenzeitung ‚Junge Freiheit'. In diesem Heft wird der Versuch unternommen, mit Hilfe eines hochstilisierten Binnenpluralismus in der „rechten Intelligenz" den Begriff „Neue Rechte" faktisch zu entgrenzen und damit dieses ideologische Spektrum als Ganzes gegen eine kritische Analyse zu immunisieren. So werden einerseits praktisch einflusslose Autoren, wie Hans-Dietrich Sander mit seinen ‚Staatsbriefen', auf die gleiche Stufe gestellt wie etwa die ‚Junge Freiheit'. Andererseits setzt man sich aber von ihnen ab. Für die ‚Junge Freiheit' wird zwar ein „verbreiteter ‚Schmittismus'" (ebd.: 17) konzediert, man übersieht diesen aber offenbar in allen anderen genannten Richtungen des neurechten Spektrums. So verwundert nicht, dass das Fazit in dieser Schrift inhaltlich – bewusst? – nichtssagend ausfällt: „Schon jetzt ist erkennbar, daß jenseits der Übereinstimmung in den Aversionen – gegenüber den Sympto-

4 Vgl. Breuer 1995, der auf Unterschiede bei den verschiedenen Denkern der Konservativen Revolution aufmerksam macht, unter anderem im Gegensatz zu Mohler 1994. Für Sontheimer 1992: 29 ist die Konservative Revolution trotz des Fehlens einer ihre Gedanken weitertragenden Massenorganisation „der Ideenspender für das Gros der nationalistischen Bewegung einschließlich des Nationalsozialismus".

5 Aus der überbordenden Literatur zu Schmitt hier nur drei Titel: das umfangreiche Werk von Koenen 1995; dazu den guten Überblicksaufsatz von Rüthers 2002: 63ff. und den Überblick über die Vordenker der Neuen Rechten von Lenk/Meuter/Otten 1997.

men gesellschaftlicher Dekadenz, dem außenpolitischen Attentismus, dem Rationalismus und Universalismus – nur ein beschränktes Maß an Gemeinsamkeiten existiert" (ebd.: 21). Die intellektuelle Neue Rechte also nur ein etwas verschärfter (nationaler) Konservatismus? (vgl. dazu kritisch Innenministerium des Landes Nordrhein-Westfalen 2003)

4. „Schmittismus" als Gegenpol zum Grundgesetz

4.1. Freund-Feind-Denken, Homogenität des Kollektivs und starker Staat statt Demokratie und Pluralismus

Die folgende Analyse soll zeigen, dass der in der IfS-Schrift verniedlichend gemeinte „Schmittismus" im Kern nichts anderes darstellt als die krasse Gegenposition zum Grundgesetz. „Schmitt war antiparlamentarisch, antidemokratisch und antiliberal eingestellt", urteilt Bernd Rüthers, die politisch-ideologischen Grundpositionen Carl Schmitts auf den Punkt bringend, und bemerkt, dass Schmitt diese Grundpositionen „völlig unbeeindruckt von allen Umwälzungen, die er miterlebte, lebenslänglich durchgehalten hat" (Rüthers 2002: 64).

Der zentrale, mit den Kernaussagen des Grundgesetzes prinzipiell unvereinbare Ansatz wird bei Schmitt bereits in seiner Definition von „politisch" als „alles, was die Lebensfragen eines Volkes als eines einheitlichen Ganzen betrifft", sichtbar. Zu diesem „einheitlichen Ganzen" kann man folgerichtig nur ablehnend oder zustimmend stehen – eine dritte Möglichkeit ist ausgeschlossen. Insofern ist es nur folgerichtig, als die „spezifische politische Entscheidung" diejenige Unterscheidung von „Freund und Feind" zu sehen. Diese politiktheoretische Setzung Carl Schmitts hat eminente politikpraktische Folgen, weil sie nur konfrontativ aufgebaute „die oder wir"-Konfliktsituationen als politische Realität modelliert und damit alle parlamentarischen Debatten über Interessenkonflikte und deren Regelung über Mehrheitsentscheidungen oder Konsens als Schwatzbudengerede diffamiert. Zugleich können diese Konfliktsituationen bei Schmitt nur dadurch gelöst werden, dass das Wir-Kollektiv zur Homogenität gezwungen und alles Heterogene aus ihm ausgeschieden oder vernichtet wird: „Zur Demokratie gehört also notwendig erstens Homogenität und zweitens – nötigenfalls – die Ausscheidung oder Vernichtung des Heterogenen." (Schmitt 1969: 15)

Im Sinne seines autoritären Etatismus folgern Carl Schmitt und die intellektuelle Neue Rechte konsequenterweise, dass dieser die Würde des Menschen negierende Kraftakt nur von einem autoritären Staat unternommen werden kann. Dieser Staat ist damit aber das Gegenteil des liberalen, die Freiheitsrechte des Einzelnen schützenden Staates, wie das Grundgesetz ihn vorsieht. Dieser Grundgesetz-Staat sucht dadurch zu seinen politischen Entscheidungen zu kommen, dass er möglichst viele unterschiedliche Interessen und Positionen zu Worte kommen lassen will, damit er über freie Meinungsbildung und Kompromisse zu weitgehend akzeptablen Lösungen gelangt. Carl Schmitts Denken steht also dem gesamten Grundrechtskatalog des Grundgesetzes diametral entgegen. Wenn Schmitt als Fundament seiner politischen Realitätssicht den kollektivistischen Grundsatz formuliert: „Protego ergo obligo" (ich schütze also verpflichte ich), dann ist dies schlicht das Gegenteil der Verpflichtung, die der Staat nach Art. 1 GG gegenüber der Würde des einzelnen Menschen (und übrigens nicht nur des Deutschen) hat. Denn dabei ist der Staat das vorrangige Subjekt, der einzelne Mensch hingegen lediglich Objekt dieses staatlichen Handelns. Schmitt hat übrigens seinen kollektivistischen Grundsatz ausdrücklich am philosophischen Kernsatz des Descartes („cogito ergo sum" – ich denke, also bin ich) verbal ausgerichtet, um die Denknotwendigkeit dieses Satzes zu unterstreichen. Mit dieser Kritik an Schmitt wird natürlich weder das Gewaltmonopol des Staates noch seine Verpflichtung, die Menschenwürde „zu achten und zu schützen" (Art. 1 GG), infrage gestellt.

Selbstverständlich kann man in Carl Schmitts Fußspuren nicht jedem „das Recht auf die freie Entfaltung seiner Persönlichkeit" und nicht einmal „das Recht auf Leben und körperliche Unversehrtheit" zusichern, wie es Art. 2 GG ausdrücklich sagt. Auch die Gleichheit der Menschen vor dem Gesetz, insbesondere das Verbot der Benachteiligung oder Bevorzugung eines Menschen „wegen seines Geschlechtes, seiner Abstammung, seiner Rasse, seiner Sprache, seiner Heimat und Herkunft, seines Glaubens, seiner religiösen oder politischen Anschauungen", wie Art. 3 GG präzise formuliert, gilt bei Carl Schmitt und einer an ihm orientierten Neuen Rechten nicht. Überdeutlich ist diese Konsequenz bei dem offenbar sehr in neurechten Kreisen verstrickten und im November 2003 aus der Fraktionsgemeinschaft ausgeschlossenen CDU-MdB Martin Hohmann zu erkennen. Dieser geht ziemlich zu Beginn seiner inkriminierten Rede offensichtlich davon aus, dass es ein selbstverständliches Recht der Deutschen in Deutschland gibt, bevorzugt zu werden. Denn als Kritik an den derzeitigen politischen Verhältnissen in Deutschland formuliert er ohne Umschweife bedauernd, er könne „leider [...] den Verdacht, dass man als Deutscher in Deutschland keine Vorzugsbehandlung genießt, nicht entkräften". Erstaunlicherweise hat diese scharfe Absage an Art. 3 GG in der gesamten öffentlichen Diskussion um diesen Abgeordneten kaum eine Rolle gespielt.

Natürlich sind auch die weiteren Grundrechte, wie etwa die Glaubens- und Gewissensfreiheit (Art. 4 GG), Meinungsfreiheit (Art. 5 GG), Versammlungsfreiheit (Art. 8 GG), Unverletzlichkeit der Wohnung (Art. 13 GG), Eigentumsgarantie (Art. 14 GG) oder Rechtswegegarantie nach Art. 19 Abs. 4 GG keine Zielmarken, auf die sich ein „Schmittismus" überhaupt positiv einlassen könnte – es sei denn, man reklamiert diese Rechte für sich selbst, wie das in der Kampagne gegen „Political Correctness“ augenfällig dokumentiert wird. Dass Carl Schmitt selbst mit den Menschen- und Grundrechten des Grundgesetzes nicht nur nichts Positives anfangen konnte, sondern sie bestenfalls als Objekt seines Spottes funktionalisierte, belegt seine von der ‚Jungen Freiheit‘ (JF 10/1992: 17) genüsslich kolportierte Gleichsetzung dieser Rechte mit „unveräußerlichen Eselsrechten“. Auf der gleichen Ebene liegt das in derselben Nummer der ‚Jungen Freiheit‘ formulierte Bekenntnis: „Wer mit dem Grundgesetz unter dem Kopfkissen schläft, braucht Carl Schmitt nicht. Wer jedoch erkannt hat, dass die Verfassung das Gefängnis ist, in dem die res publica der Deutschen – gerade auch nach der kleinen Wiedervereinigung – gefangen gehalten wird, greift gerade jetzt zu seinen Werken.“ (von Waldstein 1992: 17; vgl. den Beitrag von Michael Puttkamer in diesem Band)

4.2. Identitäre Demokratie statt Interessenpluralismus

Wie schon erwähnt, ist bei Carl Schmitt auch der Parlamentarismus Gegenstand heftigster, ja vernichtender Kritik. Ein Parlament ist schließlich der Ort, wo unterschiedliche politische Gruppierungen mit ihren Meinungen, Interessen und Zielen miteinander um die Zukunft des Gemeinwesens ringen. Konflikt und Konsens, im Zweifelsfall Mehrheitsentscheidungen bei „verfassungsrechtlichem Schutz der Minderheiten“ (Hesse 1999: 70) sind die Abläufe, die Parlamente zu einem spannungsgeladenen Ort der ständigen politischen Auseinandersetzung in pluralistischen Demokratien machen (sollen). Dass solche voraussetzungsvollen und komplexen Strukturen und Prozesse immer auch von der Gefahr fehlerhafter Entwicklungen bedroht sind, gehört seit jeher zum Gemeinplatz in der Parlamentarismus-Diskussion. Um Korrekturen vieler gerade in Weimar vorhandener Fehlentwicklungen des Parlamentarismus ging es allerdings Carl Schmitt nie, sondern radikal nur um dessen Abschaffung. Denn Parlamentarismus setzt ja eine Vielzahl prinzipiell gleichberechtigter Willensbildungsträger voraus, die um die jeweilige Mehrheit im Willensbildungsprozess streiten. Gerade dieser Pluralismus bedeutet für Schmitt aber die Entpolitisierung einer politischen Einheit und damit über kurz oder lang das Ausscheiden aus der politischen Welt überhaupt, weil Pluralismus und Freund-Feind-Prinzip sich ausschließen. Eine plurale Gesellschaft kann niemals jene Homogenität erreichen, die für Schmitt Bedingung der Überlebensfähigkeit jeder politischen Einheit, jedes politischen Systems, ist. Insofern steht Schmitts Ansatz auch im Gegensatz zum Mehrparteienprinzip des GG, wie es Inhalt und Sinn des Art. 21 GG („Die Parteien wirken bei der politischen Willensbildung des Volkes mit.“) ist. Statt einer pluralistischen Demokratie redet Schmitt vielmehr einer identitären Demokratie das Wort und definiert: „Demokratie (als Staatsform wie als Regierungs- oder

Gesetzgebungsform) ist Identität von Herrscher und Beherrschten, Regierenden und Regierten, Befehlenden und Gehorchenden." Ganz konsequent fügt er sofort seine antipluralistische Ausgangsbedingung an: „Diese Definition ergibt sich aus der substanziellen Gleichheit, welche die wesentliche Voraussetzung der Demokratie ist." (Schmitt 1970: 234f.) Für einen der Wortführer der intellektuellen Neuen Rechten in der Bundesrepublik, Karlheinz Weißmann, drückt sich dieser Gedanke Carl Schmitts darin aus, dass er von der „Nation" als der diese substanzielle Gleichheit verbürgenden „Herkunftsgemeinschaft" spricht und sie als „unhintergehbar" (Weißmann 1992, S.95) bezeichnet. Dass er für diese antipluralistische Ausgangsbedingung sogar einen der schärfsten Gegner Carl Schmitts in der Weimarer Republik, nämlich Hermann Heller, als Kronzeugen heranzieht, vermag er allerdings nur um den Preis der dreisten Fälschung eines Heller-Zitats.[6]

Konrad Hesse hat darauf verwiesen, dass diese identitäre Demokratie in keiner Weise mit der Demokratievorstellung des Grundgesetzes übereinstimmt, denn die identitäre Vorstellung muss „die Existenz von *Konflikten* leugnen. Da voraussetzungsgemäß alle dasselbe wollen, kennt sie nichts anderes als politische Einheit. Aber diese ist nicht etwas jeweils Herzustellendes, zu Erhaltendes und stets Gefährdetes; sondern sie ist – der Behauptung nach – substantielle, vorhandene und endgültige Einheit, ein ungeschichtlich statischer Zustand. Da Konflikte mit solcher Einheit unvereinbar sind, müssen sie unterdrückt werden." (Hesse 1999: 60) Im Gegensatz dazu sieht das Grundgesetz, insbesondere im Art. 20, die demokratische Ordnung als „Ordnung eines freien und offenen politischen Prozesses", in dem „pluralistische Initiativen und Alternativen" (ebd.: 62) zentrale Bedeutung haben, Raum für die Austragung von Konflikten gegeben wird und den jeweiligen Minderheiten immer die Chance offen steht, Mehrheit zu werden, weil ihnen das „Recht auf verfassungsmäßige Bildung und Ausübung einer Opposition" (Bundesverfassungsgericht, 2,1: 12f.) nicht genommen werden darf (vgl. auch den Beitrag von Armin Pfahl-Traughber in diesem Band).

4.3. Ethnopluralismus statt universale Menschenrechte

Während also von Schmitt innenpolitisch Pluralismus strikt ausgeschlossen wird, wird er außenpolitisch als unhintergehbar angesehen (Ethnopluralismus): Politisch in sich homogene, abgeschlossene Einheiten stehen demnach

6 So schrieb Heller 1925: 19, die zu seiner Zeit üblichen Begrifflichkeiten aufnehmend, von „Blut und Boden, Abstammung und Landschaft" und fuhr ganz im Sinne Montesquieus fort: „Beide bilden auch natürliche Grundlagen der Nation." Weißmann 1992: 95 dagegen zitiert verfälschend: „Beide bilden auch die natürliche Grundlage der Nation." Vgl. hierzu Gessenharter 1997

anderen ebensolchen gegenüber, wobei sie durch keinerlei Gemeinsamkeiten miteinander verbunden sind, sondern ein „Pluriversum“ prinzipiell antagonistischer politischer Gemeinschaften bilden. Carl Schmitt fährt solchen Menschen, die an Gemeinsamkeiten aller Menschen, gar an die Idee einer Menschheit glauben, über den Mund: „Wer Menschheit sagt, will betrügen.“ (Schmitt 1963: 54f.) In diesem prinzipiellen Antiuniversalismus, der sich natürlich ganz besonders gegen jene universalistische Trias der Französischen Revolution „Freiheit – Gleichheit – Brüderlichkeit“ richtet, sind universelle Menschenrechte folgerichtig überhaupt nicht vorstellbar. Ein Bekenntnis zu diesen, wie es Art. 1 Abs. 1 GG vorsieht, und noch dazu „als Grundlage jeder menschlichen Gemeinschaft, des Friedens und der Gerechtigkeit in der Welt“, ist für Schmitt demnach nicht nur Ausdruck blanker Illusion, sondern eben glatter Betrug.

4.4. Verismus statt Fallibilismus

Wer mit einem derart harten moralischen Verdikt über jene aufwartet, die seine Meinung nicht teilen, muss sich seines eigenen Urteils weitaus sicherer sein, als es jemand sein kann, der zwar seine Ansicht gründlich überprüft, aber dennoch um seine eigene Fehlbarkeit weiß. Pluralistische Demokratien gehen von einem solchen Fallibilismus aus – von dem Gedanken, dass Irrtum stets möglich ist –, nicht jedoch eine durch und durch auf autoritären Grundannahmen fußende Haltung wie die Carl Schmitts. Um diese Grundannahmen ihrerseits zu rechtfertigen, greift Schmitt voll in das Arsenal dogmatischen Denkens hinein. Einerseits spricht er (Schmitt 1963: 53) von seinen Annahmen als „echten Theorien“, die beispielsweise den „ewigen Zusammenhang von Schutz und Gehorsam“ erkennen würden, der durch die „menschliche Natur“ und sogar durch „göttliches Recht“ gefordert werde; dann spricht er wieder von der „elementaren Richtigkeit dieses Schutz-Gehorsams-Axioms“, das er durch die bereits zitierte Parallele zu Descartes als Denknotwendigkeit und als „Wahrheit“ ausgibt. Andererseits hält er die Gegner seiner Argumentation für eine eminente Gefahr, deren sich ein politisches Gemeinwesen mit allen Mittel erwehren müsse, weil sie sich als Menschenrechts-Illusionäre um die harten Fakten und um die unbequeme Wirklichkeit drückten und somit auf Dauer ihr Volk und ihren Staat ins Verderben rissen. Gab es zur Zeit des jungen Carl Schmitt durchaus noch wissenschaftstheoretische Strömungen, die für sich einen unmittelbaren Erkenntnis- und Wirklichkeitszugang reklamieren konnten, so ist eine derartige Seins-Schau heute nur mehr bei Vernachlässigung des wissenschaftstheoretischen Grunddiskurses noch möglich. Gleichwohl wird sie in der gegenwärtigen intellektuellen Neuen Rechten für sich reklamiert, wenn Weißmann zu dem nach wie vor zentralen Selbstverständigungsband dieser Richtung, ‚Die selbstbewusste Nation‘ (Schwilk/

Schacht 1994) einen Aufsatz beisteuerte, der in seiner Fundierung vollständig auf Carl Schmitt aufruht. Weißmann usurpiert für sich dabei einen „Verismus“. Darunter versteht er eine Richtung, die er sich aus der Kunstgeschichte entleiht, wo sie als eher übersteigerte Form eines darstellerischen Realismus gilt. Er selbst definiert sie als „eine Tendenz, die die Dinge ihrer ‚wahren‘ Natur gemäß zeigt, das heißt auch vor der ‚häßlichen Wahrheit‘ nicht zurückscheut, sondern dem Betrachter alles, wie es ist, vor Augen führt“. Dann fährt er fort: „Unter politischem ‚Verismus‘ sei deshalb eine Position verstanden, die sich der Realität verpflichtet weiß, die ‚Tabuierung der Wirklichkeit‘ (Armin Mohler) ablehnt, den tröstlichen Unsinn meidet und dem inflationär gewordenen Schonungsbedürfnis mißtraut.“ (Weißmann 1994: 309) Erkennbar wird hier mit der Betonung der absoluten Richtigkeit, der wirklichen Wahrheit der eigenen Erkenntnisse die spöttische Herabwürdigung der Andersdenkenden verknüpft. Eine ernsthafte Auseinandersetzung mit deren Argumenten, ein nachvollziehbares Abwägen der jeweiligen Positionen kann damit für die Neuen Rechten unterbleiben; der Gegner ist – gemäß der Freund-Feind-Unterscheidung – eben nicht prinzipiell gleich und ebenbürtig, sondern erkenntnismäßig wie auch moralisch längst disqualifiziert. Eine Auseinandersetzung mit ihm müsse nur deshalb geführt werden, weil er (noch) faktisch herrsche und diese Herrschaft mit dem Totschlags-Mittel der „Political Correctness“ (PC) zu stabilisieren versuche. PC wird hierbei eine „rigide, heuchlerische Pseudo-Moral, die sich durch Sprach- und somit auch Denkregulierungen hervortut“ (JF vom 15.1.1999: 16), genannt. Thomas Pfeiffer hat zu Recht darauf verwiesen, dass der Begriff bzw. seine Abkürzung PC „im allgemeinen Sprachgebrauch zwar negativ besetzt ist, aber überwiegend ironisierend, nur selten aggressiv gebraucht wird“. In der Diktion der Neuen Rechten aber beinhalte er „mitunter den Pauschalangriff auf den demokratischen Staat und weitreichende gesellschaftliche Übereinkünfte“ (Innenministerium des Landes Nordrhein-Westfalen 2003: 82). Mit diesen Delegitimierungsstrategien weicht die intellektuelle Neue Rechte der direkten Auseinandersetzung mit ihren Gegnern aus. Sie begibt sich nicht in die politische oder wissenschaftliche Arena, um dort für ihre Überzeugung geeignete Argumente in die doch immerhin gemeinsame Diskussion einzuführen. Es versteht sich von selbst, dass ein derartiger elitärer Verismus sich unfähig, aber auch unwillig zeigen wird, Kompromisse zu schließen, die ja immer ein Stück Gemeinsamkeit voraussetzen. Solche Gemeinsamkeiten werden jedoch von den intellektuellen Neuen Rechten nicht nur vermieden, sondern manchmal sogar mit teilweise rüden Unterstellungen boykottiert und zurückgewiesen: In keinem westlichen Staat sei „der Raum der geistigen Freiheit so neototalitär ‚verdampft‘ [...] wie in der BRDDR; skurrilerweise ähneln die ‚Demokrazis‘ ihrem Feind, ‚den Nazis‘, mittlerweile aufs Haar, seit es Verbote, Erlasse Gesetze, Straftatbestände, Haftstrafen ‚gegen Rechte‘ hagelt.“ (Junge Freiheit vom 7.12.2001: 16)

4.5. Absage an NS-Ideologie

Mit diesem Zitat lässt sich das letzte Merkmal der Neuen Rechten illustrieren: Sie will auf gar keinen Fall in die Nähe des NS-Regimes gerückt werden, obwohl ihr klar ist, dass wesentliche Gedanken der Weimarer Konservativen Revolution von den Nazis übernommen wurden. Die Neuen Rechten distanzieren sich insbesondere von einem nach Weltmacht strebenden militanten Deutsch-Nationalismus, an dessen Stelle setzen sie den oben erwähnten Ethnopluralismus. Ebenso wenden sie sich gegen den Vernichtungs-Antisemitismus des NS-Regimes. Wenn bei ihnen gelegentlich antisemitische Tendenzen sichtbar werden, dann im Zusammenhang mit der Homogenitäts- und Identitätsproblematik. Den Juden wird dabei unterstellt, sie würden die Erinnerung an den Holocaust zum eigenen moralischen und finanziellen Vorteil am Leben erhalten und damit gleichzeitig verhindern, dass „die Deutschen" endlich wieder zum aufrechten Gang zurückfänden, indem sie sich der Demutshaltung entledigten.

Es ist anzunehmen, dass sich manche in den Kreis der Neuen Rechten begeben in Unkenntnis der Ideologie, die dort vertreten wird – wenn auch meistens in abgeschwächten und die eigentlichen Intentionen verschleiernden Formulierungen. Dass man allerdings in den Reihen der veritablen intellektuellen Neuen Rechten Unkenntnis über Carl Schmitts politisch-ideologische Intentionen annehmen kann, ist wohl auszuschließen, wenn man den Protagonisten nicht völlige Ignoranz bescheinigen will. Doch dazu besteht kein Anlass. Insofern ist die Formulierung eines „verbreiteten ‚Schmittismus'" bei der ‚Jungen Freiheit' mehr als eine offenbar bewusste Irreführung der Öffentlichkeit. Denn erstens ist er nicht nur bei dieser Zeitung quasi als eine Art Marotte verbreitet, sondern zieht sich auch durch andere neurechte Medien und kulturelle Projekte hindurch (vgl. unter anderem Gessenharter 1994; Gessenharter 1997; Gessenharter 1998). Die oben genannten acht ideologischen Rahmenfelder können für die intellektuelle Neue Rechte als ideologische Grundlage gelten. In ihnen spiegelt sich inhaltlich ganz eindeutig das Werk Carl Schmitts wider. Dabei ist Carl Schmitt unbestritten ein wegen seiner analytischen Schärfe manchmal durchaus faszinierender Denker gewesen, aber ebenso unbestritten ist er auch jemand, dessen Gegnerschaft zum normativen Gehalt des Grundgesetzes nachweisbar ist – was übrigens auch von ihm selbst nie bestritten wurde.

5. Ein Paradebeispiel: Sozialstaatsreform à la Carl Schmitt

Zum Abschluss dieses Beitrags soll beispielhaft ein Artikel aus der neurechten ‚Jungen Freiheit' näher analysiert werden, um zu den vorstehenden theoretischen Erörterungen eine ausführlichere und zusammenhängende Illustration aus der jüngsten Zeit zu geben. Es handelt sich dabei um einen fast halbseitigen Artikel „Sozialstaat abbauen“ im „Forum“ dieser Zeitung, verfasst von der für diese Rubrik verantwortlichen Redakteurin, einer promovierten Philosophin (vgl. Willig 2003: 18).

Bei diesem Artikel handelt es sich, laut Ankündigung des Forums, um eine Positionsbestimmung zum „Wert und Wesen des Sozialstaats“ (Junge Freiheit vom 26.9.2003: 1). Offenbar als Gegenposition wird auf derselben Seite ein Artikel „Sozialstaat retten“ (Straub 2003: 18) von einem Autor abgedruckt, der gelegentlich in der ‚Jungen Freiheit‘ schreibt und als eher konservativ gelten dürfte. Drei Bereiche sind es, die die Autorin abhandelt: Zum einen die Schuldfrage, also die Frage danach, wer die problematische Entwicklung der Wirtschaft, der Arbeitslosigkeit und der Staatsfinanzen zu verantworten habe. Im zweiten Themenbereich analysiert die Verfasserin aus ihrer Sicht die gegenwärtige Situation. Der dritte Bereich hält Vorschläge für eine grundlegende Änderung der Zustände bereit.

Zur Schuldfrage: Schuld an der gegenwärtigen ökonomischen Misere seien – und hier wähnt sich die Autorin mit „allen Wirtschaftsfachleuten“ im Konsens – „die hohen Lohn- und Lohnnebenkosten sowie eine allzu hohe Regulierungsdichte, gerade was die Forschung betrifft“. Schuld wiederum an diesen Entwicklungen seien die „ganz normalen Deutschen, die es ganz normal fanden, daß von Jahr zu Jahr weniger gearbeitet und mehr gekurt, verreist, krankgefeiert und in Rente gegangen wurde – immer auf Kosten derer, die man als ‚Leistungsfetischisten‘ noch in die moralische Defensive drängte“. Wie kamen aber diese „ganz normalen Deutschen“ zu ihrem schändlichen Tun? Hier wird nun der Hauptfeind der Neuen Rechten, die 68er Generation, ins Visier genommen: „Schuld ist, daß ’68 sich nicht nur auf den Fleiß der Studenten auswirkte und auf deren Einstellung zu Fortschritt und Technik, sondern auch auf Metallarbeiter oder Verwaltungsbeamte.“ Statt ehemaliger deutscher Tüchtigkeit sieht die Autorin jetzt „die neue deutsche Faulheit“. Da üblicherweise den 68ern von den Neuen Rechten am meisten angelastet wird, dass sie sich – mehr oder weniger radikal – für die Verwirklichung der demokratischen Ziele des Grundgesetzes einsetzten („Mehr Demokratie wagen!“), wäre es nur folgerichtig, dass sich die Autorin dazu bekennt, den Zielen des Grundgesetzes die eigentliche Urschuld an der beschriebenen Misere zuzuschreiben. Und in der Tat fährt die Autorin fort: „Schuld ist aber schließlich [sic!] die demokratische Überzeugung, daß jede Stimme gleich zählt, egal wie viel ihr Besitzer leistet.“ Und etwa in den USA, wo „die Demokratie etwas rein Formales“ sei, komme niemand wie in Deutschland „auf die Idee, daß die Gleichheit des Stimmzettels sich in einer sozialen Gerechtigkeit realisieren müsse.“ Bei der in neurechten Kreisen empfohlenen politischen Mimikry kommt es nicht allzu häufig vor, dass eine derartige Breitseite gegen die bundesrepublikanische Verfassung und ihre zentralen Prinzipien abgeschossen wird: Es wird hier nicht gegen mögliche Auswüchse eines Sozialstaats Stellung bezogen und gefragt, wie diese wieder ins Lot gebracht werden können, sondern es wird der Sozialstaat selbst, damit also ein Staatsziel nach Art. 20 GG, negiert. Diese Argumentation kann aber nur überzeugen, wenn gleichzeitig gegen den Gleichheitsgrundsatz nach Art. 3 GG votiert und er dem alleinigen Leistungsprinzip und seiner inhärenten Ungleichheitstendenz geopfert wird.

Den zweiten Themenbereich ihres Beitrags baut die Verfasserin sehr konsequent auf dem ersten auf: In ihrer Situationsanalyse geißelt sie „jenes halbsozialistische System der Umverteilung, das sich in den vergangenen Jahrzehnten bei uns herausgebildet hat". Entstanden sei es vor allem, weil „die Besitzlosen" von den „Sozialisten" dazu „angestachelt" worden seien, „finanzielle Forderungen zu stellen, die den hehren Versprechungen der Verfassung bezüglich Menschenwürde und Menschenrechte entsprechen." Menschenwürde und Menschenrechte sind also in dieser Situationsanalyse genau jene schon von Carl Schmitt gebrandmarkten gefährlichen Illusionen, die Menschen unfähig machen, die Realität zu sehen wie sie ist. Und wie ist sie? Es ist eine Realität, in der es eine „natürliche Rangordnung" gibt, die aber von niemandem mehr respektiert und akzeptiert wird. „Es gibt also kein ‚anständiges Volk', das von miesen Politikern irregeleitet wurde. Vielmehr hat sich in den fetten Jahren vom Ministerialdirektor bis hinunter zum Sonderschüler eine Frechheit und Anmaßung verbreitet, die zum Himmel schreit. Jeder trumpft auf und hat vor nichts und niemandem mehr Respekt." Die Sozialsysteme aber federn, so die Autorin, alles ab, was der Einzelne aus welchen Gründen auch immer, „verbockt" habe. Und wenn dieses Abfedern nicht laufe, machen die Menschen „Terror auf dem Sozialamt – oder ziehen gleich vor Gericht". Und weiter: „Bevor diese Sichtweise sich nicht drastisch ändert, kann die Regierung sein, wie sie will: gegen die Dreistigkeit ihrer Bürger wird sie nicht ankommen." Man könnte dies ja alles als eine misslaunige Philippika gegen die Ausnutzung des Sozialstaats abtun. Dann würde man allerdings den gesamten neurechten Duktus dieses Artikels übersehen, zu dem nun einmal gehört, dass der Einzelne prinzipiell dem Kollektiv untergeordnet ist und für dieses immerzu „eine Bedrohung" darstellt[7].

Wie diese ständige Bedrohung zu parieren sei, darum geht es der Verfasserin im letzten Themenbereich. Eine Grundvoraussetzung für Besserung sieht sie schon einmal darin, dass die Zeiten für Illusionen wohl vorbei seien, weil „die Zeiten härter werden für die meisten von uns. Und das ist gut so, denn andernfalls wäre es mit der Oberflächlichkeit und Spaßkultur immer so weiter gegangen [...]." Dabei erwartet die Autorin von der Politik jedoch gar nichts, weder von den großen Parteien, aber auch nicht von den kleinen Rechtsparteien. Denn alle drückten sich davor, dem Volk die Augen zu öff-

7 Zu dieser ganz eng an Carl Schmitt angelegten Sichtweise des ehemaligen Bochumer Politikwissenschaftlers und neurechten Vordenkers Bernard Willms vgl. Gessenharter 1994: 66f.

nen, nämlich es darauf vorzubereiten, dass eine Welt eben nie nach den Prinzipien etwa der Französischen Revolution (Freiheit – Gleichheit – Brüderlichkeit) funktionieren kann und wird, sondern immer nur nach harten, leistungsorientierten Rangordnungen. Und hier ist für die Autorin die Wirtschaft der Ort ihrer Hoffnung: „Die Wende kann [...] nicht von der Politik, sondern nur von der Wirtschaft ausgehen." Denn sie sei der Bereich, in dem sich auch in dekadenten Zeiten „die natürliche Rangordnung noch am längsten hält", und zwar schlicht deshalb, weil es hier um Zahlen und Fakten gehe und falsche Entscheidungen sich schnell als solche herausstellten. Eine Gesellschaft, die überhaupt funktionieren wolle, könne dies nur auf dem Fundament einer Wirtschaft, deren Struktur nun einmal „antidemokratisch" sei. Und weiter: „Auch das egalitäre Treiben in Politik und Kultur nährt sich heimlich von jenen ‚grausamen' Entscheidungen, die in Betrieben und Vorstandsetagen täglich fallen und ohne Rücksicht auf ‚Mehrheiten' durchgezogen werden. Greift die Mitleidsideologie auch hier zu, dann läuft endgültig nichts mehr." Und sollte noch jemand glauben, dass eine „Volksgemeinschaft" anzustreben sei, dann dürfe man nicht vergessen, „daß zu deren Funktionieren ein autoritärer Staat gehört, der die Gaben streng zuteilt." Mit dieser barschen Feststellung schließt die Autorin ihre Genesungsvorschläge, ohne sie weiter zu begründen. Aber sie muss es in der Tat auch nicht, denn in ihrem neurechten, unter anderem an Carl Schmitt angelehnten Gedankenaufbau versteht sich diese Schlussfolgerung von selbst.

Es ist schon bemerkenswert, dass ausgerechnet in dieser Nummer der ‚Jungen Freiheit', aus der der soeben analysierte Artikel stammt, wieder wie so oft über eine „monatelange Treibjagd gegen die rechte Hälfte des demokratischen Spektrums" gewettert wird. Anlass für diesen Leitartikel des Chefredakteurs war ein Beitrag im ‚Tagesspiegel', in dem der dortige Autor warnend feststellt, dass sich leider immer wieder „Konservative, vereinzelt auch Liberale und Sozialdemokraten [...] mit dem rechtsradikalen Wochenblatt Junge Freiheit" einließen und Interviews gewährten. Der JF-Chef kann diese Warnung offenbar ausschließlich unter dem PC-Rubrum verarbeiten: Nur „obrigkeitshörige und opportunistische" „hackenknallende Meinungssoldaten" könnten solche Warnungen von sich geben und dabei „demokratische Rechte mit Extremisten" gleichsetzen. Der JF-Chefredakteur hätte vielleicht besser daran getan, den Artikel seiner Forum-Verantwortlichen genauer durchzulesen, bevor er anfing zu schreiben. Denn dann hätte er erkennen können, dass an diesem Artikel, der offenbar von fundamental anderen Grundnormen ausgeht, als sie das Grundgesetz prinzipiell vorsieht, vom Standpunkt eben dieses Grundgesetzes aus durchaus massive Kritik vorzubringen ist.

6. Praktische Folgerungen

Die intellektuelle Neue Rechte mag ihren Standpunkt verteidigen, dann muss sie sich aber gefallen lassen, auf ihre Unvereinbarkeiten und Widersprüche zum Grundgesetz hingewiesen zu werden. Dies setzt beim Kritiker voraus, dass er seine Interpretation der grundgesetzlichen Normen jedenfalls so weit ausformuliert hat, dass seine Kritik nachvollziehbar ist, selbst wenn seiner Interpretation nicht zugestimmt wird. Wenn Letzteres der Fall sein sollte, wird man nicht umhin können, sich über die jeweiligen Interpretationen des Grundgesetzes zu streiten. Dieser Streit kann fruchtbar sein, weil er vielleicht manche Abschleifprozesse, Relativierungen im Grundsätzlichen, Uminterpretationen sichtbar machen kann, die sich inzwischen in der öffentlichen Diskussion über Menschenwürde, Menschenrechte, Effizienz des Staates, Sozialstaatsaspekte usw. eingeschlichen haben. Eine intellektuelle Neue Rechte, die diesen offenen Disput offenbar scheut und ihn durch eine Art „Opferdiskurs" – im Sinne von Opfer zu sein im vermeintlich blindwütigen Verfolgungskampf politisch korrekter Meinungssoldaten – zu umgehen versucht, wird sich dieses durchsichtige Täuschungsmanöver vorhalten lassen müssen. So lange die intellektuelle Neue Rechte ganz selbstverständlich und offenbar auch selbstbewusst feststellt, dass in ihr ein „verbreiteter Schmittismus" herrscht, wird man ebenso selbstverständlich und selbstbewusst konstatieren können, dass sie mit dieser Feststellung in der Tat richtig liegt. Damit verfehlt sie aber auch zentrale Postulate und Prinzipien unserer gemeinsamen Verfassung, wenn sie Carl Schmitt nicht völlig falsch interpretiert. Letzteres wird man ihr nicht vorwerfen können. Wie konservative Intellektuelle und Politiker, die sich aus welchen Gründen auch immer der Neuen Rechten zur Verfügung stellen, mit diesen nachweisbaren Tatbeständen ihrerseits umgehen wollen, ist zuerst einmal deren eigene Sache. Es gibt aber keinen im Sinne einer grundgesetzlich garantierten Diskussionsfreiheit nachvollziehbaren Grund, nicht auf die möglichen langfristigen Folgen für die politische Kultur in Deutschland öffentlich hinzuweisen, wenn durch Konservative neurechtes Gedankengut stärker in der „Mitte der Gesellschaft" Verortung findet, als es durch die Neurechten selbst eingeführt werden könnte.

Eine deutliche, ja auch harte Kritik kann, wie in meinem Beitrag gezeigt, zu dem Ergebnis kommen, dass sich öffentliche Äußerungen der intellektuellen Neuen Rechten nicht mit den zentralen Intentionen des Grundgesetzes mehr vereinbaren lassen. Ob solche Ergebnisse dann dazu führen, dass der Verfassungsschutz tiefergehende Maßnahmen ergreift oder ergreifen soll, liegt nicht in der Entscheidung des analysierenden Wissenschaftlers. Natürlich kann er seine Meinung dazu abgeben. Wenn aber solche Weiterungen ins Auge gefasst werden, muss derjenige, der dieses tut und rechtsstaatlich dazu befugt und verantwortlich ist, die Sachverhaltsklärung mit auf jeden Fall wissenschaftlicher Akribie vornehmen. Hier ist nun eine Arbeitsteilung oder eine

Form wechselseitiger Ergänzung zwischen Innenministerien bzw. Verfassungsschutz und Wissenschaft nicht nur wünschenswert, sondern meines Erachtens notwendig. Denn damit können erstens überflüssige und kostenspielige Doppelstrukturen vermieden werden. Zweitens und vor allem wird aber jene Transparenz in der Argumentation hergestellt und erhalten, die in einer freiheitlichen Demokratie die nachhaltigste Legitimation erzeugt, weil ohne sie eine solche Demokratie auf Dauer beeinträchtigt würde.

Jedenfalls wird sich eine differenzierte, reflektierte und historisch informierte positive Einstellung zum Grundgesetz niemals mit den Relativierungen, Verdrehungen und Verfälschungen eben dieser Verfassung durch die intellektuelle Neue Rechte abfinden können, weil deren Ziele eine Gesellschaft vor Augen haben, in der der einzelne Mensch dem Kollektiv letztlich hilflos ausgeliefert ist. Die Hoffnung auf einen gütigen Despoten sollte man gerade in Deutschland endgültig zu den Akten legen.

Literatur

Appenzeller, Gerd und Jansen, Frank: „Ich trete 2004 wieder als Spitzenkandidat an". CDU-Landeschef und Innenminister Jörg Schönbohm über seine Zukunft, Ministerrücktritte, falsche Interviews und den Mord von Potzlow, in: Der Tagesspiegel vom 3.12.2002

Bundesministerium des Innern (Hrsg.): Verfassungsschutzbericht 2002, Berlin 2003

Breuer, Stefan: Anatomie der Konservativen Revolution, Darmstadt1995

Dietzsch, Martin; Jäger, Siegfried; Kellershohn, Helmut und Schobert, Alfred: Nation statt Demokratie. Sein und Design der „Jungen Freiheit", Duisburg 2003

Feit, Margret: Die „Neue Rechte" in der Bundesrepublik, Frankfurt a.M./New York 1987

Gessenharter, Wolfgang und Fröchling, Helmut (Hrsg.): Rechtsextremismus und Neue Rechte in Deutschland. Neuvermessung eines politisch-ideologischen Raumes?, Opladen 1998

Gessenharter, Wolfgang: Kippt die Republik? Die Neue Rechte und ihre Unterstützung durch Politik und Medien, München 1994

Gessenharter, Wolfgang: Herausforderungen zur Jahrtausendwende – Kann „Nation" die Antwort sein?, in: Butterwegge, Christoph (Hrsg.): NS-Vergangenheit, Antisemitismus und Nationalismus im vereinten Deutschland. Beiträge zur politischen Kultur der Bundesrepublik und zur politischen Bildung, Baden-Baden, S. 141-171

Gessenharter, Wolfgang: Rückruf zur „selbstbewussten Nation". Analyse eines neurechten Frames aus bewegungstheoretischer Sicht, in: Hellmann, Kai-Uwe und Koopmans, Ruud (Hrsg.): Paradigmen der Bewegungsforschung. Entstehung und Entwicklung von Neuen sozialen Bewegungen und Rechtsextremismus, Opladen 1998, S. 166-180

Gessenharter, Wolfgang: Intellektuelle Strömungen und Vordenker in der deutschen Neuen Radikalen Rechten, in: Grumke/Wagner 2002, S. 189-201

Heller, Hermann: Sozialismus und Nation, Berlin 1925

Hesse, Konrad: Grundzüge des Verfassungsrechts der Bundesrepublik Deutschland, 20. Aufl., Heidelberg 1999

Innenministerium des Landes Nordrhein-Westfalen (Hrsg.): Die Kultur als Machtfrage. Die Neue Rechte in Deutschland, Düsseldorf 2003

Institut für Staatspolitik: Die „Neue Rechte“. Sinn und Grenze eines Begriffs, Wissenschaftliche Reihe – Heft 5, Albersroda 2003
JF vom 15.1.1999, S. 16
JF vom 7.12.2001, S. 16
JF vom 19./26.12.2003
Koenen, Andreas: Der Fall Carl Schmitt, Darmstadt 1995
Lenk, Kurt; Meuter, Günter und Otten, Henrique Ricardo: Vordenker der Neuen Rechten, Frankfurt a.M./New York 1997
Pfahl-Traughber, Armin: Konservative Revolution und neue Rechte. Rechtsextremistische Intellektuelle gegen den demokratischen Verfassungsstaat, Opladen 1998
Rüthers, Bernd: Carl Schmitt als politischer Denker des 20. Jahrhunderts, in: Zeitschrift für Rechtsphilosophie 2002, H. 1, S. 63-71
Schacht, Ulrich und Schwilk, Heimo (Hrsg.): Für eine Berliner Republik. Streitschriften, Reden, Essays nach 1989, München 1997
Schmidt, Friedemann: Die neue Rechte und die Berliner Republik, Wiesbaden 2001
Schmitt, Carl: Die geistesgeschichtliche Lage des heutigen Parlamentarismus, 4. Aufl., Berlin 1969
Schmitt, Carl: Der Begriff des Politischen. Text von 1932 mit einem Vorwort und drei Korollarien, Berlin 1963
Schmitt, Carl: Verfassungslehre. 5. Aufl., Berlin 1970 (= 5. unveränderte Aufl. des Nachdrucks der 1928 erschienenen ersten Auflage)
Schüßlburner, Josef: Kampfinstrument Antisemitismus-Vorwurf. Vom „Verfassungsschutz“ zur Staatsreligion, Argumentationspapier 2/2003 des Friedenskomitees 2000, Starnberg
Schwilk, Heimo und Schacht, Ulrich (Hrsg.): Die selbstbewusste Nation, Frankfurt am Main/Berlin 1994
Sontheimer, Kurt: Antidemokratisches Denken in der Weimarer Republik, 3. Aufl., München 1992
Straub, Eberhard: Sozialstaat retten, in: JF vom 26.9.2003, S. 18
von Waldstein, Thor: Sechzig verweht. Carl Schmitt: „Glossarium“, in: Junge Freiheit Oktober 1992, S. 17
Weißmann, Karlheinz: Rückruf in die Geschichte. Die deutsche Herausforderung: Alte Gefahren – Neue Chancen, Berlin/Frankfurt a.M. 1992
Weißmann, Karlheinz: Neo-Konservatismus in der Bundesrepublik? Eine Bestandsaufnahme, in: Criticón, H. 96 (1986), S. 176-179
Weißmann, Karlheinz: Herausforderung und Entscheidung. Über einen politischen Verismus für Deutschland, in: Schwilk/Schacht, S. 309-326
Willig, Angelika: Sozialstaat abbauen, in: JF vom 26. September 2003, S. 18

Thomas Pfeiffer

Avantgarde und Brücke

Die Neue Rechte aus Sicht des Verfassungsschutzes NRW

1. Neue Rechte – ein schillernder Begriff

Die Beiträge dieses Bandes unterstreichen, dass der Begriff der Neuen Rechten in der Wissenschaft von manchen verworfen, von anderen vertreten wird und Letzteres nicht immer in derselben Weise. Mit unterschiedlichen Begriffen hängen abweichende Einschätzungen zusammen, welche Gefahr von einer solchen Strömung ausgeht. Das Meinungsspektrum beginnt bei der Feststellung, dass von einer ‚neuen' Rechten nicht die Rede sein könne, da die so Bezeichneten lediglich „Altes in neuen Schläuchen" präsentierten. Sie trügen unverändert rechtsextremistisches Denken zu Markte, das um einen ideologischen Kern aus Rassismus, chauvinistischem Nationalismus und Führerkult kreise. Die Einschätzungen reichen über die Ansicht, dass es sich um eine marginale und damit vernachlässigbare Strömung ohne nennenswerten Einfluss auf das politische Klima in Deutschland handele, bis hin zu der Sorge, der Neuen Rechten gelinge es zunehmend, den demokratischen Wertekanon auf leisem Wege auszuhöhlen und durch rückwärtsgewandte Normen zu ersetzen. Eine solche Debatte ist in einer pluralistischen Forschungslandschaft weder ungewöhnlich noch schädlich: Im günstigen Fall trägt sie dazu bei, wichtige Fragen aus unterschiedlichen Blickwinkeln zu stellen und den Antworten auf die Spur zu kommen.

Wie in der Wissenschaft dienen Begriffe und Typenbildung auch im Verfassungsschutz dazu, das Arbeitsfeld zu strukturieren; Teilbereiche mit spezifischen Profilen von anderen zu unterscheiden. Auf diese Weise machen Begriffe und Typen das Besondere dieser Teile des Gegenstands bewusst, was Gemeinsamkeiten mit anderen nicht ausschließt. Im Gegensatz zur Wissenschaft ist das Arbeitsfeld der Verfassungsschutzbehörden gesetzlich definiert. Es ist aus gutem Grund begrenzt, da die Behörden grundsätzlich berechtigt sind, nachrichtendienstliche Mittel anzuwenden, somit unter bestimmten Voraussetzungen in die Privatsphären einzugreifen. Verfassungsschutzbehörden beobachten Extremismus, also Bestrebungen gegen die freiheitliche demokratische Grundordnung, den Kern der Verfassung. Präziser gesagt: Das Arbeitsgebiet des Verfassungsschutzes NRW ist das politische Spektrum, das tatsächliche Anhaltspunkte für den Verdacht verfassungsfeindlicher Bestrebungen aufweist, wie es im Verfassungsschutzgesetz für NRW heißt. Ob hinreichende Anhaltspunkte vorliegen oder nicht, ist gerichtlich überprüfbar. Die Aufgabe der Behörden ist die eines Frühwarnsystems, das auf Gefahren hinweist, bevor es zu fatalen Schäden für die Demokratie gekommen ist. Das schließt ein, dass nicht erst dann Wachsamkeit eintreten darf, wenn beispielsweise Straftaten begangen wurden.

Wenn Verfassungsschutzbehörden mit dem Begriff der Neuen Rechten arbeiten, können sie den Gegenstand nicht frei bestimmen, vielmehr ist ihr Erkenntnisinteresse vorgegeben: Gefahren für die freiheitliche demokratische Grundordnung durch extremistische Bestrebungen. Gruppen, Organisationen und Medien, die keinerlei Anhaltspunkte für rechtsextremistische Bestrebungen aufweisen, sind kein Fall für den Verfassungsschutz, insofern auch nicht Bestandteil der Neuen Rechten im Sinne des Verfassungsschutzes NRW. Nach dem hiesigen – vergleichsweise engen – Begriff der Neuen Rechten handelt es sich um eine Strömung innerhalb des Rechtsextremismus; sie umfasst bestimmte Gruppen und Verlage, die auch Beobachtungsobjekte der Behörde sind. Der Begriff des Verfassungsschutzes NRW weitet die Tätigkeit der Behörde also nicht über die gesetzliche Grenze hinaus aus. Vielmehr geht es darum, neurechte Kräfte trennscharf von konservativen zu unterscheiden, die sich noch im demokratischen Spektrum bewegen, möglicherweise aber punktuell mit Extremisten übereinstimmen oder kooperieren. Andererseits lohnt es sich, die Neue Rechte vom traditionellen Spektrum des Rechtsextremismus abzugrenzen, das sich in seinen strategischen Orientierungen, Organisations- und Ausdrucksformen unterscheidet.

Der Verfassungsschutz NRW geht von folgender Definition aus: „Die Neue Rechte ist eine intellektuelle Strömung innerhalb des Rechtsextremismus, die sich insbesondere auf antidemokratische Theoretiker der Weimarer Republik bezieht (Konservative Revolution). Sie möchte den Pluralismus einer ‚offenen Gesellschaft' zurückdrängen, Homogenitätsvorstellungen sowie ethnisch-nationale Kollektive ins Zentrum der Politik rücken und bemüht sich um Einfluss auf die öffentliche Meinung." Dieser Begriff unterscheidet sich von den Ansätzen einiger Wissenschaftler, dagegen deckt er sich weitgehend mit dem Verständnis der Neuen Rechten, das in der politikwissenschaftlichen Extremismusforschung vertreten wird.[1] Der hiesige Begriff erhebt nicht den Anspruch, per se besser oder hilfreicher zu sein als abweichende, die in der Wissenschaft vertreten werden: Er ist anders, weil er anders sein muss.

Die folgenden Schaubilder verdeutlichen die Gemeinsamkeiten und Unterschiede zwischen einem in den Sozialwissenschaften verbreiteten Begriff

---

1 Vgl. Pfahl-Traughber 1998: 160-163 sowie seinen Beitrag in diesem Band. Auch Backes hat den Begriff auf eine bestimmte Variante des intellektuellen Rechtsextremismus bezogen (vgl. Backes 2001: 24), inzwischen verwendet er ihn nicht mehr (vgl. die Diskussion „Die Neue Rechte – eine Gefahr für die Demokratie?" in diesem Band).

der Neuen Rechten, dem von Wolfgang Gessenharter, und dem Verständnis des Verfassungsschutzes NRW. Gessenharter geht von der Vorstellung der Neuen Rechten als „Scharnier“ aus: „Scharniere trennen sowohl zwei Gegenstände voneinander und verbinden sie beweglich miteinander; als auch stellen sie selbst eigenständige Elemente dar“ (Gessenharter 1994: 426f.). Demnach ist die Neue Rechte ein Zwischenbereich zwischen dem demokratischen Spektrum und dem rechtsextremistischen, der beide dynamisch verkoppelt: nicht eindeutig demokratisch, nicht eindeutig rechtsextremistisch. An den Punkten, an denen sich beide Sphären berühren, wird eine gewisse Durchlässigkeit deutlich. Die Pfeile symbolisieren Wirkungskräfte, Einflussbemühungen, die in beide Richtungen weisen. Beim Begriff des Verfassungsschutzes Nordrhein-Westfalen geht es dagegen um eine Teilmenge des rechtsextremistischen Spektrums. Allerdings nimmt auch der Verfassungsschutz NRW Einflussbemühungen sowohl in das rechtsextremistische als auch das demokratische Spektrum wahr. Diese Analyse deckt sich mit der Gessenharters.

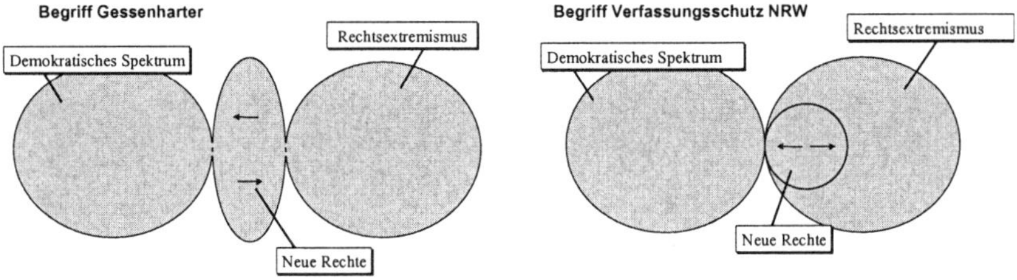

2. Merkmale der Neuen Rechten

Was genau macht die Neue Rechte aus? Ihr Wesensmerkmal ist zunächst der intellektuelle Anspruch. Sie greift zurück auf antidemokratische Theoretiker der Weimarer Republik – auf die Konservative Revolution, für die beispielsweise Arthur Moeller van den Bruck, Oswald Spengler und Carl Schmitt stehen (vgl. die Beiträge von Kurt Sontheimer und Wolfgang Gessenharter in diesem Band). Dieser Rekurs erschließt einerseits eine Fülle rechtsgerichteter Ideen, die aus der Sicht der Neuen Rechten noch Jahrzehnte später zur ideologischen Modernisierung beitragen können, andererseits vermeiden die Akteure den Bezug auf unmittelbar NS-belastete Vorlagen. Darüber hinaus bezieht sich diese Strömung vielfach auf die politischen Ideen von Intellektuellen des europäischen Faschismus wie Julius Evola (Italien), Oswald Mosley (England) oder José Antonio Primo de Rivera (Spanien).

Außerdem hat die Neue Rechte spezifische strategische Akzente gesetzt: Mit dem Versuch, gesellschaftliche Diskurse zu prägen und Begriffe zu besetzen oder umzudeuten – das heißt: die „kulturelle Hegemonie" zu erringen –, bezieht sie sich auf den strategischen Ansatz des italienischen Marxisten Antonio Gramsci. Es liegt nahe, dass sie den marxistischen Kontext nicht übernimmt, in dem das Konzept bei Gramsci steht (vgl. den Beitrag von Armin Pfahl-Traughber in diesem Band). Diese strategischen Vorstellungen werden häufig als „metapolitischer Ansatz" bezeichnet, da sie Tätigkeiten im Hintergrund des im engeren Sinne Politischen in den Vordergrund rücken. Das Konzept der kulturellen Hegemonie sieht nicht kurzfristigen Aktionismus oder den staatsstreichartigen Griff nach der Macht als Erfolg versprechend an. Vielmehr betont es ein langfristiges Einwirken auf Diskurse mit dem Ziel der Meinungsführerschaft und somit einen schleichenden Prozess. Die Neue Rechte ist sich bewusst, dass sie – um Anklang zu finden – eigene Positionen nicht immer in ihrer ganzen Tragweite formulieren darf, sondern sich vielfach in der Deutlichkeit ihrer Aussagen zurücknehmen, das heißt: sprachliche Tarnung betreiben muss. Das Ziel der „kulturellen Hegemonie" festzustellen bedeutet nicht zwangsläufig, es für realistisch zu erklären. So glaubte die Neue Rechte in den frühen 1990er Jahren – nach der Wiedervereinigung, als nationale Kategorien in der öffentlichen Diskussion an Bedeutung gewannen – ihrem Fernziel erheblich näher zu kommen. Jener Aufbruchsstimmung folgte die Ernüchterung, die heute festzustellen ist.

Die Neue Rechte möchte über die eigenen Kreise hinauswirken. Sie bemüht sich um Kontakt und Kooperation mit Kräften außerhalb des Rechtsextremismus – insbesondere um eine „Erosion der Abgrenzung zwischen demokratischem Konservatismus und extremistischer Rechter" (Armin Pfahl-Traughber 1989: 160[2]). Ein Mittel ist das recht breite Spektrum der Stimmen, die beispielsweise in der neurechten Zeitung ‚Junge Freiheit' (JF) zu Wort kommen: Dazu zählen Interviews mit ausgewiesenen Demokraten, gleichzeitig „bietet die JF aber unverändert auch rechtsextremistischen Autoren ein Forum" (Bundesministerium des Innern 2003: 95). Solche Interviews sollen die Zeitung – so ein früherer Werbeslogan – als „Forum ohne geistige Schranken" ausweisen [Junge Freiheit o.J. (1993): 12]. Tatsächlich lassen sie sich auch als Element des Versuchs verstehen, die Grenze zum demokratischen Spektrum aufzuweichen. Der neurechte Publizist Andreas Molau sprach in seinem Sammelband ‚Opposition für Deutschland' – die hier kaum anders als im Sinne einer Fundamentalopposition zu verstehen ist – von der „Notwendigkeit, alle Rechten, Konservativen, Nationalen, Nationalkonser-

---

2 Pfahl-Traughber griff die Formulierung von Wolfgang Rudzio auf, der für die späten 1980er Jahre von einer „Erosion der Abgrenzung [...] zwischen der demokratischen Linken und Kommunisten" gesprochen hatte (Rudzio 1988).

vativen usw. gedanklich an einen Tisch zu bringen, um nach Lösungen zu suchen, die der Erhaltung Deutschlands dienen“ (Molau 1995: 14f.).

Die Neue Rechte basiert auf netzwerkartigen Strukturen – sie ist kein monolithischer Block, keine starre Organisation, keine hierarchische Gruppe. Vielmehr formiert sie sich in der Regel im Umfeld von informellen Diskussionsrunden, häufig von publizistischen Projekten wie Zeitungen und Zeitschriften. Mitgliedsstarke und formal-hierarchisch aufgebaute Organisationen widersprächen dem intellektuellen und elitären Selbstverständnis dieser Strömung. Zusammenhalt stiftet die Tatsache, dass Personen, die in die Neue Rechte eingebunden sind und ihre Ideen vertreten, häufig auch Autoren entsprechender Periodika sind, Vorträge und Seminare aus diesem Spektrum besuchen oder selbst als Referenten auftreten. Diese Strömung umfasst einige kleinere Organisationen (siehe 5.1), die vor allem publizistisch tätig sind und Schulungsveranstaltungen abhalten. Auch an Organisationen auf der Schnittstelle von Neuer Rechter und traditionellem Rechtsextremismus – wie der ‚Gesellschaft für Freie Publizistik‘, die als größte rechtsextremistische Vereinigung aus Verlegern und Autoren in Deutschland gilt – sind Akteure dieser Strömung zum Teil federführend beteiligt.

Die Merkmale der Neuen Rechten bedingen sich. Sie ist mit dem Anspruch angetreten, das Erscheinungsbild der äußersten Rechten zu modernisieren und an veränderte gesellschaftliche Stimmungslagen anzupassen. Gelänge dies, wären rechtsextremistische Agitation und demokratische Positionen auf den ersten Blick kaum mehr voneinander zu unterscheiden, Kontakt und Kooperation von Akteuren aus beiden Spektren würden wahrscheinlicher. Andererseits ist die Abgrenzung desto klarer, je offener fremdenfeindliche und nationalistische Positionen formuliert werden. Das Ziel der „kulturellen Hegemonie“ setzt Tarnung und Modernisierung rechtsextremistischer Positionen voraus und diese wiederum eine Intellektualisierung. Soweit sie erfolgt, geschieht es nicht ausschließlich aus strategischen Gründen. Viele jüngere, akademisch gebildete Akteure, die im Nachkriegsdeutschland aufgewachsen und durch dieses geprägt sind, fühlen sich durch die rückwärtsgewandte Rhetorik des traditionellen Rechtsextremismus nicht mehr vertreten; sie fordern eine stärkere Theoriebildung ein und gehen auf Distanz zur wehmütigen Verklärung des Hitler-Regimes.

3. Die Doppelfunktion der Neuen Rechten

Was macht die Bedeutung der Neuen Rechten aus? Welche Funktion erfüllt sie für den Rechtsextremismus in Deutschland? Es handelt sich um eine doppelte Funktion: als Avantgarde des Rechtsextremismus und Brücke zur gesellschaftlichen Mitte. Als Ideologieschmiede des rechtsextremistischen Spektrums fungiert die Neue Rechte insofern, als bestimmte ideologische und strategische Elemente, die in dieser Strömung ihren Ursprung haben, in andere Teile des Rechtsextremismus wandern können, mitunter sogar in den Neonazismus hinein. Das Beispiel des „Ethnopluralismus", eines der zentralen Theoreme der Neuen Rechten, macht dies besonders deutlich.

Ethnopluralismus geht grundsätzlich nicht von der Vorstellung aus, dass ethnische Gruppen höher- oder minderwertig wären, vielmehr geht es in erster Linie darum, ethnische Gruppen zu trennen: zumindest kulturell, möglichst räumlich. Auch dieses Konzept baut auf dem Gedankengut der Konservativen Revolution auf. Im Gegensatz zum liberalen Prinzip, dass alle Menschen eine gleiche Würde eint, sie daher gleiche Grundrechte genießen, rückt die Neue Rechte kulturelle, mitunter ausdrücklich genetische Unterschiede in den Vordergrund. Solche Merkmale verbänden ethnische Gruppen, während sie die Menschheit teilten. Aus dieser Perspektive existieren grundlegende Gemeinsamkeiten der Weltbevölkerung nicht, vielmehr stellt sie sich als ein „Pluriversum" (Carl Schmitt) von Kollektiven dar, deren Unterschiede nach außen und Homogenität nach innen zu bewahren seien. Schmitt formulierte diese Sicht in dem Satz „Wer Menschheit sagt, will betrügen", den die ‚Junge Freiheit' zustimmend sowie ‚Nation & Europa' kommentarlos zitieren (Stein 1999, NE 4/1997: 44). Aus der Theorie leitet beispielsweise das neurechte ‚Thule-Seminar' die politische Forderung ab, Migranten aus Deutschland auszuweisen. Der Vorsitzende Dr. Pierre Krebs kommt im Interview mit der NPD-Zeitung ‚Deutsche Stimme' zu dem Schluss: „Es gibt [...] keinen Menschen an sich, sondern nur Menschen in der Prägung ihrer ethnokulturellen Erscheinung. Es versteht sich von selbst, daß mehrrassige Gesellschaften zwangsläufig den Überreiz ihrer Unterschiede und früher oder später den Ausbruch ihrer Aggression erleben werden. Die einzige menschliche Alternative, die sowohl die Identität des Gastlandes wie auch das Überleben der Immigranten garantiert, ist jene Lösung, welche die zerstörende Assimilation fremder Ethnien überwindet und die ganz natürliche und überall verständliche Rückkehr des Immigranten in das Land seiner Vorfahren vorsieht und fördert. Und auf diese Weise ist schließlich eine wahre Toleranz und echte Humanität zu verwirklichen." (zit. nach Schwab 2001) Im Sinne des Ethnopluralismus propagierte das ‚Thule-Seminar' auf Aufklebern zeitweise den eigentümlichen Slogan „Rasse ist klasse". Die Kölner Zeitschrift ‚Europa vorn' (heute: ‚nation24.de') brachte dieses Konzept auf folgende plakative Formel, mit der sie eine Äußerung Franz Schönhubers variierte: „China den Chinesen, die Türkei den Türken und Deutschland den Deutschen – das ist unser Credo, das wir den Verblendeten entgegenhalten!" (Rouhs 1997)

Das Theorem hat eine nachhaltige Ausstrahlung auf die übrigen Teilbereiche des Rechtsextremismus ausgeübt, somit zu einem Modernisierungsschub beigetragen. Von der Ansicht nationalrevolutionärer Splittergruppen der 1970er Jahre ist es zum vorherrschenden Nationalismuskonzept geworden und hat die nationalsozialistische Rassenlehre teilweise verdrängt. Dieser ist das Ethnopluralismus-Konzept strategisch in mehrerer Hinsicht überlegen: Es ist theoretisch unterfüttert und somit für Intellektuelle attraktiv, gleichzeitig bietet es Anschlussstellen für ein breites Spektrum weiterer Zielgruppen: So können es neonazistische Kräfte in ihrem Sinne interpretieren, ohne etwa die Leitvorstellung einer imaginären „Reinheit des deutschen Blutes“ aufzugeben.

Andererseits fungiert die Neue Rechte als Brücke vom Rechtsextremismus zur gesellschaftlichen Mitte. Es ist plausibel, dass eine politische Strömung, der es um Meinungsführerschaft geht, ihren Blick nicht vorrangig auf gesellschaftliche Randlagen und Nischen richtet. Die Mehrheitsgesellschaft muss im Fokus stehen, möchte die Neue Rechte erfolgreich sein. Einer Strömung, die intellektuell auftritt und die „politische Mimikry“ beherrscht (vgl. den Beitrag von Wolfgang Gessenharter in diesem Band), wird man eine ungleich höhere potenzielle Breitenwirkung zutrauen können als beispielsweise subkulturellen Gruppen. Auch für die Brückenfunktion der Neuen Rechten ist das Konzept des Ethnopluralismus ein treffendes Beispiel: Es hat nicht nur im Innern des Rechtsextremismus zu einer ideologischen Entwicklung beigetragen; kompatibel ist es auch mit fremdenfeindlichen Einstellungsmustern, die nach allen empirischen Erkenntnissen über den Kreis des organisierten Rechtsextremismus hinaus verbreitet sind. Im Gewand derjenigen Position, die dem angeblich „natürlichen“ Streben des Menschen nach „nationaler Identität“ und Abgrenzung von anderen ethnischen Gruppen Rechnung trägt, erscheint Fremdenfeindlichkeit geradezu humanitär. Mit dem Ziel, „fremde“ Kultureinflüsse zurückzudrängen und die Zahl der in Deutschland lebenden Migranten drastisch zu reduzieren, kann die Neue Rechte womöglich auf Zuspruch weit jenseits rechtsextremistischer Kreise hoffen.

Für die Frage nach den Wirkungsmöglichkeiten der Neuen Rechten liefert die Einstellungsforschung interessante Hinweise, die im folgenden Exkurs skizziert werden sollen. Bemerkenswert sind die aktuellen Studien zur „Gruppenbezogenen Menschenfeindlichkeit“ (GMF)[3], insbesondere zum „rechtspopulistischen Potenzial“, die das Team um den Konfliktforscher Wilhelm Heitmeyer vorgelegt hat. Nach dem repräsentativen GMF-Survey 2003 haben die Forscher ein rechtspopulistisches Potenzial in Deutschland von

---

3 Sieben Einstellungsmuster fasst die Studie zum Syndrom der Gruppenbezogenen Menschenfeindlichkeit zusammen, darunter die verwandten Dimensionen Fremdenfeindlichkeit, Rassismus und Antisemitismus, aber auch die Dimensionen des Sexismus – im Sinne einer „Demonstration der Überlegenheit des Mannes und fixierten Rollenzuweisung an Frauen“ (Heitmeyer 2003a: 15) – und der Heterophobie – der Ablehnung von Gruppen, die von der „Norm“ abweichen wie Homosexuelle, Obdachlose und Behinderte. Mit diesem Konzept erfassen die Autoren das weite Feld feindseliger Einstellungen der Deutschen gegenüber anderen ethnischen Gruppen, aber auch innerhalb der eigenen Gruppe. Das GMF-Survey basiert auf einer Repräsentativbefragung von 3.000 Personen.

mehr als 25 Prozent berechnet – im Vorjahr waren es 19,6 Prozent (vgl. Heitmeyer 2003a: 28).[4] Rechtspopulismus zeichne sich dadurch aus, dass er „sich der demokratischen Strukturen bedient und diese somit nicht abschafft, sondern [...] die liberale Demokratie in den Würgegriff nimmt" (Schaefer/Mansel/Heitmeyer 2002: 124). Typisch für das rechtspopulistische Potenzial seien insbesondere autoritäre Haltungen und die Zustimmung zu Ideologien der Ungleichwertigkeit. Unter anderem bei fremdenfeindlichen Einstellungen oder entsprechenden Ressentiments sowie bei antisemitischen Einstellungen weisen die Studien einen Anstieg aus. So stimmten 59,1 Prozent der Befragten ganz oder teilweise der Aussage zu, in Deutschland lebten zu viele Ausländer (2002: 55,4 Prozent), sowie 54,5 Prozent der Aussage, Juden versuchten aus dem Holocaust Vorteile zu ziehen und „die Deutschen dafür zahlen zu lassen" (2002: 51,8 Prozent).[5] Auch an einer Ermüdung des kritischen Erinnerns an den Nationalsozialismus könnte die Neue Rechte anknüpfen: „Fast 70 Prozent der Bevölkerung ärgern sich darüber, dass den Deutschen auch heute noch die Verbrechen an den Juden vorgehalten werden" (Heitmeyer 2003b). Heitmeyer zieht daraus den Schluss, die „‚Entschuldung' [sei] nicht mehr nur ein Topos der extremen Rechten. [...] Der Entschuldungsdiskurs hat in allen politischen Schattierungen der deutschen Gesellschaft Fuß gefasst und kann die Basis eines neuen, ‚unverkrampften' Antisemitismus bilden, weil man die Mehrheit der Bevölkerung hinter sich wähnt." (ebd.) Dies bedeutet keineswegs, dass eine Mehrheit in Deutschland der Neuen Rechten verbunden wäre oder diese gar einen Siegeszug durch die Gesellschaft angetreten hätte. Der Versuch dieser Strömung, zu Teilen der Bevölkerung Brücken zu schlagen, erscheint aber nicht aussichtslos.

4. Flügel der Neuen Rechten

Wenn auch strategische, strukturelle, habituelle Merkmale und ideologische Leitbilder die Neue Rechte einen, so ist sie doch eine heterogene Strömung. Vor allem zwei Flügel sind bedeutsam, die auf wichtigen Varianten der Konservativen Revolution basieren. So lassen sich Kreise, die auf Jungkonservative wie Moeller van den Bruck, Jung und Spengler zurückgehen, idealty-

---

4 Das rechtspopulistische Potenzial ermitteln die Forscher aus den Zustimmungswerten zu fünf Aussagen, darunter: „Um Recht und Ordnung zu bewahren, sollte man härter gegen Außenseiter und Unruhestifter vorgehen", „Die in Deutschland lebenden Ausländer sind eine Belastung für das soziale Netz", „Viele Juden versuchen aus der Vergangenheit des Dritten Reiches heute ihren Vorteil zu ziehen und die Deutschen dafür zahlen zu lassen".

5 Zur ersten Aussage vgl. Heitmeyer 2003: 21. Der Wert zur zweiten Aussage geht aus der Kurzfassung der Studie zur Pressekonferenz am 11. Dezember 2003 in Berlin hervor (S. 12).

pisch von denen unterscheiden, die sich an Nationalrevolutionären wie Jünger und Ernst Niekisch orientieren.[6] Die Auffächerung der Neuen Rechten entspricht einer faktischen Arbeitsteilung nach Zielgruppen: Während die Nationalrevolutionäre die Alte Rechte theoretisch unterfüttern und Verbindungen zur Linken schaffen möchten, geht es Jungkonservativen vorrangig um die Beeinflussung des bürgerlichen Lagers.

4.1 Jungkonservative

Als Jungkonservative verstanden sich ursprünglich die Anhänger des ‚Juni-Klubs' um Moeller van den Bruck und Heinrich von Gleichen. Wenn sie auch an ihrer fundamentalen Ablehnung der Weimarer Demokratie keinen Zweifel ließen, so repräsentierten die Jungkonservativen doch den im Ausdruck moderateren Flügel der Konservativen Revolution. Armin Mohler, der Spiritus Rector der Neuen Rechten in Deutschland, verstand die Jungkonservativen als diejenige Variante der Konservativen Revolution, „welche dem früheren Konservatismus am nächsten ist" (Mohler 1994: 141), da das Ziel der Bewahrung bei ihr stärker ausgeprägt gewesen sei als das der Revolution. Vielen Jungkonservativen schwebte ein hierarchisch gegliedertes „Reich" vor, ein „Überstaat" (Edgar Julius Jung), der über ein einzelnes Volk und den Nationalstaat hinausreicht und in dem das deutsche Volk dominiert. Auch der Bezug auf das Christentum, das in ihrem Sinne instrumentalisiert wurde, spielte bei den Jungkonservativen eine besondere Rolle. Gerade weil dieser Flügel der Konservativen Revolution weniger aktionistisch und militant auftrat als andere, gelang es ihm, den öffentlichen Diskurs der Weimarer Zeit erheblich zu beeinflussen.

Entsprechend agiert auch der an den Jungkonservativen orientierte Teil der Neuen Rechten vergleichsweise zurückhaltend. Provokante Kernbegriffe wie „Revolution" oder „Sozialismus" kommen hier kaum vor, vielmehr bezeichnen sich die Akteure meist nachdrücklich als „konservativ" und knüpfen an den antiliberalen Auffassungen der Konservativen Revolution an. In einem Interview mit der ‚Leipziger Volkszeitung' betonte Mohler, der zu diesem Flügel der Neuen Rechten zählte, dass für ihn „die Hauptfeinde immer die Liberalen waren, nie der Kommunismus" (zit. nach David 1995). Durch seine verbale Zurückhaltung übt vor allem der jungkonservative Flügel die Brückenfunktion zur gesellschaftlichen Mitte aus. An die Stelle der Reichs-

6 Ob die Nationalrevolutionäre zur Konservativen Revolution bzw. zur Neuen Rechten zu zählen sind, ist wissenschaftlich umstritten. Einige Autoren verstehen die Jungkonservativen als „die eigentlichen Vertreter der Konservativen Revolution" (Pfahl-Traughber 1998: 52) und rechnen die Nationalrevolutionäre nicht hinzu, somit auch nicht zur Neuen Rechten.

idee, die nach dem nationalsozialistischen „Dritten Reich“ von der Alten Rechten besetzt wurde, ist bei den heutigen Jungkonservativen in der Regel das Ziel der starken und im ethnischen Sinne deutschen Nation getreten. Vor allem die Betonung der Nation und die Behauptung, nationale Gesinnung werde in der Bundesrepublik pauschal diffamiert, dienen diesem Flügel der Neuen Rechten als Vehikel, um Anerkennung und Unterstützung in nicht rechtsextremistischen Kreisen zu erlangen. Eine der Zugfedern und Forum der jungkonservativen Neuen Rechten ist die Wochenzeitung ‚Junge Freiheit‘ (vgl. den Beitrag von Michael Puttkamer in diesem Band). Durch die höhere Zahl der Akteure, das Gewicht seiner Publikationen und das mitunter geschickte Bemühen um Breitenwirkung dominiert der jungkonservative Flügel zurzeit die Neue Rechte.

4.2 Nationalrevolutionäre

Der Begriff „nationalrevolutionär“ war bereits in der Weimarer Zeit eine verbreitete Selbstbezeichnung dieser Strömung. So nannte sich Niekischs Zeitschrift ‚Widerstand‘ im Untertitel ‚Zeitschrift für nationalrevolutionäre Politik‘. Von den Jungkonservativen unterschieden sich die Nationalrevolutionäre durch ihren militanten, schonungslosen Ausdruck und ein revolutionäres Pathos. Ausgangspunkte ihres Denkens waren Kampf und (Welt-)Krieg, aus dem sie hervorgegangen waren, so dass für diese Strömung auch die Bezeichnung „soldatischer Nationalismus“ geprägt wurde. Aus der Verherrlichung des heroischen Kampfes resultierte die tiefe Verachtung des bürgerlichen Lebens. In ihre Vorstellung einer Volksgemeinschaft integrierten die Nationalrevolutionäre ideologische Elemente, die eher als links gelten.

Daher bemüht sich der nationalrevolutionäre Flügel der Neuen Rechten, linksgerichtete Gruppen zu agitieren, indem er begriffliche und ideologische Brücken zu schlagen versucht. Häufig propagieren seine Vertreter einen Dritten Weg jenseits von Marxismus und Liberalismus. Die ideologischen Eckpunkte steckte die „Grundsatzerklärung“ der ‚Aktion Neue Rechte‘ vom Januar 1972 ab. Ihr Schlüsselbegriff war der „europäische Sozialismus“, der eine „neue Ordnung persönlicher Freiheit, menschlicher Solidarität, sozialer Gerechtigkeit und nationaler Selbstbestimmung“ in der zu schaffenden „Nation Europa“ darstellen sollte. Dreh- und Angelpunkt war der Nationalismus, der als kraftvolle, moderne, „antiimperialistische“ Bewegung beschworen wurde. (Grundsatzerklärung o.Dat.: 242f.) Entworfen hatte das Papier der seinerzeit führende Theoretiker der Nationalrevolutionäre, Henning Eichberg. Er setzte die „nationale Identität“ an die Stelle angeblicher weltweiter Vereinheitlichungstendenzen, für die er die Sowjetunion und die USA verantwortlich machte. Die „Befreiung Europas von den Supermächten“ (Eichberg 1978: 22) hielt Eichberg für notwendig, aber unzureichend: Gleichzeitig müssten im Innern autonome nationale Einheiten entstehen von Menschen gleicher Abstammung und gleicher Kultur (Ethnopluralismus).

Der den Nationalrevolutionären nahe stehende Publizist Günter Bartsch bezeichnete Eichberg als den „Dutschke von rechts" (Bartsch 1975: 19). Inzwischen ist das ‚Deutsche Kolleg' zu einer Plattform dieses Flügels der Neuen Rechten geworden. Bezeichnenderweise stehen mit Dr. Reinhold Oberlercher und Horst Mahler zwei ehemalige Aktivisten des ‚Sozialistischen Deutschen Studentenverbands' (SDS) dem Kreis voran. Ende 1998 gehörten sie zu den Verfassern einer ‚Kanonischen Erklärung zur Bewegung von 1968', die diese zu einer Revolte umdeutete, die „allein für das Recht eines jeden Volkes auf nationalrevolutionäre und sozialrevolutionäre Selbstbefreiung" eingetreten sei (Mahler/Maschke/Oberlercher 1998). Die Erklärung stieß auf starkes Interesse der Neuen Rechten – viele ehemalige Aktivisten der Bewegung von 1968 wiesen sie jedoch nachdrücklich zurück. Dies bestätigt, dass der Versuch, linke Kräfte für nationalrevolutionäre Ziele zu gewinnen, weitgehend gescheitert ist.

5. Erscheinungsformen der Neuen Rechten

Die Erscheinungsformen der Neuen Rechten in Deutschland sind vielfältig. Sie reichen von der publizistischen Arbeit, die – dem metapolitischen Ansatz entsprechend – im Zentrum steht, über Seminarveranstaltungen bis hin zu Avancen an bestimmte gesellschaftliche Zielgruppen. Solche Aktivitäten sind in unterschiedlichem Maße nach innen – auf Ideologiebildung des Rechtsextremismus – oder nach außen – auf größtmögliche Breitenwirkung – gerichtet. In der Summe bestätigen sie die Doppelfunktion der Neuen Rechten als Avantgarde und Brücke.

5.1 Gruppen und Organisationen

Es wurde bereits darauf hingewiesen, dass nicht etwa Parteiapparate gemeint sind, wenn im Zusammenhang mit der Neuen Rechten von Gruppen und Organisationen die Rede ist, sondern lose strukturierte Vereinigungen. Die wichtigsten werden im Folgenden skizziert.

Die ‚Deutsch-Europäische Studiengesellschaft' (DESG, Hamburg) ist 1972 aus mehreren Seminarkreisen junger Akademiker hervorgegangen. Ende 1997 hat sich ‚Synergon Deutschland' – die deutsche Sektion des neurechten Netzwerkes ‚Europäische Synergien' um den Belgier Robert Steuckers – der DESG als Arbeitsgemeinschaft angeschlossen. Die DESG zählt zum nationalrevolutionären Flügel der Neuen Rechten und sieht sich als überparteiliches Forum aller ‚nonkonformen' und ‚systemkritischen' Kräfte. In den

1970er und 1980er Jahren hat sich die Organisation bemüht, insbesondere auf die Ökologie-Bewegung Einfluss zu nehmen. Inzwischen setzt sie offenbar besonders auf die Themenfelder Neuheidentum und Esoterik, die sie mit neurechtem Gedankengut verbindet. Durch Vorträge und Diskussionen, bei denen auch szenebekannte Rechtsextremisten auftreten, fördert die DESG die Zusammenarbeit der Neuen Rechten. Die Organisation ist zwar in ein internationales Netzwerk neurechter Denkzirkel eingebunden, doch ihre Beteiligung auf europäischer Ebene ist inzwischen nahezu bedeutungslos geworden. Zu den wichtigsten Aktivitäten zählte bis zum Jahr 2002 das Mitteilungsblatt ‚DESG-inform', das neurechte Beiträge, aber auch solche aus dem traditionellen Rechtsextremismus umfasste und somit als Informationsbörse diente.

Das 1980 gegründete ‚Thule-Seminar' (Kassel) hat anfangs wichtige Anstöße zur Intellektualisierung des Rechtsextremismus gegeben – inzwischen ist es eher bei der Breitenwirkung einer rechtsextremistischen Sekte angelangt. Trotzdem stilisiert sich der Zirkel bis heute zur namhaften Forschungsstätte und nennt sich auch ‚Forschungs- und Lehrgemeinschaft für die Indoeuropäische Kultur'. Das ‚Thule-Seminar' teilt die Weltbevölkerung in genetische „Rassen" ein und fordert, deren Identität zu bewahren. Mischung führe zur „multirassischen [...] Zersetzung" und „monoprimitiven Gesellschaft". Judentum und Christentum („Judäo-Christentum") lehnt es gleichermaßen als fremdartige Glaubensrichtungen ab. Stattdessen propagiert es die Besinnung auf das „heidnisch-religiöse Erbe" [Das Thule-Seminar (2004)]: Förderkreise des ‚Thule-Seminars' sind benannt nach den Raben Odins, Hugin und Munin, sowie nach dem Speer des Göttervaters, Gungir. Der Organisationsname greift den Thule-Mythos auf – er steht in der rechtsextremistischen Esoterik für ein „untergegangenes nordisches Reich, dessen versprengte Überlebende später angeblich die germanische oder nordische Rasse gegründet haben" (Heller/Maegerle 1998: 7). Die Symbolik des ‚Thule-Seminars' – eine Kombination des 12-speichigen Sonnenrades[7] und zweier Runen – lehnt sich an den Nationalsozialismus an und wurzelt in der ‚Thule-Gesellschaft', einer Vorläuferorganisation der NSDAP (vgl. Fischer 2003: 35f.).

Das ‚Deutsche Kolleg' (Berlin/Würzburg) stellt insofern einen Spezialfall der Neuen Rechten dar, als es aggressive rassistische, insbesondere antisemitische Propaganda verbreitet. So fordert der Zirkel das Verbot „aller vom jüdischen Volksgeist beeinflussten Vereinigungen und Einrichtungen"

7 Ein Bodenmosaik dieses Sonnenrades befindet sich im „Obergruppenführersaal" der Wewelsburg bei Paderborn. Nach dem Willen Himmlers sollte sie zur zentralen Kult- und Schulungsstätte des Nationalsozialismus, insbesondere der SS, werden. Für manche Rechtsextremisten ist die Burg heute vor allem dieses Ornamentes wegen ein mythischer Ort: Sie verstehen das Sonnenrad – wohl fälschlicherweise (vgl. Sünner 2001: 145f.) – als bildlichen Ausdruck der legendären Schwarzen Sonne. Sonnenrad bzw. Schwarze Sonne zählen heute zu den verbreitetsten Symbolen im deutschen Rechtsextremismus.

(Mahler/Oberlercher/Meenen 2000). Fremdenfeindlichkeit äußert er nicht abstrakt als Ethnopluralismus, sondern fordert die „Entausländerung der Wohnbevölkerung in Deutschland“ (Sozialpolitisches Notprogramm 2001). 1994 hat das ‚Deutsche Kolleg‘ die Nachfolge des Berliner Leserkreises der ‚Jungen Freiheit‘ angetreten. Der Kreis – um den ehemaligen RAF-Aktivisten Horst Mahler und Reinhold Oberlercher – veranstaltet Seminare und erstellt Materialienmappen, darunter die ‚Schulungstexte zum Vierten Reich‘ (1998). Er geht davon aus, dass das Deutsche Reich fortbesteht, wenn seine Staatsorgane auch handlungsunfähig seien. Der Beitritt wird mit einem Schwur besiegelt, demzufolge das neue Mitglied dem Reich die Treue halten und dessen Freiheit mit seinem „Gut und Blut“ schützen werde [Mahler/Oberlercher/Meenen (2004)]. Das ‚Deutsche Kolleg‘ ist der prononcierteste Vertreter der deutschen Nationalrevolutionäre. Mahler und Oberlercher sind zwar im Rechtsextremismus sehr präsent, aber nicht zu zentralen Vordenkern der Szene geworden. (vgl. auch den Beitrag von Frank Aydt in diesem Band)

5.2 Medien

Publizistische Tätigkeit steht im Zentrum neurechter Aktivitäten, was dem intellektuellen Anspruch und der informellen Struktur dieser Strömung entspricht. Drei Beiträge im Abschnitt „Publizistik der Neuen Rechten“ dieses Bandes befassen sich im Einzelnen mit dem neurechten Medienmix aus Periodika, Büchern und Internet. Daher sollen an dieser Stelle einige einführende Schlaglichter auf die Zeitungen und Zeitschriften dieser Strömung genügen (zur Publizistik der Neuen Rechten vgl. auch Innenministerium NRW 2003, Kapitel 7.2 und 7.3).

Der Verfassungsschutz NRW ordnet organisationsunabhängige Periodika wie die ‚Junge Freiheit‘, ‚nation24.de‘ (bis Ende 2003: Signal) und ‚Sleipnir‘ im engeren Sinne der Neuen Rechten zu. Dies gilt auch für die als Printmedium inzwischen eingestellten ‚Staatsbriefe‘ – eine Art Folgeprojekt stellt die Homepage der Zeitschrift dar. Durch die Auflage von rund 10.000 Exemplaren wöchentlich und ihre nicht unerhebliche Breitenwirkung ist die ‚Junge Freiheit‘ sicherlich das wichtigste Medium aus diesem Kreis (vgl. den Beitrag von Michael Puttkamer in diesem Band). Die Zeitschrift ‚nation24.de‘ (Köln) ist insofern ein bemerkenswertes Projekt, als sie einen Spagat vollzieht zwischen der Ausrichtung an einem intellektuellen Publikum und an jugendlichen Subkulturen. Einerseits umfasst sie Beiträge intellektueller Autoren, die zur Ideologiebildung beitragen möchten; andererseits bietet der Versandhandel, der dem Verlag von ‚nation24.de‘ angegliedert ist, eine Fülle von CDs aus dem rechtsextremistischen Teil der Skinhead-Kultur.

Diese Periodika unterscheidet der Verfassungsschutz NRW von solchen, die mit Einschränkung zur Neuen Rechten gezählt werden sollten. Dies gilt insbesondere für die traditionsreiche Coburger Zeitschrift ‚Nation & Europa' (NE). Zum einen ist sie älter als die Neue Rechte, die etwa in den 1970er Jahren aufgekommen ist. NE wurde 1951 als ‚Nation Europa' gegründet und ist somit die älteste rechtsextremistische Publikation in Deutschland, die noch regelmäßig erscheint. Das intellektuelle Niveau der Zeitschrift ist gegenüber den Anfangsjahren gesunken. So rührt ihr Ruf als ein Organ, das sich auf die Theoriebildung des Rechtsextremismus konzentriere, vorwiegend aus der Vergangenheit. Das Blatt hat sich früh neueren rechtsextremistischen Ideologievarianten geöffnet, statt die bloße Rückkehr zum Nationalsozialismus zu propagieren. Insofern war NE ein entscheidender Vorläufer und Wegbereiter der Neuen Rechten und zählt bis heute zu den Ideengebern des deutschen Rechtsextremismus. Ein zweiter Faktor unterscheidet die Zeitschrift von der Neuen Rechten im engeren Sinne. ‚Nation & Europa' war stets von einer starken parteipolitischen Komponente geprägt. Nach wie vor ist das Ziel erkennbar, rechtsextremistische Parteien in Deutschland, aber auch außerhalb Deutschlands zusammenzubringen. Ein solcher Fokus ist für die Neue Rechte untypisch.

5.3 Seminare

Die Schulungstätigkeit durch Seminare und Vorträge gehört zum Aktionsrepertoire aller Gruppen und Organisationen der Neuen Rechten. Auf solchen Veranstaltungen werden aktuelle Themen und ideologische Grundlagen erörtert. In der rechtsextremistischen Szene, in der Intellektuelle eine deutliche Minderheit sind, sind viele neurechte Publizisten, wenn auch nicht unumstritten, so doch bekannt. Häufig sind sie daher über ihr engeres Umfeld hinaus als Referenten gefragt. Solche Veranstaltungen reichen zwar von informellen Treffen bis zu Vorträgen vor größerem Publikum, in der Regel entfalten sie aber keine nennenswerte Breitenwirkung, sondern dienen dem internen Austausch. In dieser Hinsicht möchte das Berliner ‚Institut für Staatspolitik' (IfS) das Blatt wenden (vgl. den Beitrag von Anton Maegerle in diesem Band): Es versteht es sich als Aktivposten neurechter Bildungsarbeit. Die Ziele umriss Mit-Initiator Götz Kubitschek im JF-Interview mit den Schlagworten „Öffentlichkeit, Vernetzung und Aktion". Mit Blick auf die ernüchternde Bilanz anderer Zirkel stellte Kubitschek fest: „Wir werden nicht die x-te Arbeitsgruppe zum Thema ‚Alte verlorene Schlachten' einrichten. [...] Was wir brauchen, ist eine Öffentlichkeitsoffensive. Viele unserer Themen sind vermittelbar, wenn wir uns geschickt anstellen." (zit. nach Stein 2000) Das Fernziel der kulturellen Hegemonie liegt auf der Hand, auch wenn es ungenannt blieb. Dem IfS hefteten neurechte Kreise anfangs das ambitiöse Etikett eines „Reemtsma-Instituts von rechts" an – eine Anspielung auf das von Prof. Dr. Jan Philipp Reemtsma geleitete ‚Hamburger Institut für Sozialforschung'. Sie erinnert an den Anspruch der „taz von rechts", der zeitweise im JF-Umfeld zirkulierte.

Ebenso wie auf neurechten Seminaren Referenten auftreten, die nicht dem Rechtsextremismus angehören, halten Vertreter der Neuen Rechten Vorträge in Kreisen des traditionellen Rechtsextremismus. Erneut bestätigt dies die Doppelfunktion dieser Strömung als Avantgarde und Brücke. So hat beispielsweise der JF-Mitarbeiter Prof. Dr. Hans-Helmuth Knütter in den vergangenen Jahren mehrfach auf den Jahreskongressen der ‚Gesellschaft für freie Publizistik' referiert. Die Köpfe des ‚Deutschen Kollegs', Mahler und Oberlercher, referieren besonders häufig auf Veranstaltungen des traditionellen Rechtsextremismus, insbesondere im Umfeld der NPD, der Mahler angehörte und für die er als Anwalt tätig war. Dies überrascht insofern nicht, als nationalrevolutionäre Ideen, für die beide neurechten Protagonisten stehen, in der NPD seit Mitte der 1990er Jahre an Bedeutung gewonnen haben. Mahler und Oberlercher zählen neben dem ‚Thule-Seminar' und anderen rechtsextremistischen Einrichtungen zu den Unterstützern der im Jahr 2000 gegründeten NPD-nahen ‚Deutschen Akademie' in Kaiserslautern, die Sommer- und Winterakademien veranstaltet. Vorträge hält Mahler mitunter auch vor neonazistischem Publikum aus dem Spektrum der Freien Kameradschaften.

5.4 Öffentlichkeitswirksame Aktionen

Durch Demonstrationen und Kundgebungen – dem häufigsten Mittel außerparlamentarischer Strömungen, ihren Positionen Gehör zu verschaffen – tritt die Neue Rechte selten in Erscheinung. Dem steht ihr distanziertes Verhältnis zu Massenveranstaltungen entgegen sowie der begrenzte Kreis ihrer Anhänger. Die Öffentlichkeit suchen Vertreter dieser Strömung durch Appelle und Resolutionen, die in der neurechten Presse kampagnenartig verbreitet und vielfach als Inserate in demokratischen Zeitungen platziert werden. Diese Erklärungen sind in der Regel zurückhaltend formuliert, rechtsextremistische Positionen kommen allenfalls andeutungsweise zum Ausdruck. Auf diese Weise konnten mitunter namhafte Personen ermuntert werden, solche Resolutionen zu unterzeichnen, die nolens volens neben Wortführern der Neuen Rechten erscheinen.

Eine der bemerkenswertesten Kampagnen dieser Art hat der Appell ‚Wider das Vergessen' angestoßen, der zum 50. Jahrestag der Kapitulation des Deutschen Reiches, dem 8. Mai 1995, initiiert und von der Neuen Rechten unterstützt wurde. Der mehrfach in der FAZ veröffentlichte Aufruf kritisierte, Medien und Politiker charakterisierten den Tag des Kriegsendes einseitig als „Tag der Befreiung". Dabei gerate in Vergessenheit, dass er auch den Beginn von Vertreibungen und Teilung Deutschlands markiere. Dies seien aber notwendige Wahrheiten für eine „selbstbewusste Nation“, die „wir Deutschen in der europäischen Völkerfamilie“ werden müssten (Aufruf 1995). Implizit wandte sich der Appell gegen die differenzierte Einschätzung des 8. Mai, die der damalige Bundespräsident Richard von Weizsäcker zum 40. Jahrestag vorgetragen hatte. Er hatte vom „Tag der Befreiung“ vom Nationalsozialismus gesprochen, um deretwillen niemand vergessen werde, „welche schweren Leiden für viele Menschen mit dem 8. Mai erst begannen und danach folgten“. Nicht das Ende des Krieges sei die Ursache für Flucht und Vertreibung, sondern sein Anfang und der „Beginn jener Gewaltherrschaft, die zum Krieg führte“ (von Weizsäcker 1985). Die Neue Rechte griff den Aufruf ‚Wider das Vergessen‘ auf breiter Basis auf und wertete die Kontroverse um den 50. Jahrestag des Kriegsendes als „ersten großen öffentlichkeitswirksamen Erfolg junger konservativer Intelligenz“ (Stein 1995).

Vehement beteiligt sich diese Strömung an der Kampagne gegen die Ausstellung ‚Verbrechen der Wehrmacht‘ des ‚Hamburger Instituts für Sozialforschung‘, die nahezu den gesamten deutschen Rechtsextremismus thematisch zusammengeführt hat. Bis heute mobilisiert der so genannte „Nationale Widerstand“ – das Spektrum von NPD, neonazistischen Kameradschaften und Teilen der Skinhead-Szene – fast überall zu Demonstrationen, wo die Ausstellung gezeigt wird. Als besonderen Erfolg werteten die Veranstalter den Marsch durch die Münchner Innenstadt im März 1997 mit mehr als 4.000 Teilnehmern. Die Neue Rechte befasste sich vorwiegend publizistisch mit dem Thema: Die ‚Thule Briefe‘ des ‚Thule Seminars‘ berichteten euphorisch über die Münchner Demonstration, die sie als „größte nationale Kundgebung seit den Protesten gegen die de facto Anerkennung der Oder-Neiße Linie als Grenze in den 70er Jahren“ würdigten (Berichte 1997: 3). Als Anzeige publizierte die ‚Junge Freiheit‘ im April 1997 einen Aufruf aus dem Umfeld der vom Verfassungsschutz beobachteten ‚Deutschland-Bewegung‘, der sich gegen die Präsentation der Ausstellung in der Frankfurter Paulskirche richtete. Verantwortlich war ein heutiger Stammautor der JF; zu den Unterzeichnern zählten Chefredakteur Dieter Stein sowie bekannte Rechtsextremisten. Ein Inserat mit ähnlicher Resolution, die sich gegen die Eröffnung der Ausstellung in Kiel wandte, erschien im Januar 1999 in den ‚Kieler Nachrichten‘. Initiiert hatte sie der ehemalige Bundeswehrgeneral Reinhard Uhle-Wettler, der an Aktivitäten des intellektuellen Rechtsextremismus beteiligt ist. In ähnlich kampagnenartigem Stil hat die Neue Rechte versucht, weitere Themen der öffentlichen Diskussion zu besetzen. Dies gilt etwa für die doppelte Staatsbürgerschaft, die Einführung des Euro, den Bau des Holocaust-Mahnmals in Berlin und die Rechtschreibreform.

5.5 Einflüsse auf gesellschaftliche Zielgruppen

Als Erscheinungsform der Neuen Rechten sind auch ihre Einflussbemühungen auf bestimmte gesellschaftliche Zielgruppen zu verstehen. Der Verfassungsschutz Nordrhein-Westfalen ist diesen Bemühungen an zwei Beispielen näher nachgegangen: am Beispiel möglicher Einflüsse auf studentische Verbindungen (vgl. die Beiträge von Dietrich Heither und Hans-Peter Lüngen in diesem Band) sowie auf die Gothic-Subkultur.[8]

Die Neue Rechte entdeckte die – bis heute überwiegend unpolitische – Jugendkultur der Gothics in den 1990er Jahren als eine mögliche Zielgruppe. Bereits in seinen Grundsatzartikeln ‚Die Kultur als Machtfrage' sowie ‚Konservative und Massenkultur' hatte der zeitweilige Redakteur der ‚Jungen Freiheit' Roland Bubik CDs aus der Gothic-Szene als Träger einer „im besten Sinne reaktionären Ästhetik und Lebensauffassung" interpretiert; sie sprächen „eine andere Sprache als die der Moderne". Kulturelle Hegemonie hieß für ihn nicht nur, Elitendiskurse zu dominieren, sondern auch Alltagskultur zu prägen, insbesondere von Jugendlichen – das Ziel sei die „Instrumentalisierung der Massenkultur nach eigenen Vorstellungen". Das emotionsträchtige Erscheinungsbild des Nationalsozialismus hielt der JF-Autor für beispielgebend, wenngleich er das Regime ansonsten nicht verherrlichte; „mit bunten Fahnen, frischen Aufmärschen, ‚schicken' Uniformen und schmissigen Führer-Reden" habe der Nationalsozialismus eine „märchenhafte Symbolwelt" geschaffen und sei so über die Köpfe der Intellektuellen hinweggefegt. Der damals 24-Jährige forderte „emotional aufgeladene Symbolbündel" als Träger konservativ-revolutio-

8 Die Jugendkultur der Gothics hat sich in den 1980er Jahren aus der Punk-Szene herauskristallisiert. Weitgehend einhellig bezeichnen sich ihre Anhänger auch als „Schwarze Szene": Schwarze Kleidung, schwarz gefärbte, häufig hochtoupierte Haare und bleichgeschminkte Gesichter sind ebenso stilbildende Elemente wie die Gothic-Musik, die häufig von einer melancholischen Stimmung getragen ist. Dieser Ton spiegelt die Leitthemen der Szene: Fragen nach dem Sinn des Lebens, dessen Ursprung und dem Tod. Neben dem Glauben an Reinkarnation fühlen sich viele Gothics zu heidnischen und naturreligiösen Vorstellungen hingezogen. In der Gothic-Szene lassen sich mögliche Anknüpfungspunkte für rechtsextremistisches Gedankengut finden. Dazu zählt die hohe Bedeutung des Mythischen und Metaphysischen sowie – in Teilen der Szene – von Romantik, Heidentum (Germanentum, Keltentum) und Esoterik. In diesem Zusammenhang werden auch Symbole aus der germanischen Mythologie, Runen und keltische Zeichen verwandt. Einige Gothics charakterisiert zudem ein elitäres, antiegalitäres Selbstverständnis, das auf sozialdarwinistischen Prinzipien beruht. Eine große Rolle in der Szene spielt darüber hinaus der Anspruch auf Selbstbestimmtheit und Egozentrik, der in manchen Fällen bis hin zur Selbstinszenierung ausgelebt wird. In der von ihrem Selbstverständnis her unpolitischen Gothic-Kultur hat sich inzwischen ein eher kleiner rechtsorientierter Bereich herausgebildet. Andere Teile der Jugendkultur stellten sich den Avancen der Neuen Rechten entgegen: zum Beispiel die Initiative ‚Grufties gegen rechts'.

närer Ideologeme (beispielsweise Videoclips oder CDs) und propagierte das „Einklinken" der Neuen Rechten in jugendliche Subkulturen, die er mit den eigenen Auffassungen für kompatibel hielt. (Bubik 1993, 1994)

Seither greift die Zeitung Themen der Gothic-Kultur regelmäßig und ausführlich in Interviews, Rezensionen und Berichten auf. Dass den Avancen der JF auch strategische Motive zugrunde liegen, belegen die Aussagen einer Anhängerin der Gothic-Kultur und ehemaligen JF-Stammautorin. 1995 beendete sie ihre Tätigkeit für die Zeitung und warnte die Gothics eindringlich vor dem „Flirt mit der ‚Neuen' Rechten" (Gronow 1996). In einem Interview mit der ‚tageszeitung' erinnerte sie sich: „Ich wollte eigentlich schreiben, um interessante Artikel zu fabrizieren, er [Bubik] hat das aber rein taktisch gesehen, mir gesagt, schreib das und das, damit kann man die und die Leute gewinnen. [...] Die Themen hat er schon vorgegeben. Und das mit dem Erreichen hat er ziemlich offen gesagt." (zit. nach Groß/Weiland 1996: 13)

6. Zusammenfassung und Fazit

Der Verfassungsschutz NRW sieht die Neue Rechte als eine intellektuelle Strömung innerhalb des Rechtsextremismus. Zahlenmäßig eher klein und unscheinbar, erfüllt sie eine doppelte Funktion für dieses politische Lager: als Avantgarde – somit auch als eine Ideologieschmiede – sowie als Brücke zur gesellschaftlichen Mitte. Sie lehnt sich an antidemokratische Ideengeber an, und zwar an Intellektuelle der Konservativen Revolution, aber auch an Theoretiker des europäischen Faschismus. Ihre Erscheinungsformen sind vielfältig: Zu ihnen zählen lose Vereinigungen, Medien, Schulungstätigkeit und Resolutionen. Ihrem intellektuellen Anspruch entsprechend, ist die Neue Rechte kein monolithischer Block, sondern eine heterogene, informelle Strömung, die insbesondere auf publizistischen Netzwerken beruht. Eines der wichtigsten Ziele ist die Breitenwirkung, langfristig die Meinungsführerschaft oder – mit Antonio Gramsci – die „kulturelle Hegemonie", die die Fähigkeit zur sprachlichen Tarnung voraussetzt. Das Ziel der Breitenwirkung verfolgt die Neue Rechte, wie sie selbst erkannt hat, zurzeit mit begrenztem Erfolg. Gleichwohl bemüht sie sich – teilweise recht systematisch –, gesellschaftliche Zielgruppen zu beeinflussen, in denen sie Nähen zum eigenen Denken vermutet. Ideologische und strategische Elemente der Neuen Rechten sind im traditionellen Rechtsextremismus auf Resonanz gestoßen; es liegt aber auch nahe, dass der intellektuelle Anspruch dieser Strömung, die Abstraktheit mancher Texte und der elitäre, vordergründig gemäßigte Duktus die Neue Rechte von Teilen des traditionellen Spektrums trennt.

Als Fazit geht der Verfassungsschutz NRW davon aus, dass es sich bei der Neuen Rechten in Deutschland um eine häufig „unterschätzte Gefahr" für die Demokratie handelt (Innenministerium NRW 2003: 137). Im Gegensatz zu den augenfälligen, mitunter auch provokanten Formen des Rechtsextremismus wird diese Strömung in der Öffentlichkeit wenig wahrgenommen. Dies bestätigt eine Medienanalyse an der Ruhr-Universität Bochum: In einem Sample von rund 1.000 Zeitungsartikeln zum Thema Rechtsextremismus aus dem Jahr 2000 fand sich kein Beitrag, der sich explizit mit der Neuen Rechten befasste (Pfeiffer u.a. 2002: 277). Dies festzustellen bedeutet nicht, pauschale Medienschelte betreiben. Vielmehr haben auch Medienvertreter dieses Problem bereits auf der Tagung „(Rechts)extremismus – Neuvermessung eines politisch-ideologischen Raumes" im Mai 1997 benannt, zu der die ‚Arbeitsgruppe Demokratieforschung' an der Universität der Bundeswehr seinerzeit nach Hamburg eingeladen hatte (vgl. Pfeiffer 1997). Gerade subtile Varianten des Rechtsextremismus – schleichende Prozesse also – könnten die Demokratie aushöhlen und letztlich die Substanz einer demokratischen Kultur bedrohen. Das Problem Rechtsextremismus ernst zu nehmen bedeutet daher, aktionistische und militante Umtriebe zu erkennen – und gegebenenfalls strafrechtlich zu verfolgen –, aber nicht zuletzt: eine ideologiegenerierende und -verbreitende Strömung wie die Neue Rechte wachsam im Auge zu behalten.

Literatur

Aufruf 1995: 8. Mai 1945 – Gegen das Vergessen, in: FAZ vom 7.4.1995, S. 3

Backes, Uwe: Gestalt und Bedeutung des intellektuellen Rechtsextremismus in Deutschland, in: Aus Politik und Zeitgeschichte, H. 46/2001, S. 24-30

Bartsch, Günter: Revolution von rechts? Ideologie und Organisation der Neuen Rechten, Freiburg i.Br. 1975

Berichte. Antifa – ha ha ha!, in: Thule-Briefe, H. 1 (April 1997), S. 2-3

Bubik, Roland: Die Kultur als Machtfrage, in: JF Oktober 1993, S. 23

Bubik, Roland: Konservative und Massenkultur, in: JF vom 16.9.1994, S. 11

Bundesministerium des Innern (Hrsg.): Verfassungsschutzbericht für das Jahr 2002, Berlin 2003

Das Thule-Seminar stellt sich vor, in: www.thule-seminar.org (ges. am 9.1.2004)

David: Fred: „Ich bin ein Faschist", Interview mit Armin Mohler, in: Leipziger Volkszeitung vom 25.11.1995 (Journal), S. 2

Deutsches Kolleg: Herzlich willkommen beim Deutschen Kolleg, in: www.deutsches-kolleg.org (ges. am 9.1.2004)

Eichberg, Henning: Nationale Identität. Entfremdung und nationale Frage in der Industriegesellschaft, München/Wien 1978

Fischer, Iris Maria: Im Zeichen der Schwarzen Sonne. Ideologie und Strategie des neurechten Thule-Seminars im Vergleich zur Thule-Gesellschaft. Unveröffentlichte Hausarbeit zur Erlangung des Grades einer Bakkalaurea Artium an der Fakultät für Sozialwissenschaft der Ruhr-Universität Bochum, Bochum 2003

Gessenharter, Wolfgang: Rechtsextremismus und Neue Rechte in Deutschland – Gefahren für die Republik, in: Gegenwartskunde, H. 4/1994, S. 419-430

Gronow, Gerlinde: Schreiben an „Easy" Ettler vom 12.5.1996

Groß, Thomas und Weiland, Severin: „Auf eine Art wollte ich Ernst machen", in: tageszeitung vom 8./9.6.1996, S. 13-14

Grundsatzerklärung der Aktion Neue Rechte, in: Bartsch 1975, S. 242-243
Heitmeyer 2003a: Heitmeyer, Wilhelm: Gruppenbezogene Menschenfeindlichkeit. Die theoretische Konzeption und empirische Ergebnisse aus 2002 sowie 2003, in: ders. (Hrsg.): Deutsche Zustände. Folge 2, Frankfurt a.M. 2003, S. 13-32
Heitmeyer 2003b: Heitmeyer, Wilhelm: Feindselige Normalität. In Deutschland breitet sich die Bereitschaft aus, Mitmenschen zu verachten – wenn sie anders sind, in: Die Zeit vom 11.12.2003, S. 19
Heller, Paul und Maegerle, Anton: Thule. Vom völkischen Okkultismus bis zur Neuen Rechten, 2. Aufl., Stuttgart 1998
Innenministerium NRW (Hrsg.): Die Kultur als Machtfrage. Die Neue Rechte in Deutschland, Düsseldorf 2003
Junge Freiheit Verlag GmbH & Co. KG (Hrsg.): Was Sie schon immer über die „Junge Freiheit" wissen wollten!, Potsdam o.J. (1993)
Mahler, Horst; Maschke, Günter und Oberlercher, Reinhold: Kanonische Erklärung zur Bewegung von 1968, Beitrag von 1998, in: Homepage Deutsches Kolleg, www.deutsches-kolleg.org/hm/texte/kanon.html (ges. am 15.1.2004)
Mahler, Horst; Oberlercher, Reinhold und Meenen, Uwe: Ausrufung des Aufstands der Anständigen. Vom 15. Oktober 2000, in: Homepage Deutsches Kolleg, www.deutsches-kolleg.org/erklaerungen/aufstand.htm (ges. am 14.1.2004)
Mahler, Horst; Oberlercher, Reinhold und Meenen, Uwe: Manifest des Deutschen Kollegs, in: Homepage Deutsches Kolleg, www.deutsches-kolleg.org/dk/manifest.htm (ges. am 14.1.2004)
Mohler, Armin: Die Konservative Revolution in Deutschland 1918–1932. Ein Handbuch, 4. Aufl., Darmstadt 1994
Molau, Andreas: Vorwort, in: ders. (Hrsg.): Opposition für Deutschland. Widerspruch und Erneuerung, Berg 1995, S. 7-15
Pfahl-Traughber, Armin: „Konservative Revolution" und „Neue Rechte". Rechtsextremistische Intellektuelle gegen den demokratischen Verfassungsstaat, Opladen 1998
Pfeiffer, Thomas: Aufforderung zum kritischen Blick. Wenn Ultrarechte seriös daherkommen, in: journalist, H. 8/1997, S. 31
Pfeiffer, Thomas; Jansen, Kerstin; Stegmann, Tim und Tepper, Sandra: Vom Aufstand der anständigen Presse. Rechtsextremismus-Berichterstattung in deutschen Tageszeitungen, in: Butterwegge, Christoph u.a.: Themen der Rechten – Themen der Mitte, Opladen 2002, S. 267-288
Rouhs, Manfred: Multi-Kulti? Nein Danke!, in: Europa vorn, H. 114 (April 1997), S. 3
Rudzio, Wolfgang: Die Erosion der Abgrenzung. Zum Verhältnis zwischen der demokratischen Linken und Kommunisten in der Bundesrepublik Deutschland, Opladen 1988
Schaefer, Dagmar; Mansel, Jürgen und Heitmeyer, Wilhelm, in: Heitmeyer, Wilhelm (Hrsg.): Deutsche Zustände. Folge 1, Frankfurt a.M. 2002, S. 123-135
Schwab, Günter: „Es geht um die Klärung fundamentaler Fragen". Dr. Pierre Krebs über die metapolitische Strategie des Thule-Seminars, in: Deutsche Stimme, H. 5/2001, S. 3
Sozialpolitisches Notprogramm zur Rettung des Deutschen Volkes, Beitrag vom 1.9.2001, in: Homepage Deutsches Kolleg, www.deutsches-kolleg.org/erklaerungen/reformation.htm (ges. am 15.1.2004)
Stein, Dieter: Der totale Weltstaat, in: JF vom 7.5.1999, S. 1
Stein, Dieter: Gründung im Mai. Ein Gespräch mit Götz Kubitschek über das geplante „Institut für Staatspolitik", in: JF vom 21.4.2000, S. 13
Sünner, Rüdiger: Schwarze Sonne. Entfesselung und Missbrauch der Mythen in Nationalsozialismus und rechter Esoterik, Freiburg i.Br./Basel/Wien 2001 (Taschenbuchausgabe)
von Weizsäcker, Richard: Rede vor dem Deutschen Bundestag am 8. Mai 1985, in: Deutscher Bundestag, www.bundestag.de/info/parlhist/dok26.html (ges. am 9.1.2004)

Vertiefungen

1. Ideologie und Sprache der Neuen Rechten

Armin Pfahl-Traughber

Die „Umwertung der Werte" als Bestandteil einer Strategie der „Kulturrevolution"

Die Begriffsumdeutung von „Demokratie" durch rechtsextremistische Intellektuelle

1. Einleitung und Problemstellung

Allgemein kann Politik (vgl. u.a. Möhret/Jann/Kronenwett ^{3}1979: 1-12) definiert werden als eine Sammelbezeichnung für alle Bemühungen, auf die verbindliche Gestaltung des gesellschaftlichen Miteinanders Einfluss auszuüben.[1] Dazu zählen nicht nur alle Aktivitäten des Staates, sondern auch alle Handlungen zur Bestimmung von deren inhaltlicher Ausrichtung. Hierzu gehört unter anderem die besondere Bewertung und Deutung von politischen Begriffen, die eigene Auffassungen rechtfertigen oder gegenteilige Positionen kritisieren wollen. Es lässt sich sogar von einem regelrechten „Kampf um Wörter" (vgl. Greiffenhagen 1980) sprechen. Mit ihnen werben die jeweiligen Akteure in der öffentlichen Diskussion um Zustimmung für ihre Einstellungen, um damit zumindest längerfristig Einfluss auf staatliche Entscheidungsprozesse nehmen zu können. Der Versuch einer diskursiven Besetzung oder Umdeutung von Begriffen (vgl. u.a. Liedtke/Wengeler/Böke 1991) dient dabei als strategische Vorstufe für die beabsichtigte politische Einflussgewinnung, besteht doch ein enger Zusammenhang von Einstellungen, Sprache und Wörtern einerseits sowie Legitimation, Mobilisierbarkeit und Zustimmung andererseits. Wer in einer offenen und pluralistischen Gesellschaft die Deutungshoheit über allseits positiv konnotierte Bezeichnungen wie „Demokratie" und „Freiheit", „Frieden" und „Gerechtigkeit" inne hat, kann auch mit einer entsprechend breiten Unterstützung für die eigenen politischen Positionen und Zielsetzungen rechnen.

---

1 Die Darstellung erfolgt aus Sicht der politikwissenschaftlichen Extremismusforschung, vgl. auch aus Sicht des Verfassers: Pfahl-Traughber 2000: 186-198.

Derartiger Vorgehensweisen bedienten und bedienen sich die unterschiedlichsten Kräfte, sie sind in einer von Diskussionsvielfalt und Meinungsfreiheit geprägten politischen Ordnung auch legitim. Gleichwohl können aus demokratietheoretischer Sicht Versuche von extremistischer Seite zur Besetzung von Begriffen oder zur Umwertung von Werten als problematisch angesehen werden, geht es hierbei doch längerfristig um die Ablehnung und Abschaffung der Institutionen und Wertvorstellungen eines demokratischen Verfassungsstaates. Dies soll in der vorliegenden Erörterung anhand des Vorgehens von rechtsextremistischen Intellektuellen aufgezeigt werden. Dabei handelt es sich nicht um eine homogen ausgerichtete und gemeinsam agierende Gruppe, bestehen doch ideologische und strategische Differenzen. Die Subsumtion unter die Sammelbezeichnung „Rechtsextremismus" ergibt sich aus der ihnen gemeinsamen Ablehnung der Minimalbedingungen eines demokratischen Rechtsstaates. Dabei werden ideologische Kernpositionen deutlich wie die Überbewertung ethnischer Zugehörigkeit, die Auffassung von der Ungleichwertigkeit der Menschen, auch politischer Autoritarismus, der in der Vorstellung eines über der Gesellschaft stehenden Staates zum Ausdruck kommt, und die Orientierung auf eine antipluralistisch und homogen ausgerichtete soziale Ordnung (vgl. Pfahl-Traughber 1999: 11-20).

Um die Bemühungen dieser Intellektuellen zur Besetzung von Begriffen besser nachvollziehbar zu machen, bedarf es zunächst einer Darstellung und Interpretation der Einbettung dieser Vorgehensweise in die Strategie der „Kulturrevolution von rechts". Hierbei geht es im Einzelnen allgemein um die Bedeutung und Rolle der Intellektuellen in der Politik, die Strategie einer „Kulturrevolution" als Aufgabe der Intellektuellen in der Politik, die Konzeption einer „Kulturrevolution von rechts" und die damit verbundene politische Absicht der Delegitimation des demokratischen Verfassungsstaates. Danach soll die beabsichtigte „Umwertung von Werten" durch rechtsextremistische Intellektuelle am Beispiel des Demokratiebegriffs näher erläutert und exemplarisch verdeutlicht werden: Diesen Ausführungen vorzuschalten sind allerdings eine Unterscheidung von identitärem und pluralistischem Demokratieverständnis und eine knappe Skizze zur Parlamentarismuskritik des Staatsrechtlers Carl Schmitt. Nur vor diesem ideologischen Hintergrund lässt sich die danach darzustellende Umdeutung des Demokratieverständnisses und die Instrumentalisierung der Plebiszitforderungen verstehen. Sie steht darüber hinaus als Fallbeispiel für die auch in anderen Bereichen des politischen Extremismus auszumachenden Versuche, im Namen demokratischer Werte letztendlich antidemokratische Ziele zu verfolgen.

2. Bedeutung und Rolle der Intellektuellen in der Politik

Die Bestimmung der Bedeutung und Rolle der Intellektuellen in der Politik lässt sich am anschaulichsten anhand der Auffassungen eines bedeutenden Strategen und Theoretikers des italienischen Marxismus aufzeigen: Antonio Gramsci (1891-1937) (vgl. u.a. Fiori 1979). Eine Auseinandersetzung mit seinen Interpretationen und Positionen bietet sich aus zweierlei Gründen an: Zunächst fragte Gramsci nach bestimmten gesamtgesellschaftlichen Rahmenbedingungen für grundlegende Veränderungen und wies in diesem Zusammenhang nicht nur auf das Wirken der Staatsgewalt, sondern auch auf einen bestehenden gesellschaftlichen Konsens hin. Dieser stand im Zentrum von Gramscis strategischen Überlegungen, betonte er doch die Notwendigkeit, den Konsens zu brechen und zugunsten der eigenen politischen Auffassungen zu verändern. Erst danach war für den italienischen Marxisten ein grundlegender Wandel der Gesellschafts- und Staatsordnung möglich. In diesem Kontext schrieb Gramsci den Intellektuellen eine zentrale Rolle zu. Darüber hinaus verdient der italienische Marxist bei der Erörterung der strategischen Optionen rechtsextremistischer Intellektueller Interesse, weil sie sich bei der Ausformulierung ihrer Strategie einer „Kulturrevolution von rechts“ mitunter dezidiert auf Gramsci beziehen und in diesem Kontext sogar von einem „Gramscismus von rechts“ (vgl. z.B. Pour une „Gramscisme de Droite“ 1982) sprachen und sprechen.

Worin bestehen nun aber die inhaltlichen und strategischen Anknüpfungspunkte? Der italienische Marxist stellte sich in den 1920er und 1930er Jahren die Frage, wie eine revolutionäre Veränderung in den westlichen Gesellschaften vorangetrieben werden könnte. Er entwickelte seine Überlegungen aus einer Interpretation der seinerzeitigen politischen Situation in Russland einerseits und in den westeuropäischen Ländern andererseits. Eine binnen kurzer Zeit in einer Umbruchphase fast schon staatsstreichartig durchgeführte Revolution wie der der Bolschewiki sei nur unter bestimmten Rahmenbedingungen möglich, nämlich dem Fehlen oder der Unterentwicklung einer „società civile“ (zivilen Gesellschaft) (vgl. u.a. Kebir 1991: 48-73 u. 93-114), worunter Gramsci einen den Staat als „società politica“ (politischer Gesellschaft) stützenden und umschließenden gesellschaftlichen Bereich verstand. Er zählte dazu etwa die Bibliotheken, Clubs, Kirchen, Gewerkschaften, Presseorgane und Schulen, kurzum: alles was die öffentliche Meinung direkt oder indirekt beeinflusst. Über diese Einrichtungen entsteht für Gramsci ein Konsens, der den Staat über die von ihm ausgeübte Gewalt hinaus in den Köpfen der Menschen von grundlegenden politischen Veränderungen abhalte. Da eine solche zivile Gesellschaft im zaristischen Russland lediglich in Ansätzen existierte, bestand nur ein allmächtiger Staat, der in der Phase militärischer und politischer Umbrüche binnen kurzer Zeit seiner Kraft beraubt war. Diese Rahmenbedingungen ermöglichten es den Bolschewiki, den Staat in einer tagespolitisch günstigen Situation handstreichartig im Sinne eines „Bewegungskrieges" in Besitz zu nehmen.

Gegenüber einem solchen Vorgehen müsste in den westeuropäischen Ländern ein „Stellungskrieg" (vgl. Gramsci 1992: 816 und 873f.) geführt werden: In deren Gesellschaften gab es aus Gramscis Sicht nämlich jene „società civile" in Gestalt einerseits der Bedeutung oben genannter gesellschaftlicher Einrichtungen und andererseits im Vorherrschen von Einstellungen, Handlungsweisen und Mentalitäten, die den Staatsapparat resistenter gegen politische Umsturzversuche machten als ein rein repressives System. Für Gramsci konnte ein mit derartigen Formen von gesellschaftlichem Konsens gestützter Staat selbst in Krisenzeiten loyales Potenzial mobilisieren und sich gegen mögliche Umbrüche stabilisieren. Die Verknüpfung dieser kulturellen Rahmenbedingungen mit ökonomischen Kompromissen immunisierte für den italienischen Marxisten die kapitalistischen Systeme in Westeuropa – im Unterschied zur Situation in Russland – vor einer erfolgreichen Revolution. Die Klassenunterschiede seien dadurch zwar nicht aufgehoben, allerdings kulturell und sozialpsychologisch überdeckt. Insofern bestand Gramscis Strategie auch darin, den gesellschaftlichen Konsens durch einen längerfristig angelegten Kulturkampf zu delegitimieren und aufzulösen. Eine Voraussetzung für die Eroberung der politischen Macht bestehe darin, dass eine gesellschaftliche Gruppe bereits zuvor kulturell führend sei (vgl. Gramsci 1991: 101).

Die Aufgabe der Erlangung dieser kulturellen Vorherrschaft im Sinne eines dominierenden Konsenses für bestimmte politische Einstellungen wies Gramsci den Intellektuellen zu (vgl. Gramsci 1996: 1495-1532). Dazu zählte er nicht nur Publizisten und Schriftsteller, sondern auch den Organisator einer neuen Kultur oder eines neuen Rechts, den Techniker in der Industrie oder den Wissenschaftler in der politischen Ökonomie. Sie nahmen für ihn innerhalb der Gesellschaft Schlüsselstellungen ein, da sie eine bindende Funktion als Organisatoren der gesellschaftlichen Reproduktion erfüllten. Politisch-strategisch war dies besonders bedeutsam, insbesondere bezüglich der in der Gesellschaft vertretenen kulturellen und politischen Wertvorstellungen. Vielfach seien diese Intellektuellen Angestellte der herrschende Klasse, gleichwohl schaffe sich auch jede andere Klasse ihre eigenen Intellektuellen. Insofern könne weder von einer einheitlichen Ausrichtung und Homogenität von Intellektuellen noch von einer von gesellschaftlichen Gruppen unabhängigen Intellektuellenschicht gesprochen werden. Die Intellektuellen der nicht-herrschenden Klasse hatten denn auch im Sinne Gramscis die Aufgabe der Organisation des Kampfes um die kulturelle Hegemonie, dessen Ausgangspunkt die Vermittlung zwischen alltäglichem und kritischem Bewusstsein sein sollte, um die Politisierung der Massen voranzutreiben.

3. „Kulturrevolution“ als Aufgabe der Intellektuellen in der Politik

Gramscis Auffassungen von der strategisch notwendigen Meinungsführerschaft in den Debatten als unabdingbare Voraussetzung grundlegender gesellschaftlicher Veränderungen waren ebenso wenig erstmalige Erkenntnisse wie die beschriebene Rolle der Intellektuellen als Akteure im Ringen um die inhaltliche Vorherrschaft in den politischen Diskursen. Der italienische Marxist formulierte lediglich die aus historischen Studien und politischen Diskussionen gewonnenen Einsichten, eingebettet in einen gesamtgesellschaftlichen Rahmenkontext. Bei der Rezeption von dessen diesbezüglichen Auffassungen durch rechtsextremistische Intellektuelle müssen zwei Ebenen unterschieden werden: die inhaltlich-politische und die instrumentell-strategische Ausrichtung. Gramscis politische Zielsetzung lief längerfristig auf eine revolutionäre Umwälzung der damaligen italienischen Gesellschaft im kommunistischen Sinne hinaus, was sich auch an bestimmten Aspekten der inhaltlichen Darstellung seiner Strategie zeigte, etwa bei der Betonung der Klassenkonflikte und der Orientierung auf die Massen. Gleichzeitig handelt es sich bei der von Gramsci beschriebenen Vorgehensweise – unter der Voraussetzung, dass von diesen Besonderheiten abstrahiert wird – um eine politik-neutrale Strategie: also um eine Handlungsweise, der sich die verschiedensten politischen Kräfte bedienen können.

Hier setzt die Gramsci-Rezeption der rechtsextremistischen Intellektuellen in der Bundesrepublik Deutschland, aber auch in Frankreich ein. Der wichtigste Anstoß dazu kam in beiden Ländern von dem lange Zeit als „Chefideologe“ der Neuen Rechten geltenden Alain de Benoist (vgl. Mantino 1992: 160-179), der mit inhaltlichen Fehldeutungen eine instrumentalisierende Interpretation und Vereinnahmung der strategischen Lehren des italienischen Marxisten vornahm (vgl. Benoist 1984: 379-389). In dem Aufsatz „Die kulturelle Macht“ (Benoist 1985: 39-51) fragte er danach, ob die Wahlkämpfe nicht als politische Resultate eines diffusen Handelns „metapolitischen“ Typs zu begreifen seien, das nicht im engeren Kreis der Parteistäbe ins Werk gesetzt werde. Mit dieser Frage wollte Benoist die Existenz einer kulturellen Macht zur Sprache bringen, die sich parallel zur politischen Macht installiert habe und dieser in gewisser Weise vorausgehe. In diesem Zusammenhang kommt es dann zur Rezeption Gramscis, der Benoist als großer Theoretiker der „kulturellen Macht“ gilt. Nach kurzen Anmerkungen zu dessen biografisch-politischer Entwicklung beschrieb Benoist durchaus zutreffend dessen Auffassungen zu Staat und Zivilgesellschaft, zum Verhältnis von politischer und kultureller Macht und der unterschiedlichen gesellschaftlichen Rahmenbedingungen im seinerzeitigen Russland und den damaligen westeuropäischen Staaten.

Hier setzt nun Benoists instrumentalisierende Deutung zur Anwendung auf die Situation in den demokratischen Verfassungsstaaten der Nachkriegszeit ein: In Gesellschaften, wo jeder mehr oder weniger an den spontanen Weltanschauungen einer spezifisch kulturellen Atmosphäre teilhabe, sei keine Übernahme der politischen Macht ohne vorherige Übernahme der kulturellen Macht möglich. Als Beleg für diese Auffassung sah Benoist die französische Revolution von 1789 an, sei diese doch von einer „Revolution in den Geistern" in Form der Ideen der Aufklärung vorbereitet worden. Demgemäß schaffe ein politischer Umsturz keine Situation, er sanktioniere diese lediglich. Nach Gramsci könne es in entwickelten Gesellschaften keinen gesellschaftlichen Übergang über die direkte politische Auseinandersetzung, sondern nur über die Transformation der allgemeinen Vorstellungen geben. Parallel zur Parteiarbeit bedürfe es danach einer Kulturarbeit, bei der die Intellektuellen die Aufgabe hätten, den Kulturkrieg zu gewinnen. Subjekt der Geschichte seien demnach für Gramsci weder Fürst noch Partei oder Staat, sondern es sei die mit der Arbeiterklasse verbundene intellektuelle Avantgarde, die durch langsame „Termitenarbeit" wirke. Betrachte man diese Theorie der „kulturellen Macht" unter rein methodischen Aspekten, so hätten sich manche Ansichten Gramscis als prophetisch erwiesen.

Eine ganze Reihe von gesellschaftlichen und technologischen Entwicklungen in den fortgeschrittenen Industriestaaten verstärkten noch die Rolle, die die Intellektuellen im gesellschaftlichen Gefüge spielten. Dazu gehörten die Ausweitung des Bildungswesens, die Bedeutung der Massenmedien und die wachsende Bedeutung der Freizeit. Hierdurch ergab sich für Benoist eine wachsende Anfälligkeit der öffentlichen Meinung für eine metapolitische Botschaft, deren Wirkung desto größer sei, je weniger klar ihr direkter und suggestiver Charakter als solcher erkannt werde und die folglich nicht auf die selben rationalen Widerstände stoße wie eine Botschaft mit einem direkten politischen Charakter. Der Pluralismus der liberalen Mächte steigere noch die Ausrichtung von Politik auf das beschriebene Wirken der Intellektuellen, könne er zwar den Besitz von Waffen oder die Verwendung von Sprengstoff verbieten, aber nicht das Prinzip der freien Meinungsäußerung antasten. So vollziehe sich unter der Wirkung der kulturellen Macht die Umkehrung der ideologischen Mehrheit. Was Benoist hier mit indirekt kritischem Blick auf das Wirken der Linksintellektuellen beschrieb, übernahm er dann selbst für die Entwicklung eine Strategie der „Kulturrevolution von rechts", deren Anwendung durch rechtsextremistische Intellektuelle später noch beschrieben werden soll.

4. Die Konzeption der Strategie einer „Kulturrevolution von rechts“

Über die lagerinterne und öffentliche Wirkung von Benoist wurde die Gramsci-Rezeption in dem skizzierten Sinne auch in Deutschland bekannt. So erschien etwa eine Textsammlung in deutscher Übersetzung, herausgegeben von dem als hiesigem Vordenker der Neuen Rechten[2] geltenden Publizisten Armin Mohler (1920-2003) (vgl. u.a. Walkenhaus 1997), unter dem bezeichnenden Titel „Kulturrevolution von rechts. Gramsci und die Nouvelle Droite“. Darin war Benoists oben referierte strategische Option eingebettet in eine Kritik an der „alten Rechten“ (vgl. Benoist 1985: 13-38), der er das Fehlen eines Willens und Zieles vorwarf. Ihr mangele es darüber hinaus an einer entwickelten Ideologie und Strategie. Benoist betonte demgegenüber die Notwendigkeit der Theoriearbeit, könne es doch ohne präzise Theorie kein wirksames Handeln geben. Alle großen Revolutionen hätten lediglich eine Entwicklung in die Tat umgesetzt, die sich zuvor schon unterschwellig im Geiste vollzogen habe. Derartige Auffassungen vom Primat der kulturellen vor der politischen Macht übernahmen dann auch die Vertreter der deutschen Neuen Rechten. Sie sahen Gramsci als den „Vater der Kulturrevolution“ an, beschrieben die Theorien des italienischen Marxisten als Rettungsanker einer desillusionierten politischen Linken und interpretierten sie gleichzeitig als für die eigenen politischen Strategien vereinnehmbar.

In diesem Sinne argumentierte etwa 1980 in der Zeitschrift ‚Criticón‘ der Publizist Günter K. Platzdasch, der mit ironischen Kommentierungen die Schwierigkeiten dogmatischer Kommunisten bei einer Annäherung an Gramsci und dessen erwähnte Auffassungen zu Bewegungskrieg und Stellungskrieg, Intellektuellen und Kulturkampf skizzierte. Während eine lediglich hedonistische Hochschullinke intellektuell nicht zu einer Gramsci-Rezeption in der Lage sei, plädierte der Autor mit zustimmenden Verweisen auf Benoist für eine strategische Vereinnahmung der strategischen Lehren des italienischen Marxisten durch die Neue Rechte. Gramsci-Lektüre sei eine Erleuchtung, deren Leuchtkraft man in so viel Finsternis nutzen solle (vgl. Platzdasch 1980). Der seinerzeitige Herausgeber von ‚Criticón‘, Caspar von Schrenck-Notzing[3],

---

2 Unter Neue Rechte wird hier eine bestimmte ideologische Strömung im Rechtsextremismus verstanden, welche sich insbesondere auf das Gedankengut der Jungkonservativen der Konservativen Revolution der Weimarer Republik sowie auf die Auffassungen von Elitetheoretikern aus dem intellektuellen Umfeld des italienischen Faschismus stützt (vgl. Pfahl-Traughber 1998: 153-163).

3 Caspar von Schrenck-Notzing wurde bekannt durch ein Buch über die Reeducation-Politik der amerikanischen Besatzungsmacht nach dem Zweiten Weltkrieg. Darin schrieb er: „Die Charakterreformer hatten nichts anderes im Sinne als den langfristigen Umbau des deutschen Charakters.“ Die damit zusammenhängende kulturelle Westbindung in Gestalt der Akzeptanz der Wertvorstellungen des demokratischen

äußerte denn auch in der selben Ausgabe unter der bezeichnenden Überschrift „Über die Kulturrevolution zur politischen Revolution", die Zeitschrift „war mit Gramsci stets der Meinung, daß die ideologische Mehrheit wichtiger ist als die parlamentarische". (Critilo 1980: 107). In diesem Zitat artikuliert sich nicht nur eine strategische Option, sondern – was für die demokratietheoretische Analyse von Bedeutung ist – auch eine Herabwürdigung der politischen Legitimität durch parlamentarische Repräsentanz und regelmäßige Wahlen.

Später bestritt man allerdings das Bestehen einer Strategie der „Kulturrevolution von rechts", wofür exemplarisch ein Artikel der ‚Jungen Freiheit' (vgl. u.a. Weber 2002) steht, der die Tagung des Innenministeriums des Landes Nordrhein-Westfalen „Die Neue Rechte – eine Gefahr für die Demokratie?" kommentiert. Darin schrieb Hans-Peter Rissmann mit ironisierendem Unterton: „Niemand hat ihn gelesen, aber jedes Jahr wird er beschwörend murmelnd zitiert: Antonio Gramsci. Nach einer von diesem italienischen Marxisten ausgebrüteten Strategie, so die Top-Spürnasen des NRW-Innenministeriums, will diese sagenumwobene ‚Neue Rechte' nichts weniger als eine ‚kulturelle Hegemonie' erreichen – um nichts weniger als ‚die spätere Erringung der politischen Macht anzustreben'. Die JF nun sei Teil dieser Verschwörung und müsse aber ‚die eigentlichen politischen Ziele [...] möglichst verschleiert' transportieren (Rissmann 2003: 5)"[4] Der Autor bedient sich einer bekannten Manipulationstechnik, die aufgrund der Konstruktion einer anderslautenden Auffassung als „Strohmanntaktik" bezeichnet wird (vgl. Edmüller/Wilhelm 2002: 111-114). In diesem Fall unterstellen die jeweiligen Akteure ihrem Gegenpart einen fiktiven Standpunkt oder übertreiben ihn, um so leichter gegen diese Position argumentieren oder sie widerlegen zu können. Man wendet sich dabei gegen Behauptungen, die so gar nicht aufgestellt wurden.

Zutreffen dürfte sicherlich die Aussage, dass die Schriften Antonio Gramscis in dem gemeinten politischen Milieu nicht sorgfältig studiert wurden. In der Tat lassen sich nur selten dezidierte Bezüge auf die Primärliteratur finden, was in diesem Fall auch überaus schwierig wäre, sind doch die diesbezüglichen Aussagen des italienischen Marxisten als Fragmente in seinen ‚Gefängnisheften' verstreut. Überwiegend rezipierten die rechtsextremistischen Intellektuellen Gramsci über die Darstellung und Interpretation von Alain de Benoist. Er gehört zu den „Ständigen Mitarbeitern" der ‚Jungen

---

Verfassungsstaates hielt Schrenck-Notzing offenbar für dem deutschen Wesen nicht angemessen. So sprach der Autor etwa im Zusammenhang mit US-amerikanischen Plänen für die Nachkriegspolitik ernsthaft von einer „Endlösung der deutschen Frage" oder der „antigermanischen liberalen Ideologie" (Schreck-Notzing 1965: 182, 79 und 186).

4 Zur Kampagne der Neuen Rechten gegen diese Fachtagung des Innenministeriums NRW vgl. auch die Einleitung von Wolfgang Gessenharter und Thomas Pfeiffer zu diesem Band.

Freiheit‘ und veröffentlichte die meisten Bücher in der ‚Edition JF‘ der Wochenzeitung. Die strategische Orientierung an der von dem französischen Vordenker der Neuen Rechten propagierten „Kulturrevolution von rechts“ lässt sich darüber hinaus durch Aussagen von Redakteuren und Stammautoren der Zeitung belegen.[5] Das Bestehen einer „Verschwörung“ im Sinne eines geheimen und geplanten Vorgehens zur Umsetzung derartiger Aktivitäten behauptet dabei kein seriöser Autor (Institut für Staatspolitik (Hrsg.) 2003: 27)[6], geht es hier doch lediglich um das Aufzeigen von Aktivitäten auf dem kulturell-publizistischen Handlungsfeld. Sie sollen letztendlich auch politische Folgewirkungen nach sich ziehen, was deren Protagonisten vor dem Hintergrund ihres Anliegens wohl kaum bestreiten dürften.

5. Die politische Absicht einer Delegitimation des demokratischen Verfassungsstaates

Absicht bei der Umsetzung der Konzeption einer „Kulturrevolution von rechts“ durch rechtsextremistische Intellektuelle ist die Überwindung des demokratischen Verfassungsstaates, was vor dem Hintergrund taktischer Rücksichtnahmen allerdings nicht immer deutlich gesagt wird. Eine dahingehende Ausnahme bildet der programmatische Beitrag „Wege aus der Systemkrise“ des Publizisten Klaus Kunze (vgl. Pfahl-Traughber 1998: 170-173), der darin zunächst das Bestehen einer Systemkrise in seinem Sinne beschrieb: Die gesellschaftliche und politische Entwicklung in Deutschland laufe auf einen tendenziell totalen Parteienstaat zu, die angebliche Gewaltenteilung sei eine Lebenslüge des Systems, und die Diskussionskultur gilt als von gesellschaftlicher Selbstzensur geprägt. Zunächst stilisierte Kunze also einzelne durchaus bedenkliche und kritikwürdige Erscheinungsformen in der existenten parlamentarischen Demokratie zu angeblichen Anzeichen eines undemokratischen Systems, um auf der Grundlage dieser Argumentation eine Strategie der Systemüberwindung einzufordern. Sie solle auf Basis der dargestellten Macht-

5 Dieter Stein, Chefredakteur der ‚Jungen Freiheit‘ bemerkte etwa: „Inzwischen scheint sich diese Erkenntnis wieder durchzusetzen, dass das Zentrum nicht eine Partei sein kann, sondern ein vielfältiges ‚Kapillarsystem‘ [...], durch das konservative Vorstellungen in breitere Schichten sickern können. Eine Partei, die sich als konservativ versteht, wäre diesem Vorfeld nicht überzustülpen, sondern diesem als parlamentarischer Arm unterzuordnen“ (Stein 1992: 2).

6 Die Argumentation mit einer solchen Behauptung gehört ebenso zur Manipulationstechnik der „Strohmann-Taktik“, der sich auch das ‚Institut für Staatspolitik‘ in einer Broschüre zur Neuen Rechten bedient, um sich vor Kritik zu immunisieren. Dort nimmt man noch nicht einmal grundlegende Unterschiede in der politikwissenschaftlichen Diskussion zum Thema zur Kenntnis, werden doch konkurrierende Ansätze als identisch dargestellt.

verhältnisse und Spielregeln entworfen werden und begebe sich mangels fehlender Möglichkeiten, in den Besitz der Medien zu kommen, auf die Suche nach einem archimedischen Punkt, von dem aus das System aus den Angeln gehoben werden könne.

Es müsse ein geistiges Samenkorn gelegt werden, „das keimt, die verfilzten Machtstrukturen durchdringt und schließlich den Deckel des selbstreferentiellen Systems sprengt. [...] Wir müssen uns eines integralen Wertes des parlamentarischen Systems bemächtigen und zum Angriffsinstrument umfunktionieren. [...] Ein solches Korn gibt es. Die ganze Eigenlegitimation des Bonner Staates beruht auf dem Demokratieprinzip." Damit wollte Kunze im Sinne einer kulturrevolutionären Strategie im politischen Diskurs arbeiten, was noch ausführlicher anhand der Umdeutung des Demokratieverständnisses bei der Parlamentarismuskritik und der Plebiszitforderung aufgezeigt werden soll. Weiter heißt es bei ihm: „Jede Strategie der Überwindung eines Herrschaftssystems muß mit seiner Delegitimierung beginnen. Hauptwaffe ist der Tabubruch. Er ist der erste Schritt zur nötigen Umwertung der Werte. Diese beginnt mit dem gezielten Lächerlichmachen der gegnerischen Ideologeme, soweit diese nicht angeeignet und umgepolt werden können, zum Beispiel das Demokratieprinzip. Ideen, Gedankengebäude, Ideologien und Weltanschauungen sind Waffen im zwischenmenschlichen Machtkampf." Kunze geht es mit seiner Delegitimierungsstrategie um das Aufbrechen eines angeblichen Interpretationsmonopols von politischen Werten im Sinne des demokratischen Verfassungsstaates.

Sie gelten dem Autor als Ausdrucksformen einer „Priesterherrschaft" und stellten für ihn neue Formen religiöser Legitimation dar: „So beruht der Herrschaftsanspruch der Nutznießer des Parteienstaates auf allerlei Fiktionen, an die man glauben oder es sein lassen kann: etwa auf der Fiktion von Souveränität des Volkes, der Vertretbarkeit von Interessen, der weitergehenden Fiktion, alle Interessen aller Bürger könnten in einem einigen Parlament zugleich repräsentiert sein, dem Dogma der Wahrheitsfindung in parlamentarischer Debatte, dem Glauben, glücklich könne man nur unter Geltung eines egalitär-egozentrischen Menschenrechtsverständnisses werden und unter der Dunstglocke einer pseudo-humanitaristischen Zivilreligion. Der theologische Kern der Menschenrechts- und Demokratietheorie hat alle Säkularisierungen überstanden." Die beiden grundlegenden Legtimationsprinzipien moderner demokratischer Verfassungsstaaten gelten ihm demnach als irrationale und willkürliche Fiktionen, die keinen Anspruch auf rationale Gültigkeit erheben können. Sie will Kunze mit seiner Strategie der Systemüberwindung mittels Tabubruch entlarven und widerlegen: Letzterer „bedeutet demnach die gezielte Zerstörung oder Umdeutung der tragenden Werte der Parteienherrschaft. [...] Diese zu zerstören ist vordringlichste Aufgabe einer geistigen Partisanentätigkeit" (Kunze 1995: 215-220).

Die Delegitimationsstrategie besteht demgemäß in der Diffamierung oder Umdeutung von Wertvorstellungen des demokratischen Verfassungsstaates wie der von Kunze genannten: Demokratieprinzip, Gleichheitsgedanke, Menschenrechte, Repräsentativprinzip und Volkssouveränität. Ausdrucksformen im Sinne des gezielten Lächerlichmachens dieser – von Kunze als gegnerische Ideologeme bezeichneten – Werte brauchen hier nicht näher beschrieben und erläutert zu werden. Sie bestehen in der Diffamierung und Schmähung, die durch die ironisierende und pauschalisierende Verbindung mit angeblichen oder tatsächlichen gesellschaftlichen und politischen Defiziten erfolgt. Demgegenüber verdienen die Strategie der Umdeutung von Begriffen und deren Einbettung in einen politischen Diskurs gesonderte Aufmerksamkeit. Ein derartiges Vorgehen soll hier anhand des Rekurses auf das Verständnis von „Demokratie“ bei den rechtsextremistischen Intellektuellen in der Bundesrepublik Deutschland erfolgen. Da dieser Terminus in der öffentlichen Wahrnehmung im Unterschied zur Weimarer Republik positiv besetzt ist, würde ein gezieltes Lächerlichmachen im Sinne des von Kunze genannten strategischen Vorgehens kontraproduktiv wirken. Daher unternahmen er und die anderen intellektuellen Vertreter des rechtsextremistischen Lagers den Versuch einer inhaltlichen Umdeutung von „Demokratie“.

6. Identitäres und pluralistisches Demokratieverständnis

Bevor auf diesen Versuch näher eingegangen werden kann, bedarf es zunächst eines Exkurses in die Politische Theorie bzw. in die Demokratietheorie, wo formal und inhaltlich mehrere Konzeptionen von „Demokratie“ unterschieden werden. Eine wichtige Differenzierung bezieht sich auf die Einstellung zum Bedeutungsgehalt von politischer Homogenität und zur Anerkennung von unterschiedlichen Interessen in der Gesellschaft: Eine als identitär zu bezeichnende Form sieht in der weitgehenden Übereinstimmung der Auffassungen von Regierung und Volk und der damit verbundenen Ausrichtung von Politik an einem feststehenden Gemeinwohl das prägende Merkmal von Demokratie. Demgegenüber geht eine pluralistische Variante davon aus, dass es angemessen und wünschbar ist, wenn sich unterschiedliche Interessen artikulieren; sie sieht das eigentliche Kennzeichnen von Demokratie darin, dass sich die Bestimmung des Gemeinwohls aus der Konkurrenz dieser Interessen empirisch herausbildet. Beide Auffassungen setzen zwar voraus, dass eine Regierung im Namen des Volkes herrscht, sehen in Letzterem allerdings eine statische oder aber eine variable Größe. Während die erstgenannte Variante einen einheitlichen und feststehenden Willen bei gleichzeitig weitgehendem Konsens mit der Regierung voraussetzt, geht die pluralistische Version von konkurrierenden und veränderbaren Einstellungen bei nur mehrheitlicher und zeitweiser Übereinstimmung mit der Regierung aus.

Das identitäre Demokratieverständnis wurde maßgeblich geprägt durch den französischen Philosophen Jean-Jacques Rousseau (1712-1778), der in seinem politischen Hauptwerk „Contrat Social" von 1762 ein vertragstheoretisches Modell zur Rechtfertigung legitimer Herrschaft vorstellte. Den Ausgangspunkt für seine Auffassungen bildete das Prinzip der Volkssouveränität im Sinne einer freien Vereinbarung der Bürger. Zuvor hätten sich allerdings alle Individuen vorbehaltlos ihrer individuellen und natürlichen Freiheit zu entäußern und würden erst danach in der Gemeinschaft der Vertragsschließenden aufgehen. Rousseau schrieb: „Sogleich entsteht anstelle der einzelnen Personen derer, welche den Vertrag schließen, durch diesen Akt der Vereinigung ein moralischer Kollektivkörper, welcher aus so vielen Gliedern zusammengesetzt ist, wie die Gesellschaft Stimmgeber hat, und es erhält derselbe durch eben diesen Akt seine Einheit, seine gemeinschaftliche Ichheit, sein Leben, seinen Willen." In diesem Verständnis bildet das Volk eine politische Einheit mit einem identischen Willen, der von einer Übereinstimmung individueller und allgemeiner Interessen ausgeht. Gleichwohl musste Rousseau aufgrund der gesellschaftlichen Realitäten einen auf das Gemeinwohl bezogenen Gemeinwillen von einem auf die Summe aller Privatinteressen bezogenen Gesamtwillen unterscheiden.

Trennscharfe Kriterien zur Differenzierung eines richtigen von einem verfehlten Gemeinwillen gab der Philosoph dabei nicht an, er machte allerdings einen eindeutigen Unterschied zwischen dem behaupteten und dem tatsächlichen Willen des Volkes. Rousseau setzte hier auf die Funktion eines Gesetzgebers: „Das Volk selbst will das Gute zwar gewiss jederzeit, aber es sieht nicht jederzeit ein, was das Gute sei. Der allgemeine Wille ist stets ein richtiger, aber das Urteil, welches ihn leitet, sieht nicht immer hell genug. [...] Die einzelnen sehen zwar das Gute, welches sie verwerfen, das Ganze aber will das Gute, welches nicht gesehen wird. Alle haben auf gleiche Weise einen Führer nötig" (Rousseau o.J.: 48 und 72). Eine solche Person soll die Rolle eines moralischen Erziehers einnehmen und erst das Volk hin zu seinem wahren Willen leiten. Gerade an dieser Stelle offenbart sich, dass dieses Vertragstheoriemodell entgegen der subjektiven Intention von Rousseau kompatibel mit einer diktatorischen Gestaltung von Gesellschaft und Politik sein kann. Seine selbst für die damalige Zeit unrealistische Vorstellung von einer weitgehenden Harmonie und Interessenidentität des Volkes ließ ihn darüber hinaus die Bedeutung von Grundrechten als fundamentalen Sicherungen individueller Freiheit verkennen. Die Artikulation von anderslautenden oder oppositionellen Meinungen musste in einer solchen Gesellschaftsauffassung als Verstoß gegen das Gemeinwohl gelten (vgl. u.a. Schmidt 1995: 61-78).

Im Unterschied zu einem solchen identitären sieht ein pluralistisches Demokratiemodell in konkurrierenden unterschiedlichen Deutungen des Verständnisses von Gemeinwohl, die sich im Rahmen eines Minimalkonsenses demokratischer Verfassungsstaaten bewegen, erst einen Beleg für die Freiheit und Offenheit einer Gesellschaftsordnung. Der bedeutendste politikwissenschaftliche Vertreter dieser Richtung, Ernst Fraenkel (vgl. u.a. Pfahl-Traughber (vgl. u.a. Pfahl-Traughber 1994), bezeichnete denn auch Rousseau als den „Apostel des Anti-Pluralismus“ und sah in dessen Orientierung auf die „Homogenität der Bürger“ eine Gemeinsamkeit mit den Auffassungen des anschließend noch näher zu behandelnden Staatsrechtlers Carl Schmitt. Dieser gehörte für Fraenkel zu den Wegbereitern eines „militanten Anti-Pluralismus“ hin zu einer autoritären oder totalitären Diktatur: Dieses Denken „nimmt Krisenerscheinungen zum Anlaß, um seinem Haß gegenüber allen heterogenen Elementen freien Lauf zu lassen; ist doch sein Ziel, eine absolut homogene Staats- und Gesellschaftsordnung herzustellen [...] Fühlen sich gar politische Theoretiker und Praktiker [...] dazu berufen, im Einklang mit einem allein selig machenden Rezept den ‚wahren Staat‘ und den ‚guten Menschen‘ zu schaffen, dann werden die Pluralisten der Häresie des Agnostizismus bezichtigt und als ‚Ungläubige‘ liquidiert“ (Fraenkel 1991: 307, 311 und 312). In solchen Fällen könne von einer „totalitären Demokratie“ gesprochen werden (vgl. Talmon 1961).

7. Carl Schmitts Demokratieauffassung und Parlamentarismuskritik als Bezugsfaktor

Der bedeutendste theoretische Bezugsfaktor der rechtsextremistischen Intellektuellen bei dem Versuch der Umdeutung des Demokratiebegriffs ist der bereits erwähnte Staatsrechtler Carl Schmitt (1888-1985) (vgl. u.a. Mehring 1992), der schon in der Weimarer Republik mit seiner Parlamentarismuskritik für ein autoritär-diktatorisches und gegen ein liberal-pluralistisches System eintrat. Aufgrund seiner allgemein hohen Bedeutung als „politischer Klassiker“ für die Protagonisten des angesprochenen politischen Lagers und der direkten oder indirekten Rekurse auf seine Veröffentlichungen in den zu erörternden thematischen Zusammenhängen verdienen dessen Auffassungen hier gesonderte Aufmerksamkeit. Die Ausrichtung an einem identitären Demokratieverständnis formulierte Schmitt bereits in seiner erstmals 1923 und dann 1926 in erweiterter Form erschienenen Veröffentlichung ‚Die geistesgeschichtliche Lage des heutigen Parlamentarismus‘, worin davon ausgegangen wird, „daß logisch alle demokratischen Argumente auf einer Reihe von Identitäten beruhen. In diese Reihe gehören: Identität von Regierenden und Regierten, Herrscher und Beherrschten, Identität von Subjekt und Objekt staatlicher Autorität, Identität des Volkes mit seiner Repräsentation im Parlament, Identität von Staat und jeweilig abstimmenden Volk, Identität von Staat und Gesetz, letztlich Identität des Quantitativen (ziffernmäßige Mehrheit oder Einstimmigkeit) mit dem Qualitativen (Richtigkeit des Gesetzes).“

Eine solche identitäre Auffassung schließt notwendigerweise das nicht zu dieser Identität gehörende Andere oder Oppositionelle zugunsten der Einheit und Geschlossenheit aus, was Schmitt mit deutlichen Worten bekannte: „Zur

Demokratie gehört [...] notwendig erstens Homogenität und zweitens – nötigenfalls – die Ausscheidung oder Vernichtung des Heterogenen. [...] Die politische Kraft einer Demokratie zeigt sich darin, daß sie das fremde und Ungleiche, die Homogenität Bedrohende zu beseitigen oder fernzuhalten weiß." Vor diesem Hintergrund gilt gesellschaftlicher Pluralismus als Gefahr für die politische Geschlossenheit und das Vorhandensein unterschiedlicher politischer Kräfte im Parlament als Gefahr für die Einheit und Souveränität des Staates. Insofern bestand für Schmitt auch ein Gegensatz von Demokratie und Parlamentarismus, aber kein Widerspruch zwischen Demokratie und Diktatur. „Es kann eine Demokratie geben ohne das, was man modernen Parlamentarismus nennt und einen Parlamentarismus ohne Demokratie; und Diktatur ist ebensowenig der entscheidende Gegensatz zu Demokratie wie der zu Diktatur." In der Konsequenz bedeutete dies für die seinerzeitigen politischen Systeme in Italien und Russland: „Bolschewismus und Fascismus dagegen sind wie jede Diktatur zwar antiliberal, aber nicht notwendig antidemokratisch."

Für Schmitt konnte demgemäß auch eine Diktatur demokratisch sein, sofern sie sich durch Akklamation oder Duldung durch die Bevölkerung legitimieren konnte. Weiter heißt es denn auch: „Die einstimmige Meinung von 100 Millionen Privatleuten ist weder Wille des Volkes, noch öffentliche Meinung. Der Wille des Volkes kann durch Zuruf, durch *acclamatio*, durch selbstverständliches, unwidersprochenes Dasein ebensogut und noch besser demokratisch geäußert werden als durch den statistischen Apparat, den man seit einem halben Jahrhundert mit einer so minutiösen Sorgfalt ausgebildet hat. Je stärker die Kraft des demokratischen Gefühls, um so sicherer die Erkenntnis, daß Demokratie etwas anderes ist als ein Registriersystem geheimer Abstimmungen. Vor einer, nicht nur in technischen, sondern auch im vitalen Sinne *unmittelbaren* Demokratie erscheint das aus liberalen Gedankengängen entstandene Parlament als eine künstliche Maschinerie, während diktatorische und zäsaristische Methoden nicht nur von der *acclamatio* des Volkes getragen, sondern auch unmittelbare Äußerungen demokratischer Substanz und Kraft sein können" (Schmitt 1991: 35, 14, 41, 22 und 23). Die eigentliche Absicht der schmittschen Ausführungen, die mit einer wirklichkeitsfremden Idealisierung des klassischen Parlamentarismus und einem ignorierten Strukturwandel von Öffentlichkeit verbunden war, bestand letztendlich in der Rechtfertigung der Diktatur (vgl. u.a. Pfahl-Traughber 1994).

Gleichlautende Auffassungen finden sich auch in Carl Schmitts 1928 erstmals erschienener ‚Verfassungslehre', wo ebenfalls mit einem identitären Demokratieverständnis argumentiert wird: „Demokratie (als Staatsform wie als Regierungs- oder Gesetzgebungsform) ist Identität von Herrscher und Beherrschten, Regierenden und Regierten, Befehlenden und Gehorchenden." Und weiter: „Das entgegengesetzte Prinzip geht von der Vorstellung aus, daß die politische Einheit des Volkes als solche niemals in realer Identität anwesend sein kann und daher immer durch Menschen persönlich *repräsentiert* werden muss. Alle Unterscheidungen echter Staatsformen, welcher Art sie auch sein mögen, Monarchie, Aristokratie und Demokratie, Monarchie und Republik, Monarchie und Demokratie usw., lassen sich auf diesen entscheidenden Gegensatz von *Identität* und *Repräsentation* zurückführen“ (Schmitt 1993: 234 und 205, vgl. auch S. 243f.) Da nun aber der Parlamentarismus auf dem Prinzip der Repräsentation beruht, kann er für Schmitt nicht demokratisch sein; gleichwohl aber eine auf der ethnischen und politischen Homogenität des Volkes beruhende Diktatur. Die bewusst ausführlicher zitierten Ausführungen gilt es sich immer zu vergegenwärtigen, wenn im Folgenden Ausführungen gegenwärtiger rechtsextremistischer Intellektueller mit direkten oder indirekten Rekursen auf den Staatsrechtler dargestellt und interpretiert werden.

8. Das identitäre Demokratieverständnis gegenwärtiger rechtsextremistischer Intellektueller

Für deren Demokratieverständnis sind Schmitts Auffassungen aus zwei Gründen von Bedeutung: zum einen, um die Abhängigkeit der Regierung von der Gesellschaft durch das Parlament zugunsten eines autoritären Staates zu negieren, und zum anderen, um mit der Forderung nach einer Identität von Regierenden und Regierten die Homogenität der Gesellschaft als Voraussetzung von Demokratie zu postulieren. Letzteres mündet dann in einer antipluralistischen Auffassung von „organischer Demokratie“, die von einer ethnischen und politischen Einheit ausgeht und damit einer (Volks-) Gemeinschaftsideologie entspricht. Der bereits erwähnte Vordenker der französischen Neuen Rechten Alain de Benoist bemerkte etwa: „Innerhalb einer echten Demokratie besitzen die Bürger nur deshalb gleiche politische Rechte, weil sie der gleichen nationalen Volksgemeinschaft angehören. [...] Eine Demokratie, die sich weder auf das Indiviuum-ohne-Zugehörigkeit noch auf die ‚Menschheit‘ beziehen würde, sondern auf das Volk als kollektiven Organismus und als bevorzugte Treibkraft jeden historischen Schicksals, diese Demokratie könnte als *organische Demokratie* bezeichnet werden“ (Benoist 1986: 115f.). Das hier zum Ausdruck kommende Politikverständnis geht nicht von der Würde des einzelnen Individuums, sondern von einem einheitlichen Kollektiv aus. Nur dessen natürliche Einheit könne daher eine Demokratie ermöglichen.

Die Parteien stellen demgegenüber Teile der Gesellschaft dar, bilden also an sich schon einen Ausdruck der Heterogenität und nicht der Homogenität, die durch die Artikulation von Teilinteressen als gefährdet gilt. Da die Parteien darüber hinaus noch über das Parlament die Möglichkeit der Kontrolle der Regierung haben, gelten sie und das Repräsentativprinzip als undemokratisch. Der bereits erwähnte Klaus Kunze schrieb dazu in einem Grundsatzbeitrag in der ‚Jungen Freiheit' Folgendes: „Diese systembedingte Schwäche liegt beim liberalen Parteienstaat in seinem nicht eingelösten demokratischen Anspruch. Wer sich mit den Strukturmerkmalen der Demokratie (Identität der Herrschaft der Repräsentanten über die Repräsentierten) befasst hat, weiß natürlich, dass sie einander ausschließende Prinzipien beinhalten und dass ein parlamentarisches System genau genommen eben keine Demokratie sein kann." Mit dieser Einschätzung wird ein grundlegendes Prinzip moderner demokratischer Verfassungsstaaten verworfen, läuft doch das an oben referierten Auffassungen von Carl Schmitt orientierte Verständnis auf eine homogene Gesellschaft im antipluralistischen und identitären Sinne hinaus. Demokratie schließe den Parlamentarismus aus. „Die Parteienherrschaft beruht wesentlich auf dem strikten Repräsentativprinzip, und dieses Prinzip muss daher durchbrochen werden" (Kunze in: Junge Freiheit, Nr. 10/1992: 23).

Ein gleichlautendes Verständnis mit ähnlichen politischen Implikationen formulierte Jürgen Schwab (vgl. Jesse 2003: 275f.), der mit dem 1999 erschienenen Buch ‚Deutsche Bausteine' eines der wenigen programmatischen Werke des deutschen Rechtsextremismus in den vergangenen Jahren veröffentlichte. Unter direkter Berufung auf Carl Schmitt formulierte er darin: „Demokratie und ein vornehmlich parlamentarisches System schließen sich gegenseitig geradezu aus, sie sind miteinander nicht vereinbar!" Denn, so Schwabs Auffassung, weiter: „Kurzum, der Parlamentarismus ist für wahrhafte (National-) Demokraten völlig überflüssig geworden!" Daraus folge außerdem, „dass Demokratie und Diktatur keinen Widerspruch darstellen, dass vielmehr beide eine Symbiose eingehen können". Entsprechend sollten Nationalisten „dem BRD-System nicht vorwerfen, dass es eine Demokratie sei, die es abzulehnen gelte, sondern dem westalliierten Besatzungsstaat ein jegliches Recht fehlt, sich ‚demokratisch' im Sinne von Volksherrschaft nennen zu dürfen" (Schwab 1999: 184, 309 und 315). Die mit Berufung auf das identitäre Demokratieverständnis von Schmitt vorgenommene Deutung spricht demnach der bestehenden parlamentarischen Demokratie den demokratischen Anspruch ab, um ihn einer diktatorischen Staatsform zuschreiben zu können. Im Namen der Demokratie ließe sich so auch für einen absoluten Herrscher in einem autoritären Regime eintreten (vgl. Schwab 2002: 374).

Und schließlich wäre als letztes Beispiel für den Rekurs rechtsextremistischer Intellektueller auf das identitäre Demokratieverständnis noch der Publizist Claus Nordbruch zu nennen. Er veröffentlichte zahlreiche Artikel und Bücher in unterschiedlichen rechtsextremistischen Publikationsorganen und Verlagen, vermied dabei aber in der Regel eindeutige Aussagen im Sinne einer Ablehnung des bestehenden demokratischen Rechtsstaates. In einem allerdings in dieser Hinsicht überdeutlichen Artikel mit der bezeichnenden Überschrift „Das System überwinden" bemerkte Nordbruch: „Es muß uns gelingen, auf breiter Basis unserem Volk, aber auch unseren maßgeblichen Nachbarn, die revolutionäre Bestrebungen in Deutschland zumindest immer mit einem nervösen Auge verfolgen, das herrschende System als im Grunde genommen undemokratisch zu entlarven. Der Parlamentarismus der Berliner Republik ist eben keine Volksherrschaft.“ Offen fordert der Autor darüber hinaus: „Werden wir nicht müde, das System dieser Republik anzuprangern, zur Diskussion zu stellen und glaubwürdige Alternativen vorzulegen!“ (Nordbruch 1993: 4f.). Der in Fragen der Politischen Theorie weniger als die oben genannten drei Autoren kundige Nordbruch bezog sich hier zwar nicht dezidiert auf Carl Schmitts Verständnis, die vorgetragene Auffassung zur demokratietheoretischen Bewertung des Parlamentarismus ist allerdings mit diesem deckungsgleich.

9. Der rechtsextremistische Hintergrund der Plebiszitforderungen

Alle vorgenannten Autoren plädierten bei ihren Umdeutungsversuchen des Demokratiebegriffs und der Diffamierung des Parlamentarismus für Plebiszite. Mit der Forderung nach Volksabstimmung wird aber auch von Anhängern des demokratischen Verfassungsstaates mitunter eine stärkere Beteiligung des Volkes an politischen Entscheidungsprozessen verbunden, können solche Verfahren doch durchaus als Bestandteile oder Ergänzungen der repräsentativen Demokratie gelten (vgl. Rüther 1996). Vor diesem Hintergrund stellt sich die Frage, wie die Plebiszitforderungen rechtsextremistischer Intellektueller demokratietheoretisch zu bewerten sind. Dabei darf nicht nur von der isolierten Meinungsäußerung mit einem Plädoyer für mehr Volksabstimmungen ausgegangen werden, vielmehr bedarf es einer Untersuchung derartiger Forderungen im Kontext der jeweiligen politischen Grundeinstellung. Erst dann offenbaren sich die eigentlichen Absichten und Zielsetzungen: Bei den rechtsextremistischen Intellektuellen kommt den Plebiszitforderungen ein instrumentaler Charakter zu, geht es ihnen damit doch um die Beseitigung des politischen Stellenwertes der Parteien und des Parlamentes und dessen Einflusses auf die Politik der Regierung sowie um die Aufhebung der Gewaltenteilung in diesem Zusammenhang und so eines tragenden Prinzips demokratischer Verfassungsstaaten.

Der bereits zitierte Klaus Kunze sah etwa in der Forderung nach Plebisziten gerade das Mittel zur Durchbrechung des Repräsentativprinzips. Er bezog sich in seiner Argumentation auf den Parteiensoziologen Robert Michels und damit auf den neben Schmitt wohl bedeutendsten Anhänger eines Modells von „Führerdemokratie“ (vgl. u.a. Röhrich 1972). Ein solches sieht auch in der Herrschaft eines autoritären Diktators im Sinne des italienischen Faschistenführers Benito Mussolini die eigentliche Form von Demokratie. Hinauslaufen würden Kunzes Forderungen auf eine völlige Entmachtung des gewählten Parlaments gegenüber der Regierung und auf die absolute Stärkung eines Präsidenten durch seine Direktwahl. Kunze dazu in einem anderen Beitrag der ‚Jungen Freiheit': „Dürfte das Volk dagegen seinen Präsidenten selbst wählen, der das Ganze repräsentiert und durch seinen Kanzler regiert, würden die Probleme gar nicht auftauchen, die heute zur Forderung nach einem Mehrheitswahlrecht für den Bundestag führen: Dem Parlament wäre die Bürde genommen, für eine ‚stabile Regierung' gerade stehen zu müssen, und ungeniert könnten sich hier die vielfältigsten Interessen, Parteien und Meinungen tummeln. Stabil regiert würde anderswo!" (Kunze 1994). Das Zitat zeigt deutlich, dass das Parlament zwar nicht direkt abgeschafft, aber auf eine verbale „Spielwiese" herabgewürdigt werden soll, während die politischen Entscheidungen auf ganz anderer Ebene fallen.

Damit wird eben gerade nicht eine Präsidialdemokratie im Sinne von demokratischen Verfassungsstaaten wie den USA angestrebt. Vielmehr laufen die Forderungen auf eine Art Präsidialsystem hinaus, welches sich durch eine sich als Plebiszit ausgebende Akklamation legitimiert. Nicht zufällig hatte Carl Schmitt, auf den sich Kunze mit seinem Demokratieverständnis beruft, in der oben erwähnten Schrift davon gesprochen, dass das Volk seinen Willen durch selbstverständliches, unwidersprochenes Dasein ebenso gut und noch besser demokratisch äußert als durch ein Registriersystem geheimer Abstimmungen (vgl. Schmitt 1991: 22). Es geht dem Autor also mit der Forderung nach Plebisziten nicht um die stärkere Partizipation von Bürgern an politischen Entscheidungsprozessen, vielmehr sollen sie der Legitimation eines starken Mannes an der Spitze des Staates dienen. Aus dieser Sicht besteht das Volk denn auch nicht aus mündigen Individuen, sondern aus einer passiven Masse, die sich lediglich im zustimmenden Zuruf, in der Akklamation, äußert. Allerdings werden derartige Konsequenzen bei der beabsichtigten Vereinnahmung des Demokratiebegriffs von gegenwärtigen rechtsextremistischen Intellektuellen nicht immer deutlich formuliert. Um so wichtiger ist es da, deren Forderungen vor dem Hintergrund der bemühten politischen Klassiker Robert Michels und Carl Schmitt zu sehen.

Die sich gegen das bestehende politische System richtende Dimension der Plebiszitforderung wurde auch von Claus Nordbruch in seinem bereits erwähnten Artikel „Das System überwinden" weitaus deutlicher benannt. Zunächst referierte er zustimmend die auch von demokratischen Politikern, Publizisten und Wissenschaftlern vorgetragene Kritik am in der Tat zu großen Einfluss der Parteien, wandte sich aber vehement gegen den aus deren Reihen erhobenen Vorschlag zur Gründung einer neuen Partei, da diese als Koalitionspartner doch nur selbst Systempartei würde. Wörtlich heißt es dann bei Nordbruch weiter: „Eine solche Symbiose hat mit Systemüberwindung nichts zu tun! [...] Eine Veränderung, geschweige denn die Überwindung des herrschenden Systems – und das ist ja unser Ziel! –, kann auf diese Weise niemals erfolgen. [...] Das Plebiszit muß folglich unsere Waffe der Systemveränderung sein (Nordbruch 1993: 4). Zwar ist die in diesem Zitat zum Ausdruck kommende Argumentation noch nicht einmal immanent logisch und schlüssig, gleichwohl verrät sie offenkundig die beabsichtigte Verwendung von Volksbefragungen als Instrumente zur Delegitimierung und Überwindung der parlamentarischen Demokratie.

10. Schlusswort und Zusammenfassung

Häufig verwenden rechtsextremistische Intellektuelle bei ihrer Parlamentarismus- und Parteienkritik Aussagen über den Einfluss der Parteien, deren Finanzierung aus dem Staatshaushalt oder die Funktionsfähigkeit des Parlaments, die von Demokraten unterschiedlichster Couleur wie von Hans Herbert von Arnim, Erwin K. Scheuch oder Richard von Weizsäcker vorgetragen wurden. Während diese Autoren jedoch eine Reform in den genannten Politikfeldern im systemimmanenten Sinne anstreben, geht es den Intellektuellen aus dem erwähnten politischen Lager um das Schüren von Ressentiments gegen Parlament und Parteien, was letztendlich auf die von Kunze und Nordbruch geforderte Systemüberwindung abzielt. Das Anknüpfen an einen in diesem Zusammenhang auch von Demokraten geprägten Diskurs dient dem Versuch, in eine breitere gesellschaftliche Debatte hineinzuwirken, dort um Aufmerksamkeit und Akzeptanz zu werben und die vorhandene Parlamentarismus- und Parteienkritik längerfristig mit den eigenen Grundpositionen in Einklang zu bringen. Daher erhält die erwähnte Umpolung des Demokratiebegriffs hin zu einem Verständnis im Sinne von identitärer Demokratie auch eine wichtige Funktion für die Außenwirkung, erlaubt sie doch die Verdammung der bestehenden parlamentarischen Demokratie im Namen der Demokratie.

Je nach Bedeutung und Stellenwert der eigenen politischen Auffassungen im gesellschaftlichen Diskurs müssen rechtsextremistische Intellektuelle taktisch bedingte Rücksichten nehmen. Von daher halten sich deren Vertreter in der Regel hinsichtlich der Absichten und Folgen ihrer Kritik eher bedeckt, wie etwa auch Kunzes Veröffentlichungen zeigen: In bestimmten Phasen oder Publikationsorganen formulierte er sehr deutlich die Absicht, mit der Parlamentarismus- und Parteienkritik eine Systemüberwindung anzustreben, bei anderen Gelegenheiten hielt er sich diesbezüglich zurück und formulierte kaum von den erwähnten demokratischen Kritikern unterscheidbare Positionen zu den erwähnten Themenfeldern. Im Kontext von Kunzes grundlegenden Auffassungen hinsichtlich des antiparlamentarischen und identitären Demokratieverständnisses zeigt sich allerdings der extremistische Hintergrund derartiger Meinungsäußerungen. Bei dem Verweis auf solche, taktisch bedingten Rücksichtnahmen handelt es sich keineswegs um eine Unterstellung. Der Publizist Karlheinz Weißmann (vgl. Pfahl-Traughber 1999: 173-179), ein Vertreter der Neuen Rechten, formulierte denn auch für das eigene politische Lager: „Die Fähigkeit, in die Offensive zu gehen, muß entwickelt werden und dazu die Fähigkeit, die Situation zu beurteilen: ob hier der offene Angriff oder die politische Mimikry gefordert ist“ (Weißmann 1986: 178).

Um die im letzteren Sinne bewusst verborgen gehaltenen eigentlichen politischen Zielsetzungen von Diskursen aufzuschlüsseln, bedarf es der Analyse der dabei angewendeten Methode der Insinuation. Der Politikwissenschaftler Thomas Meyer definierte dieses Stilmittel wie folgt: „Insinuation wird gehandhabt als die starke und letztendlich eindeutige Andeutung des Gemeinten, die nichts offen läßt, ohne aber das Gemeinte zitierbar eindeutig zu sagen. Die Methode der Insinuation beruht auf dem Prinzip, etwas in der Sache zu behaupten, ohne es in der Form beweiskräftig behauptet zu haben. Die Eingeweihten wissen, was gesagt werden soll. Gegen jeden Außenstehenden kann das Gemeinte mit Verweis auf den nackten Wortlaut, wo es angebracht erscheint, bestritten werden“ (Meyer 1995: 18). Allerdings besteht bei einem darauf bezugnehmenden Analyseverfahren auch immer die Gefahr, dass in die jeweils analysierten Diskurse und Texte auch Absichten hineininterpretiert werden, die der jeweilige Autor nicht notwendigerweise so gemeint haben muss. Hier bietet das Kriterium der Häufigkeit entsprechender Inhalte oder das der gezielten Platzierung bestimmter Positionen eine zuverlässige Kontrollmöglichkeit. Hinzu kommt, dass dem ideologischen Hintergrund der jeweiligen Argumentationsmuster eine besondere Bedeutung zugemessen werden sollte, wie dies anhand der Ausführungen zum identitären Demokratieverständnis geschehen ist.

Literatur

Benoist, Alain de: Antonio Gramsci, in: ders., Aus rechter Sicht. Eine kritische Anthologie zeitgenössischer Ideen. Bd. 2, Tübingen 1984, S. 379-389

Benoist, Alain de: Kulturrevolution von rechts. Gramsci und die Nouvelle Droite, Krefeld 1985

Benoist, Alain de: Demokratie: Das Problem (1985), Tübingen 1986

Critilo (Caspar von Schrenck-Notzing), Über die Kulturrevolution zur politischen Revolution, in: Criticón, 10 Jg., Nr. 59/1980, S. 107

Edmüller Andreas/Wilhelm, Thomas: Manipulationstechniken. Erkennen und abwehren, 3. Auflage, Planegg 2002

Fiori, Giuseppe: Das Leben des Antonio Gramsci, Berlin 1979

Fraenkel, Ernst: Der Pluralismus als Strukturelement der freiheitlich-rechtsstaatlichen Demokratie (1964), in: Ernst Fraenkel, Deutschland und die westlichen Demokratien, Frankfurt a.M. 1991

Gramsci, Antonio: Gefängnishefte Bd. 1. 1. Heft, Hamburg 1991

Gramsci, Antonio: Gefängnishefte Bd. 4. 6. und 7. Heft, Hamburg 1992

Gramsci, Antonio: Gefängnishefte Bd. 7, 12. bis 15. Heft, Hamburg 1996

Greiffenhagen Martin (Hrsg.): Kampf um Wörter? Politische Begriffe im Meinungsstreit, München-Wien 1980

Institut für Staatspolitik (Hrsg.), Die „Neue Rechte“. Sinn und Grenze eines Begriffs (Wissenschaftliche Reihe – Heft 5), Albersroda 2003

Jesse, Eckhard: Von der Linken lernen? Vier rechtsextremistische Intellektuelle im Vergleich, in: Uwe Backes (Hrsg.), Rechtsextreme Ideologien in Geschichte und Gegenwart, Köln 2003, S. 261-288

Kebir, Sabine: Gramsci's Zivilgesellschaft. Alltag, Ökonomie, Kultur, Politik, Hamburg 1991

Kunze, Klaus: Plebiszite als Weg aus dem Parteienstaat, in: Junge Freiheit, Nr. 10/Oktober 1992, S. 23

Kunze, Klaus: Wer vertritt das Volk?, in: Junge Freiheit, Nr. 5/4. Februar 1994, S. 2

Kunze, Klaus: Wege aus der Systemkrise, in: Andreas Molau (Hrsg.), Opposition für Deutschland. Widerspruch und Erneuerung, Berg 1995, S. 202-223

Liedtke, Frank/Wengeler, Martin/Böke Karin (Hrsg.): Begriffe besetzen. Strategien des Sprachgebrauchs in der Politik, Opladen 1991

Mantino, Susanne: Die „Neue Rechte“ in der „Grauzone“ zwischen Rechtsextremismus und Konservatismus. Eine systematische Analyse des Phänomens „Neue Rechte“, Frankfurt a.M. 1992

Mehring, Reinhard: Carl Schmitt zur Einführung, Hamburg 1992

Meyer, Thomas: Methoden und Strategien. Insinuation als Stilmittel, in: Friedrich Ebert Stiftung/Akademie der Politischen Bildung (Hrsg.), Am rechten Rand, Analysen und Informationen für die politische Bildung, Bonn 1995, S. 18-19

Möhret, Carl/Jann, Werner/Kronenwett, Eva: Innenpolitik und Politische Theorie. Ein Studienbuch, 3. Auflage, Opladen 1979, S. 1-12

Nordbruch, Claus: Das System überwinden, in: Deutschland in Geschichte und Gegenwart, 51. Jg., Nr. 1/März 1993, S. 2-6

Pfahl-Traughber, Armin: „Konservative Revolution“ und „Neue Rechte“. Rechtsextremistische Intellektuelle gegen den demokratischen Verfassungsstaat, Opladen 1998

Pfahl-Traughber, Armin: Identitäres Demokratieverständnis als Legitimation von Diktatur. Zur Parlamentarismuskritik von Carl Schmitt, in: Mut, Nr. 320/April 1994, S. 14-21

Pfahl-Traughber, Armin: Pluralismus als Strukturelement des demokratischen Verfassungsstaates. Ernst Fraenkels Neopluralismus-Theorie, in: Jahrbuch zur Liberalismusforschung Nr. 6, Baden-Baden 1994, S. 45-63

Pfahl-Traughber, Armin: Rechtsextremismus in der Bundesrepublik Deutschland, München 1999

Pfahl-Traughber, Armin: Politischer Extremismus – was ist das überhaupt? Zur Definition von und Kritik an einem Begriff, in: Bundesamt für Verfassungsschutz (Hrsg.), Bundesamt für Verfassungsschutz. 50 Jahre im Dienst der inneren Sicherheit, Köln 2000, S. 185-212

Platzdasch, Günter K.: Antonio Gramsci. Der Vater der Kulturrevolution, in: Criticón, 10. Jg., Nr. 59/1980, S. 117-120

Pour une „Gramscisme de Droite“. Acte du XVIe colloque national du G.R.E.C.E., Paris 1982

Rissmann, Hans-Peter: Konservative Revolution entlarvt, in: Junge Freiheit, Nr. 16 vom 11. April 2003, S. 5

Röhrich, Wilfried: Robert Michels. Vom sozialistisch-syndikalistischen zum faschistischen Credo, Berlin 1972

Rousseau, Jean-Jacques: Der Gesellschaftsvertrag (1762), Essen o.J.

Rüther, Günther (Hrsg.): Repräsentative oder plebiszitäre Demokratie – eine Alternative? Grundlagen, Vergleiche, Perspektiven, Baden-Baden 1996

Schmidt, Manfred G.: Demokratietheorien. Eine Einführung, Opladen 1995

Schmitt, Carl: Die geistesgeschichtliche Lage des heutigen Parlamentarismus (1923/1926), 6. Auflage, Berlin 1991

Schmitt, Carl: Verfassungslehre (1928), 8. Auflage, Berlin 1993

Schrenck-Notzing, Caspar von: Charakterwäsche. Die Politik der amerikanischen Umerziehung in Deutschland, München 1965

Schwab, Jürgen: Deutsche Bausteine. Grundlagen nationaler Politik, Stuttgart 1999

Schwab, Jürgen: Volksstaat statt Weltherrschaft. Das Volk – Maß aller Dinge, Tübingen 2002

Stein, Dieter: Niederwerfung der Konservativen, in: Junge Freiheit, Nr. 4/April 1992, S. 2

Talmon, Jacob L.: Die Ursprünge der totalitären Demokratie (1952), Köln/Opladen 1961

Walkenhaus, Ralf: Armin Mohlers Denkstil, in: Uwe Backes/Eckhard Jesse (Hrsg.), Extremismus & Demokratie 9, Baden-Baden 1997, S. 97-116

Weber, Matthias: Zeitschriftenporträt: Junge Freiheit, in: Uwe Backes/Eckhard Jesse (Hrsg.), Extremismus & Demokratie Nr. 14, Baden-Baden 2002, S. 203-226

Weißmann, Karlheinz: Neo-Konservatismus in der Bundesrepublik. Eine Bestandsaufnahme, in: Criticón, 16. Jg., Nr. 96/1986, S. 176-178

Roger Woods

Die Leiden der jungen Werte

Die Neue Rechte als Kultur und Politik

Klarheit und Verwirrung

Die Forschung über die Neue Rechte geht in der Regel davon aus, dass letztere einen harten Kern von Werten vertritt. Gessenharter spricht von einer „ziemlich klar abgrenzbaren Menge von Ideen und Gedanken, die zwar im Laufe der Jahre weiterentwickelt werden, die aber dennoch so klare Konturen erkennen lassen, daß Abgrenzungen zu anderen ideologischen Strömungen [...] möglich sind" (Gessenharter 1994: 14), und Lenk macht strukturelle Übereinstimmungen im Diskurs der Neuen Rechten aus, wie die starre Fixiertheit auf eine Reihe von „erhabenen" Kollektivbegriffen wie „Volk" und „Reich". Diese Kollektivbegriffe sollten der Sinnstiftung im Rahmen einer neuen Identitätspolitik dienen und würden als letzte Gegebenheiten beschworen (Lenk 1998: 13).

Die Neue Rechte kann auch als eine Strömung aus Vertretern kultureller Werte wie Sprache, Religion, Geschichte oder Tradition dargestellt werden. In der Forschung stellt man eine „Kulturalisierung der Politik" fest, das heißt einen „Austausch des Begriffs der Rasse, der für die alte Rechte kennzeichnend war, durch den der Kultur" (Funke 2002: 249f.). Diese Kultur wird von der Neuen Rechten selbst als Grundlage einer deutschen Identität präsentiert. Funke fasst zusammen: „Der einzelne partizipiert an ihr [der Kultur] dadurch, daß er an den ‚Mythen der Abstammung, Sprache, Geschichte' des Volkes teil hat, in das er hineingeboren wurde [...]. Dabei ist dieser Begriff der Kultur [...] sowohl geeignet, Völker voneinander zu unterscheiden und in ihrer Eigenart abzugrenzen wie als Gegenbegriff zur Zivilisation deren atomisierenden Individualismus und die damit verbundene Angst vor der Moderne und ihren Katastrophen, ihrem Chaos abzuwenden. Ein Kulturbegriff, der extrem geschmeidig ist und zugleich kämpferisch kulturelle Identität beschwört. Und der als kulturelle Identität die Grundlage eines ethnisch homogenen und hierarchisch gegliederten Gesellschaftsideals darstellt, das autoritäre Muster legitimiert." (ebd.) Das Bundesamt für Verfassungsschutz setzt auch eine gewisse ideologische Kohärenz voraus, indem es die Neue Rechte als eine „geistige Strömung oder Ideologie" definiert, „die sich an das Gedankengut der Konservativen Revolution anlehnt und ganz oder teilweise die Prinzipien der freiheitlichen demokratischen Grundordnung abschaffen will." (Bundesamt für Verfassungsschutz 1996: 21) Diejenigen Forscher, die die Vorstellung einer einheitlichen neurechten Ideologie ablehnen (Pfahl-Traughber 1998: 161), versuchen trotzdem für Klarheit zu sorgen, indem sie einzelne Protagonisten der Neuen Rechten und ihre Positionen darstellen und interpretieren (ebd.: 153).[1]

Diese Beispiele zeigen die Tendenz in der Forschung zu einer Übersystematisierung neurechten Denkens, die die Vielschichtigkeit und die Widersprüchlichkeit des Gegenstands der Forschung ausblendet. Eindeutige ideologische Positionen können nur als solche vorgestellt werden, wenn man die internen Spannungen im neurechten Denken übersieht oder neurechtes Denken so fragmentiert, dass die komplexe Interaktion zwischen neurechten Denkern unberücksichtigt bleibt. Schon die vom Bundesamt für Verfassungsschutz hervorgehobene Verbindung zwischen der Neuen Rechten und der Konservativen Revolution müsste die Vorstellung von ideologischer Kohärenz der Neuen Rechten in Frage stellen, denn die Konservative Revolution fällt vor allem durch ihren Mangel an ideologischer Klarheit auf. Die Berufung auf die Konservative Revolution ist eher in dem Sinne richtig, dass beide Bewegungen ein Problem mit programmatischer Klarheit haben und beide Bewegungen einen Ausweg in der Hervorhebung von hierarchischen Strukturen und Führung anstelle von Inhalten suchen. Auch innerhalb der Neuen Rechten hat man die Konservative Revolution keineswegs als Vorbild allgemein anerkannt: Gunnar Sohn, Herausgeber der neurechten Zeitschrift ‚Criticón', kritisiert Befürworter des Konservatismus in Deutschland, für die nicht die Gesellschaft selbstverantwortlicher und selbstständiger Einzelner, sondern die naturwüchsige oder historische Gemeinschaft immer noch das Idealbild zu sein scheine. Er sieht die Renaissance der Konservativen Revolution in Deutschland als Indikator für eine Philosophie, die nicht die Sicherung der Freiheit des Einzelnen durch Institutionen und Regelsysteme anstrebt, sondern das Aufgehen des Individuums in der Schicksalsgemeinschaft Nation. Dabei lehnt er die Abwendung vom Westen und „den fatalen Glauben an eine deutsche kulturelle Mission" als die falschen Denktraditionen des deutschen Konservatismus ab (Sohn 1993: 246).

Die Tendenz zur Übersystematisierung neurechten Denkens oder zur Reduzierung dieses Denkens auf eindeutige politische Positionen kann zum Teil auf das Selbstbild der Neuen Rechten zurückgeführt werden, denn sie vertritt meist in ihren Publikationen positive kulturelle und politische Werte, die man „feelgood-Werte" nennen kann, da sie unkritisch und sinnstiftend eingesetzt werden sollen. Alfred Mechtersheimer, Ex-Mitglied des Deutschen Bundes-

1 Pfahl-Traughber erklärt seinen Ansatz: „Sowohl was die politische Herkunft als auch die Positionen in Detailfragen anging, zeigten sich bei allen grundlegenden ideologischen Gemeinsamkeiten doch beachtenswerte Unterschiede, die hier aber nicht näher untersucht werden können. Ausschlaggebend sollte für die gesamte Darstellung denn auch vielmehr deren Spannungsverhältnis zu den Wertvorstellungen des demokratischen Verfassungsstaates sein" (184).

tages und neurechter Autor, bringt diese feelgood-Werte in seinem Beitrag zum Sammelband ‚Die selbstbewusste Nation' zum Ausdruck, in dem Kultur als Grundlage einer politischen Position präsentiert wird: „National bezieht sich auf die Nation, das heißt auf eine Willensgemeinschaft von Menschen, die neben ihrem Recht auf Gemeinsamkeit ihr ‚Recht auf Unterschied' [...] politisch in Anspruch nehmen. Das Gemeinsame eines Volkes mag einmal mehr auf Kultur, Sprache, Religion oder Geschichte beruhen; die Nation manifestiert sich erst in einem politischen Bewußtsein der gemeinsamen Wertvorstellungen und Interessen und der Selbstbehauptung. [...] Offenkundig befriedigt die Nation das soziale Grundbedürfnis des Menschen nach Zugehörigkeit in besonders intensiver Weise." (Mechtersheimer 1996: 357f.) Diese Vorstellung einer unproblematischen gemeinsamen deutschen Kultur wird von den ‚Republikanern' aufgegriffen, also von einer Partei, die die Neue Rechte und die Forschung zumindest als potenziellen parteipolitischen Flügel der Bewegung betrachtet haben. Das Parteiprogramm stellt Deutschland als eine der großen Kulturnationen der Welt dar, wobei diese Kultur eine christliche und westliche sei, die als Grundlage von Staat und Gesellschaft dienen solle [Parteiprogramm 2002 der Republikaner (2003)].

In der Neuen Rechten gibt es aber keine unangefochtenen neuen Werte: Alle Werte, die von neurechten Vertretern einer feelgood-Kultur vorgestellt werden, werden von anderen neurechten Figuren in Frage gestellt oder sogar einfach abgelehnt. Diese interne Widersprüchlichkeit der Neuen Rechten ist nicht einfach das Produkt mangelhafter Organisation. Sie ist vielmehr Ausdruck des grundsätzlichen Problems für die Neue Rechte, neue, positive Werte zu artikulieren. Und man kann diese Widersprüchlichkeit zum Teil als das unerwünschte Nebenprodukt der Intellektualisierung der Bewegung verstehen: Die Mobilisierung der Intellektuellen, die die kulturelle Grundlage neurechter Politik im Sinne von Gramscis These der kulturellen Hegemonie liefern sollen, erweist sich zum Teil als kontraproduktiv: Eine Untersuchung der Interaktion zwischen neurechter Kultur und neurechter Politik zeigt keine funktionale, harmonische Zusammenarbeit oder gegenseitige Ergänzung oder Vertiefung eines neurechten Weltbildes, sondern die eher dysfunktionale Rolle der Kultur. Die Intellektuellen, die als relativ autonome Akteure in der lockeren Struktur der Neuen Rechten ihre Ideen entfalten, spielen nicht immer eine gestaltende, sondern eher eine störende, kritische Rolle. Eine Definition der Neuen Rechten müsste also nicht nur die geistig-kulturelle Dimension der Bewegung verbal anerkennen, sondern auch die Folgen der geistig-kulturellen Tätigkeit für die Analyse neurechten Denkens berücksichtigen: Politiker, Publizisten, Schriftsteller und Geisteswissenschaftler tragen alle zum Bild der Neuen Rechten bei, und die letztgenannten Gruppen vertreten häufig Positionen, die eher ambivalent, offen, und selbstkritisch sind.

In diesem Zusammenhang sind die Kulturtheorien von Zygmunt Bauman und Hermann Glaser besonders relevant, wenn man die Rolle der neurechten

Kultur verstehen will. Für Bauman ist die Kultur der Moderne eine forschende, fragende Kraft. Zum Wesen der Kultur der Moderne gehört die „zwanghafte Negation", die etablierte Werte in Frage stellt. Diesen Aspekt nennt Bauman die Dysfunktionalität der Kultur (Bauman 1996: 22). Für Hermann Glaser besteht die „kulturelle Glaubwürdigkeit" darin, dass man Identität nicht als Ganzheit suggeriert, sondern um deren „Zerbrechlichkeit" und „Gebrochenheit" weiß. „Solche Einsicht verhindert dogmatische Hybris und die furchtbaren, gewalttätigen Simplifikationen der Ideologien." Die Kultur ist „voller Fragwürdigkeiten und Verunsicherungen, voller Antinomien, Ambivalenzen und Aporien. Sie schafft nicht fix-und-fertige Lösungen, sondern macht [...] aus Lösungen immer wieder Probleme. [...] Kultur hat stets das Doppelgesicht von *clair-obscur*, von hell-dunkel." (Glaser 2001: 5.) Das neurechte Projekt der Intellektualisierung und das Ziel der kulturellen Hegemonie bedeuten die Einbeziehung des kulturellen Bereichs. Das bedeutet wiederum einen Schritt auf dem Weg zur Gestaltung von Werten, aber auch zur Untergrabung von Werten – also zur Funktionalität und Dysfunktionalität. Die neurechte Kultur ist in dem Sinne eine moderne Kultur, dass sie etablierte Werte in Frage stellt. Diese komplexe und widersprüchliche Interaktion von neurechter Kultur und Politik wird im Folgenden anhand von drei Beispielen dargestellt: der Kultur selbst, der Vergangenheitsbewältigung und dem Nationalismus.

Kultur

Stefan Ulbrich schilderte eine noch intakte feelgood-Kultur in der ‚Jungen Freiheit': „Kultur ist vor allem das komplizierte Netz aus Verhaltensmustern, welches dem Menschen erlaubt, sich in dieser Welt zu orientieren und gestaltend einzugreifen. Kulturelle Identität beinhaltet Verhaltensmaßregeln genauso wie Ziele des gemeinsamen Lebens. Identität ist deshalb die Verwurzelung des eigenen bewußten Ich in einer Kultur. Es ist dieses rational schwer zu beschreibende Gefühl des Bei-sich-Seins, des Ein- und Mitklangs an gemeinsamen Überlieferungen, an Erlebnissen und Wissenserkenntnissen, an einem überindividuellen System von Werten und Normen." (Ulbrich 1992: 24) Diese Vorstellung der Kultur wird aber auch als verlorenes Ideal dargestellt, und zwar auch auf den Seiten der ‚Jungen Freiheit'. So schreibt Jochen Schaare: „Eine wahre Kultur ist sich auch ihres Wertes bewußt. Von uns [Deutschen] kann man das wohl nicht mehr sagen, da die nihilistische Wertezerstörung weit fortgeschritten ist und kaum tilgbare Hypotheken für zukünftige Generationen geschaffen hat." (Schaare 2002: 14)

Noch schlimmer für die Neue Rechte ist ein nicht übersehbarer, aber oft übersehener Kulturpessimismus. Der Star-Intellektuelle der Neuen Rechten, Botho Strauß, erkennt die „Bewußtseinskrise" unserer Zeit und beschreibt die

Stimmung, die daraus hervorgeht, als „Kummer“. Dabei betont er, dass man mit dieser Stimmung keine Politik machen könne: „Aus dem Kummer, aus dem aufrichtigsten Gefühl des Menschen, wird nie ein Manifest hervorgehen, kein Vorschlag für die Welt, sie in dieser oder jener Gestalt zu sehen, keine Lehre, keine Prophetie.“ (Strauß 1997a: 55) In ‚Die Fehler des Kopisten‘ schildert er eine verbrauchte und debile Gesellschaft, von der er nichts anderes erwartet, als dass ihr ein langsames, vielleicht aber auch ein schleuniges Ausbluten bevorsteht. Und was die Politik angeht: „Auf keiner Seite, bei keiner politischen Abteilung kann ich Gutes erkennen oder nur eine Aussicht, einen Entwurf. Es handelt sich durchweg um Geschachere im moralischen wie im strategischen Sinn.“ (Strauß 1997b: 36) Damit steht Botho Strauß keineswegs als isolierte Figur unter den Intellektuellen der Neuen Rechten da. Gerade in dem Sammelband ‚Die selbstbewusste Nation‘, der häufig als Manifest der Neuen Rechten betrachtet wird, vertritt der Schriftsteller Hartmut Lange eine gleich pessimistische Position – er führt Martin Heideggers Metapher für die menschliche Existenz an, nicht nur um der völkischen Politik der Alten Rechten, sondern auch um der Politik als Ganzem jede Bedeutung abzusprechen: „Wer aus nichtigem Grund in diese Welt geworfen ist und eben diese Nichtigkeit als Grund selbst zu übernehmen und wie eine Schuld abzuarbeiten hat, wie sollte der noch von Parteiprogrammen oder sonstigen politisch motivierten Hilfsversprechen zu beeindrucken sein? [...] ‚Dasein heißt – Hineingehaltenheit in das Nichts‘ – vor diesem Satz besteht keine nationalistische Parole mehr, aber auch keine Sehnsucht nach einer verlorengegangenen völkischen Identität.“ (Lange 1996: 440f.)

Die so genannte „Kulturalisierung der Politik“ erweist sich somit als sehr problematisch für die Neue Rechte: Die Einbeziehung der Kultur bringt nicht nur die feelgood-Kultur, sondern auch den Kulturpessimismus, nicht nur Funktionalität, sondern auch Dysfunktionalität, nicht nur positive (wenn auch klischeehafte) deutsche Werte, sondern auch die Einsicht, dass diese Werte nicht mehr intakt sind. Neurechte Kultur und neurechte Politik ergänzen sich nicht immer; die Kultur kann politisches Engagement untergraben. Der neurechte Historiker Karlheinz Weißmann stimmt Arnold Gehlen zu, dass die „schöpferische Zerstörung“ im Wesen der Industriekultur liege und dass es deshalb „an stabilen Außenhalten für unsere Gesinnungen, Verpflichtungen und sogar unsere Meinungen“ fehle, „an einem invariablen Schatz von Gebräuchen und Gewohnheiten, an Einrichtungen, Symbolen, Wegweisern und kulturellen ‚Immobilien‘, denen wir die Steuerung unseres Verhaltens in dem Gefühl überlassen können, es richtig zu machen.“ (Weißmann 2000: 164) Die Kultur der Neuen Rechten hat ebenso viele Gemeinsamkeiten mit dieser zerstörerischen Industriekultur der Moderne wie mit Stefan Ulbrichs feelgood-Kultur und ihrem überindividuellen System von Werten und Normen.

Nationalsozialismus

Das zweite Beispiel für die problematische Interaktion von neurechter Kultur und Politik bietet die Beschäftigung mit der NS-Vergangenheit. In der Forschung werden folgende neurechte Thesen und Positionen registriert: Hitler habe das deutsche Volk über seine wahren Ziele getäuscht und irregeführt (Rohrmoser 2002: 52); nicht der „Lebensraum"-Imperialismus oder der rabiate Antisemitismus habe Hitler die Wähler zugetrieben, sondern die von ihm beschworene Vision eines neuen Deutschland (Weißmann 1992: 86); die Alliierten wollten Deutschland zerstören (Weißmann 1992: 29-31); die deutschen Soldaten seien irregeführte, unschuldige, missbrauchte Helden (Venohr 1992: 15); Rassismus sei eine französische Theorie (Rohrmoser 2002: 66f.). All diese Positionen sollen ohne Zweifel zur Relativierung des Nationalsozialismus beitragen, aber die kulturelle Stimme stellt sie in Frage. Zur neurechten Relativierung des Nationalsozialismus gehört zum Beispiel auch der Gedanke, dass er heute durch Generationenwechsel der Vergangenheit angehöre und seine Untaten mit denen anderer Staaten gleichgesetzt werden könnten. So schreibt Franz Schönhuber: „Trotz aller angepriesenen und verordneten Potenzmittel ist Deutschland lendenlahm geworden, nicht nur physisch vergreist, sondern auch politisch verblödet. Alzheimer ad portas. Das von Nietzsche erwähnte ‚präparierte Herdentier' wird am Nasenring der Medien immer näher an die Zelle des nationalen Masochismus herangeführt. Der Mensch, der stets gebückt durch die Weltgeschichte schlurfen muß, verliert seine Selbstachtung und erkrankt an Rückenmarkverkrümmung. Wo liegen die Heilungsmöglichkeiten? Vor allem in der dem Zeitgeist widersprechenden Feststellung: Die NS-Zeit ist inzwischen Geschichte. Die Untaten des NS-Staates gehören zu unserer Historie genauso wie die Ausrottungspolitik gegenüber den Indianern zur amerikanischen, die Greueltaten der Kolonialzeit zur englischen und die blutigen, stalinistischen Säuberungen zur russischen." (Schönhuber 1997: 9)

Auch hier ist es nicht zuletzt Botho Strauß, der in seinem Essay „Anschwellender Bocksgesang" diese typische neurechte Position untergräbt. Die Erinnerung an die NS-Verbrechen wird als existenzielles Verhängnis Deutschlands interpretiert, und damit wird jede Art von Vergangenheitsbewältigung ausgeschlossen: „Die Verbrechen der Nazis sind [...] so gewaltig, daß sie nicht durch moralische Scham oder andere bürgerliche Empfindungen zu kompensieren sind. Sie stellen den Deutschen in die Erschütterung und belassen ihn dort, unter dem tremendum; ganz gleich wohin er sein Zittern und Zetern wenden mag, eine über das Menschenmaß hinausgehende Schuld wird nicht von ein, zwei Generationen einfach ‚abgearbeitet'. Es handelt sich um ein Verhängnis in sakraler Dimension des Wortes." (Strauß 1996: 35)[2]

2 Ähnlich in ‚Die Fehler des Kopisten': „Die Deutschen waren für fünf oder sechs Jahre von ihrer Gemeinschaft berauscht. Zur Strafe mußten sie tausend Jahre lang untersu-

Diese Einstellung kann zum Teil auf den Kulturpessimismus zurückgeführt werden, den wir bei Strauß festgestellt haben. Sie ist auf jeden Fall unvereinbar mit Schönhubers Vorstellung von einer Normalisierung der deutschen Geschichte.

Die Trennlinie verläuft nicht immer zwischen neurechter Kultur und neurechter Politik. Die neurechte Diskussion zur Verbindung zwischen Konservativer Revolution und Nationalsozialismus zeigt, wie im kulturellen Bereich gegensätzliche Fronten entstehen können. Armin Mohler, der bis zu seinem Tode im Juli 2003 als geistiger Vater der Neuen Rechten in Deutschland galt, verstand die Konservative Revolution der Weimarer Zeit als Theorie und den Nationalsozialismus als Praxis, und er stellte die Frage, „wieweit eine Theorie für eine ihr nicht entsprechende Verwirklichung verantwortlich gemacht werden kann." (Mohler 1989: 9) Diese strenge Unterscheidung wird nicht nur von der wissenschaftlichen Forschung, sondern auch von leitenden Figuren der Neuen Rechten abgelehnt: Zwar betont zum Beispiel Günter Rohrmoser, dass der konservative Revolutionär Oswald Spengler Hitler und dessen Bewegung verachtet habe. Spengler habe die Nationalsozialisten als primitiv und pöbelhaft empfunden und darum nicht im Traum daran gedacht, sich mit ihnen ernsthaft einzulassen. In dem Buch ‚Jahre der Entscheidung' habe Spengler auch eine sehr kritische und distanzierte Stellungnahme zu der nationalsozialistischen Bewegung abgegeben (Rohrmoser 2002: 285). Aber Rohrmoser geht davon aus, dass „ohne den intellektuellen Überbau der Theorien der ‚Konservativen Revolution' der Nationalsozialismus seine kulturrevolutionäre Stoßkraft nicht hätte entfalten können". Und wenn man die geistige Genese des Faschismus erklären will, sind für Rohrmoser die Theoretiker der Konservativen Revolution und die Rolle, die sie in der Weimarer Republik gespielt haben, von entscheidender Bedeutung (ebd.: 86f.). Auch lehnt er implizit Mohlers Unterscheidung zwischen reiner Theorie und abweichender Praxis ab, indem er argumentiert, dass „die Theoretiker der Konservativen Revolution und große Teile des konservativ gebildeten Bürgertums Hitlers Idee des völkischen Nationalismus geteilt" hätten (ebd.: 91). Die grundsätzlichen Meinungsverschiedenheiten innerhalb der Neuen Rechten zu einem der Schlüsselthemen im öffentlichen Leben der Bundesrepublik unterstreichen die internen Spannungen und Spaltungen der Neuen Rechten, die eine engere (und unter Umständen wirkungsvollere) Zusammenarbeit der leitenden Figuren der Bewegung ausschließen.

---

chen, wie es dazu kommen konnte" (107). „Zur verdammten deutschen Vergangenheit gehört das Unvergängliche der Verdammnis" (114).

Nationalismus

Man könnte vermuten, dass wenigstens die Nation und der Nationalismus absolute Werte für die Neue Rechte darstellen. Ein selbstbewusster, aggressiver Nationalismus kommt vor allem in den Schriften des neurechten ‚Thule-Seminars' zum Ausdruck. Für Pierre Krebs, den Seminar-Vorsitzenden, haben der Zusammenbruch des Ostblocks und die Vereinigung Deutschlands ein neues Nationalbewusstsein ausgelöst: „Die Revolution, die im Osten den Marxismus wie einen Kehrichthaufen hinwegfegt, ist geistesschwanger, weil die Stimme, die sie trägt, über den Wunsch nach politischer Einheit hinweg die Sehnsucht nach den Wurzeln, das viel grundsätzlichere Streben nach Wiederaneignung des historischen Gedächtnisses, die Suche nach dem deutschen Wesen ausspricht. [...] Sie birgt aber auch eine neue Dimension des Sakralen in sich, das die Geschäftemacher der Tagespolitik quer durch die gesamte Parteienlandschaft der Vergessenheit überantworten wollten: Durch die jetzt noch undeutlich vor sich gehende Rückbesinnung auf unser ureigenes Wesen bricht nämlich der Gründungsmythos unseres Volkes hervor, das heißt der Mythos unserer Herkunft, die Urquelle unseres wesensmäßigen Besonderen, unserer Eigenheit, unseres Anders-Seins. Dies erklärt, weshalb alle Köpfe, die noch dem chaotischen Gedankengut der Einweltideologie in ihren mannigfaltigen Schattierungen (Judenchristentum, Liberalismus, kapitalistische Demokratie, Neomarxismus usw.) anhängen, auf die Perspektive der deutschen Einheit mit instinktivem Abscheu reagieren, fürchten sie doch – zu Recht – darin jene identitäre Gesetzmäßigkeit, die alle kosmopolitischen Gleichheitsschwärmereien ins Reich der Absurdität verweist." (Krebs 1990: 8)

Aber der neurechte Nationalismus ist wie die feelgood-Kultur: Neben der aggressiven Selbstbehauptung hört man einen ganz anderen Ton, der die Relevanz des Nationalismus bezweifelt. Armin Mohler hatte die Ideen von Alain de Benoist importiert, um der deutschen Neuen Rechten bei der Ausarbeitung ihrer eigenen Ideen zu helfen. Aber de Benoist ist heute ein unbequemer Denker für jeden Nationalisten. Zwar hatte er noch in den 1980er Jahren Volk und Vaterland als absolute Werte gesehen, aber in den 1990er Jahren hat er umgedacht. Der Fall der Berliner Mauer markiert für de Benoist den Eintritt in die Postmoderne, in der alle Überreste der Moderne obsolet sind. Zu den Überresten gehört der Nationalstaat. Die Postmoderne dezentralisiert und delegitimiert den Nationalstaat. Sie dezentralisiert ihn, weil er einerseits zu groß ist, um auf die Alltagssorgen der Menschen einzugehen, und andererseits zu klein, um weltweiten Bedrohungen zu begegnen. Wer sagt „Ich bin Franzose" oder „Ich bin Deutscher", hat damit noch nicht definiert, was es bedeutet, Franzose oder Deutscher zu sein. „Identität ist keine statische Idee, sondern eine dynamische Wirklichkeit. Keineswegs beschränkt sie sich auf eine mehr oder weniger idealisierte Vergangenheit." (de Benoist 2002) Der Sammelband der jungen Generation der deutschen Neuen Rechten

‚Wir 89er' sieht die Dinge ähnlich: „Alle Versuche der Neuen Rechten, eine nationale Identifikation zu schaffen, müssen fehlschlagen, denn die Nation existiert nur als Mythos – sie ist ein diffuses Gefühl: Weder irgendwelche Grenzen können die Nation konstruieren (man denke an die Deutschen außerhalb Deutschlands) noch die Kultur (sie ist primär regional; denkt man andererseits an die Sprache, geht sie über alle Grenzen hinaus) und genetische Differenzen schon gleich gar nicht (diese sind fließend, sie zu katalogisieren ist Unfug). Da nicht einmal mehr ein Mythos von der Nation besteht, ist ihr Begriff heute durch eine leere Menge definiert. Wer in unseren Tagen noch von der Nation redet, spricht von einem geschichtlichen Phänomen, das vergangen ist." (Hageböck 1995: 150f.)

Wo positive Werte aus dem kulturellen Bereich hervorgehen, muss das „Prozeßhafte"[3] an diesen Werten verstanden werden: Nach einer Reihe von gescheiterten Versuchen der Neuen Rechten, ein Programm auszuarbeiten, geht sie dazu über, Werte, die sie zum Teil schon als veraltet betrachtet, wiederzubeleben. Karlheinz Weißmann entdeckt in den Schriften von Ernst Jünger die Möglichkeit, den Nationalismus als sinnstiftenden Wert einzusetzen: „‚Nationalismus' war für Jünger Welt-Anschauung im vollen Sinne des Wortes. [Er hielt] den ‚Nationalismus' für die notwendige Konsequenz der nihilistischen Lage, in die die Moderne durch das Zerbrechen ihrer eigenen Verheißungen geraten war. Vermochte man nicht mehr an die innerweltlichen Religionen des Fortschritts zu glauben und konnte auch die Selbstverständlichkeit älterer Lebensformen nicht mehr zurückgewonnen werden, blieb nur die Öffnung nach vorn." (Weißmann 1995: 142)

Günter Figal erklärt den philosophischen Hintergrund zu dieser Wertsetzung in seinem Beitrag zu einem von ihm mitherausgegebenen Sammelband über Ernst Jünger. Figal analysiert Nietzsches Auffassung von Nihilismus, die dadurch charakterisiert werden kann, dass, „der Kreis der überlebten und fallengelassenen Werthe [...] immer voller" wird. Figals Kommentar erinnert an die widersprüchliche Einstellung der Neuen Rechten zum Nationalismus: „Die Werte verschwinden nicht einfach, sondern verlieren ihre Glaubwürdigkeit; man kann sich an sie nicht mehr halten und erfährt sie umso ausdrücklicher." In dieser Situation wird sich der „aktive Nihilist" wieder ein Ziel, einen Glauben setzen. Figals Kritik an diesem Prozess erinnert wiederum an die Zweifel der Neuen Rechten am Nationalismus: „Aber es gibt Anlaß zu vermuten, daß die Setzung auch nicht unproblematisch ist: Was man sich als Orientierungsmöglichkeit setzt, um dem angeblich Veralteten zu entgehen, ist oft selbst aus der Quelle des Tradierten geschöpft." (Figal 1995: 26f.)

---

3 Der Begriff stammt von Klaus Fritzsche, der gegen einen Großteil der Forschung zum konservativ-revolutionären ‚Tat-Kreis' vorbringt, sie beschreibe dessen politische Philosophie als ein „fast zeitloses Arsenal von Ideen" und lasse „das spezifisch Prozeßhafte", also die Art und Weise, wie sich die Meinungen als Reaktion auf Veränderungen in ihrer Umgebung entwickelten, außer Acht (Fritzsche 1976: 327).

Die neurechte Einstellung zum Nationalismus erweist sich also als vielschichtig und widersprüchlich. Der Nationalismus ist kein absoluter, sondern ein kompromittierter Wert, der höchstens im Bewusstsein seines fragwürdigen Status proklamiert werden kann. So ist es nur konsequent, wenn der junge neurechte Autor Roland Bubik die deutsche Nation als den Wert sieht, der die Kraft besitzt, den modernen Menschen in seinen Bann zu ziehen, um eine neue gemeinschaftliche Identität zu stiften. Hierzu bedürfe es allerdings „eines Aktes bewußten Wollens“ (Bubik 1994: 23). Die Beispiele von Kultur, NS-Vergangenheit und Nationalismus werfen also ein bezeichnendes Licht auf die internen Prozesse und Probleme der Neuen Rechten. Die Forschung sollte daher die Definition der Neuen Rechten als politische und intellektuelle Bewegung ernst nehmen und neben der Hervorhebung von eindeutigen programmatischen Positionen die Vielschichtigkeit und Widersprüchlichkeit dieser Bewegung analysieren.

Literatur

Bauman, Zygmunt: Moderne und Ambivalenz. Das Ende der Eindeutigkeit, Frankfurt a.M. 1996

Bubik, Roland: Die Kultur als Machtfrage, in: Junge Freiheit, Oktober 1994, S. 23

Bundesamt für Verfassungsschutz: Rechtsextremismus in der Bundesrepublik Deutschland – Ein Lagebild, Köln, September 1996

de Benoist, Alain: Netzwerke funktionieren wie Viren, in: Junge Freiheit vom 13.9.2002, S. 18

Figal, Günter und Schwilk, Heimo (Hrsg.): Magie der Heiterkeit. Ernst Jünger zum Hundertsten, Stuttgart 1995

Figal, Günter: Nochmals über die Linie, in: Figal/Schwilk 1995, S. 25-40

Fritzsche, Klaus: Politische Romantik und Gegenrevolution. Fluchtwege in der Krise der bürgerlichen Gesellschaft: Das Beispiel des ‚Tat‘-Kreises, Frankfurt a.M. 1976

Funke, Hajo: Paranoia und Politik. Rechtsextremismus in der Berliner Republik, Berlin 2002

Gessenharter, Wolfgang: Kippt die Republik? Die Neue Rechte und ihre Unterstützung durch Politik und Medien, München 1994

Glaser, Hermann: Kultur und Identitäten, in: Aus Politik und Zeitgeschichte (2001) B50, S. 3-5

Hageböck, Michael: Endzeit, in: Bubik, Roland (Hrsg.): Wir 89er. Frankfurt a.M./Berlin 1995, S. 145-162

Krebs, Pierre: Eine Epoche in der Krise, in: Elemente, Hauptausgabe, 1990, S. 8-19

Lange, Hartmut: Existenz und Moderne: Über Selbsterkenntnis als Solidarität, in: Schwilk/Schacht 1996, S. 432-443

Lenk, Kurt: Ideengeschichtliche Dispositionen rechtsextremen Denkens, in: Aus Politik und Zeitgeschichte (1998) B9-10, S. 13-19

Mechtersheimer, Alfred: Nation und Internationalismus: Über nationales Selbstbewußtsein als Bedingung des Friedens, in: Schwilk/Schacht 1996, S. 345-363

Mohler, Armin: Die Konservative Revolution in Deutschland 1918-1932, 3. Ausg., 2 Bde., Darmstadt 1989

Parteiprogramm 2002 der Republikaner, http://www.rep.de/ (ges. am 19.12.2003)
Pfahl-Traughber, Armin: „Konservative Revolution" und „Neue Rechte". Rechtextremistische Intellektuelle gegen den demokratischen Verfassungsstaat, Opladen 1998
Rohrmoser, Günter: Deutschlands Tragödie, München 2002
Schaare, Jochen: Ein Lob der Skepsis, in: Junge Freiheit vom 30.8.2002, S. 14
Schönhuber, Franz: Endzeit, in: Nation & Europa, Januar 1997, S. 9-12
Schwilk, Heimo und Schacht, Ulrich (Hrsg.): Die selbstbewusste Nation. „Anschwellender Bocksgesang" und weitere Beiträge zu einer deutschen Debatte, 4. Aufl., Frankfurt a.M./Berlin 1996
Sohn, Gunnar: Freiheit und Konservatismus, in: Criticón (Sept./Okt. 1993) 139, S. 246-247
Strauß 1997a: Strauß, Botho: Beginnlosigkeit: Reflexionen über Fleck und Linie, München
Strauß 1997b: Strauß, Botho: Die Fehler des Kopisten, München/Wien
Strauß, Botho: Anschwellender Bocksgesang, in: Schwilk/Schacht 1996, S. 19-40
Ulbrich, Stefan: Es entsteht eine neue Kultur, in: Junge Freiheit vom 7.10.1992, S. 24
Venohr, Wolfgang: Vor 50 Jahren, in: Junge Freiheit, Januar/Februar 1992, S. 15.
Weißmann, Karlheinz: Alles was recht(s) ist: Ideen, Köpfe und Perspektiven der politischen Rechten, Graz/Stuttgart 2000
Weißmann, Karlheinz: Maurice Barres und der „Nationalismus" im Frühwerk Ernst Jüngers, in: Figal /Schwilk 1995, S. 133-146
Weißmann, Karlheinz: Rückruf in die Geschichte, Frankfurt a.M./Berlin 1992

Frank Aydt

Grenzgänger zwischen Alter und Neuer Rechter

Sprache und Ideologie Horst Mahlers am Beispiel seiner Propaganda im Internet

Der Rechtsextremismus in Deutschland hat sich in den vergangenen Jahren stark verändert und diversifiziert. Insbesondere seine Medienlandschaft bzw. die von Rechtsextremisten systematisch genutzte Anonymität der virtuellen Informations- und Kommunikationsforen im Internet haben eine Schlüsselposition in der Propagierung rechter Ideen eingenommen. Auch wenn der Regelungsbereich des Presserechts in der Bundesrepublik Deutschland in seinen Konturen unscharf ist, setzen doch eine Reihe von Strafrechtsbestimmungen der Pressefreiheit Schranken. Das Individualgrundrecht auf Meinungs- und Informationsfreiheit darf nicht im Sinne der Volksverhetzung oder bestimmter zu schützender Rechtsgüter missbraucht werden (vgl. Staatslexikon 1995: 551f.). Vor diesem Hintergrund des Öffentlichen Rechts versteht sich, warum die anonyme Umgebung des Internet für rechtsextreme Propaganda derart attraktiv erscheint.

Erst seit wenigen Jahren befasst sich die Wissenschaft mit rechtsextremer Propaganda im neuen Medium Internet (vgl. zum Beispiel Pfeiffer 2002, Fromm/Kernbach 2001, Nickolay 2000). In den Kommunikations-, Sozial-, Politik- und Sprachwissenschaften gerät nach der Konzentration auf mediale Produktanalysen und Medienwirksamkeitsforschung heute der gesamte Prozess medial gestützter (Massen-) Kommunikation und Interaktion in den Blick. Die Ausdifferenzierung des Mediensystems durch die interaktiven Kommunikationsforen des Internet hat die Struktur der öffentlichen Meinungsbildung erheblich modifiziert. Vor diesem Hintergrund sind auch rechtsextreme Inhalte in diesem Medium zu sehen. Aus sprachwissenschaftlicher Sicht ist entscheidend, dass die im Internet zirkulierenden Texte rechtsextremer Gruppierungen (mit und ohne Absender) für bestimmte kommunikative Zwecke eingesetzt werden, das heißt konkret: für die Verbreitung einer politischen Ideologie. Als Texttypen bzw. Textsorten sind diese öffentlichen bzw. veröffentlichten Beiträge durch konkrete sprachliche Organisations- und Ordnungsprinzipien geprägt und strukturiert.

Leitziel dieses Aufsatzes ist es, unter Berücksichtigung textinterner Kriterien (Lexembestand[1], grammatische und strukturelle Merkmale), die

1 Das Lexem ist die kleinste Einheit des Wortschatzes einer Sprache.

textexternen, vornehmlich kommunikativen Aspekte dieser Texttypen/Textsorten zu erschließen. Auch die Propaganda-Texte rechtsextremer Provenienz sind Produkte sprachlichen Handelns mit einer mehr oder minder eindeutig markierten kommunikativen Funktion. Als sprachlich-kommunikative Handlung eines Textproduzenten manifestieren solche Textgebilde eine Bezugnahme auf Kontexte und Adressaten. Diese Kernintention bzw. Basisfunktion des Textes wird in den Sozialwissenschaften als „Kernideologie" beschrieben. Dies soll am Beispiel eines Textes von Horst Mahler – des ‚Appells an die Bürger des Deutschen Reiches' (Mahler 2000) – skizziert werden. Mahler, ein intellektueller Rechtsextremist, der mitunter zur Neuen Rechten gezählt wird (vgl. Innenministerium NRW 2003: 15), kommuniziert fast ausschließlich über das Internet. Sein elektronisches Schaufenster findet man innerhalb der Websites des ‚Deutschen Kollegs', auf denen Mahler seine Schriften veröffentlicht. Das ‚Deutsche Kolleg' entstand 1994 aus der Nachfolge des Berliner Leserkreises der ‚Jungen Freiheit' und sieht sich als „Denkorgan des Deutschen Reiches" (Deutsches Kolleg a). Der Anspruch dieses Theoriezirkels ist, sich als bundesweites Fernkolleg zu etablieren, das – angeblich nach wie vor bestehende – Deutsche Reich durch Theoriebildung, Schulungen und Programme handlungsfähig zu machen und als Viertes Reich wieder zu beleben (vgl. Deutsches Kolleg a). Horst Mahler zählt neben dem Mitgründer Dr. Reinhold Oberlercher zu den ideologischen Köpfen des ‚Deutschen Kollegs'.

Horst Mahler – eine wechselhafte Biografie?

Horst Mahler wurde 1936 in Haynau/Schlesien geboren und arbeitet seit Abschluss seines Studiums der Rechtswissenschaften an der Freien Universität Berlin in den 1950er Jahren als Anwalt. 1970 wurde Horst Mahler verhaftet und 1973/74 zu einer Gesamtfreiheitsstrafe von 14 Jahren verurteilt wegen Mitgliedschaft in einer terroristischen Vereinigung (Rote Armee Fraktion), schweren Raubes und Beihilfe zum Mordversuch. Schon in der Oberschule hatte er Marx und Lenin gelesen und sich zum Marxismus bekannt: „Marx und Lenin überzeugten mich. Sie gaben mir die Möglichkeit, die jüngste deutsche Geschichte als Fäulniserscheinung des zum Untergang verurteilten Kapitalismus zu sehen. Das war für mich zugleich der Freispruch von der Kollektivschuld. Ich blieb also an Marx und Lenin kleben." (zit. nach Die Zeit 19/1997: 45) Diese Kombination aus Marx, Lenin und der Überzeugung, „daß diese Gesellschaft eine andere werden müßte – was sicherlich nicht mit dem Stimmzettel zu erreichen wäre" (zit. nach ebd.), macht die Gesinnung des Revolutionisten und Linksextremisten Horst Mahler deutlich. Nach der vorzeitigen Entlassung aus dem Gefängnis wechselte er die politischen Lager: vom Links- zum Rechtsextremismus.

Wie ist das zu erklären? Während seiner Haftzeit distanzierte sich Mahler mehrfach von seiner terroristischen Vergangenheit. Als sein Name im Frühjahr 1975 auf einer Liste von Gefangenen stand, die im Austausch freigepresst werden sollten, sagte er in einem Fernsehinterview den Entführern ab. Diese politische Wandlung begründete Mahler in einem Aufsatz der Schriftenreihe ‚Kursbuch' (48/1977) „mit einer inneren Befreiung von der dogmatischen Revolutionstheorie des Marxismus-Leninismus" (Deutsches Kolleg b, vgl. auch Mahler 1977: 77-98). Hierbei handelt es sich um einen Schlüsseltext, der die theoretische Überwindung des Revolutionarismus bei Mahler dokumentiert (vgl. Deutsches Kolleg c). In einem Interview der ‚Zeit' (19/1997) betonte Mahler ebenfalls die allmähliche Ablösung von der RAF. Ausgangspunkt waren die Erlebnisse in Jordanien, wohin die RAF im Juni 1970 flüchtete, um sich von Palästinensern an der Waffe ausbilden zu lassen. „Das war eine ganz wichtige und für mich auch ganz schlimme Auseinandersetzung. Damals spielte ich mit dem Gedanken auszusteigen. Als ich aus Jordanien zurückkam, blieben mir eigentlich nur noch drei Möglichkeiten: Entweder ich gehe in den Osten, oder ich stelle mich der Polizei, oder ich schieß' mir eine Kugel in den Kopf." (zit. nach Die Zeit 19/1997: 45) Der Auslöser sei die geplante Liquidierung eines Mitstreiters gewesen, der als labil und als potenzieller Verräter gegolten habe.

Die Stationen Mahlers lösen beim Leser unweigerlich Verwunderung aus. Sein Weg von der SPD, dem ‚Sozialistischen Deutschen Studentenbund' über die RAF, das Umfeld der K-Gruppen bis zur FDP und schließlich zur NPD macht dies deutlich. Mahler, Anwalt und Prozessbevollmächtigter der NPD im Verbotsverfahren vor dem Bundesverfassungsgericht, hat diese Partei aber unmittelbar nach Verkündung des Gerichtsentscheids wieder verlassen. Welche Konstante zieht sich nun durch Mahlers Leben? Wo ist der sprichwörtliche Rote Faden? Diese Antwort ist weit weniger verwunderlich, als es auf den ersten Blick scheinen mag. Ansatzweise gab er die Antwort in seiner Begründung zum Austritt aus der NPD. „Er sei im Jahr 2000 nur deshalb eingetreten, um seine Solidarität zu bekunden, sagte der frühere Linksextremist. Schließlich habe sich der Verbotsantrag gegen alle Deutschen gerichtet, die noch Deutsche sein wollen. Nun, nach Abschluss des Verfahrens, sei sein Austritt zwingend: ‚Die NPD ist eine am Parlamentarismus ausgerichtete Partei, deshalb unzeitgemäß und – wie das parlamentarische System selbst – zum Untergang verurteilt'." (zit. nach ZDF heute online 2003) Mahler ging es also schon immer um die „nationale Befreiung" und – wie die weitere Analyse zeigen wird – um Antiamerikanismus und Rassismus.

Appell an die Bürger des Deutschen Reiches

Im Mittelpunkt der folgenden satzorientierten Untersuchung steht die Beschreibung von Aussageinhalten des rechtsextremen Propagandatextes ‚Appell an die Bürger des Deutschen Reiches' (Mahler 2000). Diese satzsemantische Analyse zielt auf die Bestimmung der Sprech-Intentionen des Textproduzenten (Horst Mahler) und überschreitet die bloße Analyse der semantischen Relationen zwischen satzintern verknüpften Lexeminhalten. Die Untersuchung und Beschreibung der Bedeutung von Sätzen orientiert sich an den folgenden Rubriken von möglichen Teilbedeutungen (vgl. Polenz 1981: 101ff., 195ff.):

a) Proposition: Was sagt der Satz explizit aus?
b) Implikation: Welches Hintergrundwissen bzw. welche Information schließt der Satz ein?
c) Präsupposition: Welche Information setzt der Satz voraus?
d) Konnotation: Welche Begleitvorstellungen ruft der Satz hervor?
e) Illokution: Welche Absicht verfolgt der Textproduzent (virtueller Sprecher) mit dem Satz? Welche Aufforderung ist involviert?
f) Perlokution: Was erreicht oder bewirkt der Textproduzent mit dem Satz beim Rezipienten?
g) Kontakt und Beziehung: Welche Merkmale kennzeichnen die Situation (Kontext; Kommunikation/Interaktion)?

Die satzsemantische Analyse setzt zunächst eine Textsortenbestimmung voraus. Der Textproduzent überschreibt seinen Text als ‚Appell an die Bürger des Deutschen Reiches'. Ein Appell ist ein Aufruf an eine offene Zielgruppe, das heißt: Der Mahler-Text dient nicht der gruppeninternen Kommunikation der rechtsradikalen community, sondern wendet sich an die von ihm so bezeichneten „Bürger des Deutschen Reiches". Dass das Deutsche Reich staatsrechtlich seit 1945 nicht mehr existiert, weiß der Textproduzent selbstverständlich, akzentuiert aber bereits durch diese Titelgebung seine Zielsetzung. Ein Appell ist eine persuasive Textsorte, also eine Form der Überredung, die auf Einstellungsänderung eines Rezipientenkreises abzielt und Handlungsaufforderungen enthält. Die Kommunikation ist prinzipiell einseitig strukturiert, das heißt der Textproduzent will angesichts der vorausgesetzten Heterogenität des Internet-Publikums nicht argumentieren, sondern überreden, um die Rezipienten in das von ihm bestimmte Orientierungsfeld zu versetzen. Appelle, Flugblätter oder Flugschriften gelten als Medien der Massenkommunikation. Sie wollen im Status subsidiärer Sprachhandlungen einzig dem Ziel der Persuasion dienen.

Der Mahler-Text wird durch vier rhetorische Fragesätze eingeleitet, die sich über die Personaldeiktika[2] (Sie, Ihnen) an das virtuelle Publikum (Bürger des Deutschen Reiches) wenden:

„Glauben Sie, daß die USA in zwei Weltkriegen das Deutsche Reich niedergeworfen haben, um die Herrschaft der Menschenrechte zu errichten? Können Sie ausschließen, daß F.D. Roosevelt und die hinter ihm stehenden Kreise nicht vielmehr das Ziel verfolgten, Großbritannien in seiner Weltmachtstellung zu beerben und die US-Amerikanische Weltherrschaft zu errichten? Haben Sie sich schon einmal gefragt, welche Überlegungen die Strategie-Planer der Hauptsiegermacht des Zweiten Weltkrieges angestellt haben mögen, wie nach dem Zusammenbruch der Sowjetunion die Verhältnisse in Europa neu geordnet werden müssen, damit die errungene Weltmachtstellung der US-Ostküste in Europa dauerhaft gesichert bleibt? Ist es unwahrscheinlich, daß ihre erste Sorge der Mitte des europäischen Kontinents galt, wo das Deutsche Reich schlummert? Was wäre Ihnen eingefallen, wenn Sie die Aufgabe zu lösen hätten, dafür zu sorgen, daß Deutschland, das Deutsche Reich, als die potentiell stärkste Macht in der Mitte Europas nie wieder in die Lage kommt, ‚die eine Weltmacht' herauszufordern?" (Mahler 2000).

Bei einer rhetorischen Frage erwartet der Fragende keine Antwort auf einen strittigen, kontroversen Sachverhalt. Die Frageform ist eine rhetorische Figur, in die der Fragende eine Aufforderung oder eine Aussage kleidet, wenn er besonders eindringlich und emotional wirken will. Durch bestimmte Lexeme oder Quasi-Metaphern wird diese sprachliche Strategie verstärkt:

- Deutsche Reich niedergeworfen (Sprache des Agon, des Wettkampfes)
- Deutsche Reich schlummert (Metapher)
- Deutschland, das Deutsche Reich, potentiell stärkste Macht (Klimax bzw. aufsteigendes Asyndeton = sprachliche Aneinanderreihung von Sätzen ohne Bindewörter)

An die angesprochenen „Bürger des Deutschen Reiches" wird im Grunde die Forderung resp. Aufforderung gerichtet, das Rad der Geschichte zurückzudrehen, die Nachkriegsordnung als Unrecht und als brutale Hegemonialpolitik der „Hauptsiegermacht USA" zu bewerten und den „schlafenden Riesen" (das Deutsche Reich) zu „wecken". Bereits in den auftaktenden Fragen deutet sich der Grundzug des vierseitigen Pamphlets an: Der Text, der Appell Horst Mahlers, ist nicht argumentativ-diskursiv angelegt, sondern über seine

2 Der Begriff Deixis (pl. Deiktika) leitet sich von dem altgriechischen Verb deiknymi = zeigen, hinweisen ab. Diese sprachlichen Ausdrücke (Zeigewörter) verweisen alle auf sprachlich nicht explizierte Orts-, Zeit- und Personenangaben. Sie funktionieren als Variablen, die von den Beteiligten völlig automatisch mit den richtigen Werten versehen werden. Deiktische Ausdrücke gewinnen ihre Bedeutung nur durch den Bezug auf die Sprechsituation, in der sie geäußert werden. Man unterscheidet hauptsächlich Personal-, Lokal- und Temporaldeixis (wie: ich, hier, jetzt).

sprachlichen Indikatoren als ein Text zu identifizieren, der ausschließlich eine communitive force auf den Rezipienten ausüben will. Der Appell will auf das Orientierungsfeld des Autors aufmerksam machen, indem er durch die rhetorischen Fragen zunächst eine Art von sozialer Beziehung zu den Lesern/Hörern herstellt und schließlich – im Sinne eines illokutiven Akts – auf die Gefahr für Deutschland aufmerksam macht. Diese Fokussierung wird allerdings einzig vom Textproduzenten vorgegeben.

Die Eingangsfragen beantwortet der Verfasser mit dem Anspruch der Plausibilität und Exaktheit: „Auf beide Fragen gibt es eine plausible Antwort, die zugleich eine exakte Beschreibung unserer heutigen Lage ist: Wenn es gelingt, Deutschland und die übrigen europäischen Nationen von innen her aufzulösen, indem 70 bis 100 Millionen Menschen aus Asien und Afrika hierher verpflanzt werden (das sind Zahlen, die vor einigen Wochen in einem UNO-Bericht genannt wurden), dann müsste es möglich sein, Europa nach dem Vorbild des Balkans in einen ethnischen Hexenkessel zu verwandeln. Unter diesen Umständen könnten sich in Europa auf Jahrhunderte keine stabile Machtstruktur mehr herausbilden. Äußere Mächte – wer wohl? – könnten nach Belieben ethnische Konflikte schüren, Massaker provozieren, Militärputsche organisieren und so Vorwände für ein militärisches Eingreifen des ‚Weltpolizisten USA' schaffen. Stets blieben die USA in europäischen Angelegenheiten in der Rolle des eigensüchtigen Schiedsrichters. Die Ostküsten-Plutokratie würde bestimmen, welche Marionetten in Europa ‚an die Macht' kommen, welche Wirtschaftspolitik für diesen Kontinent zugelassen wird usw." (Mahler 2000).

Der Gehalt dieser „einen plausiblen Antwort" ist allerdings unergründlich. Bestimmte Satzinhalte werden zwar in Aussagesatzform dargeboten (Modalsatz „indem..."), gleichzeitig aber durch die Moduswahl Konjunktiv („müsste", „könnte", „blieben", „würde") als (noch) nicht wahrheitswertig markiert. Der semantische Kern, der Inhalt der Sätze, wird durch den Modus (als eine in den Flexionsformen der Verben enthaltene Bezeichnung der Aussageweise, in der der Textproduzent den Bezug des sprachlichen Geschehens zur Realität einschätzt) entscheidend bestimmt. Die in der Textpassage dominante Möglichkeitsform ist keine Proposition im Sinne der Normalform einer Aussageweise (ohne besondere Kennzeichnung der Modalität): Der Informations- und/oder Wahrheitsgehalt kann weder falsifiziert (= widerlegt) noch verifiziert (= belegt) werden. Die einzige sprachpragmatische Funktion (auch erkennbar an der eingeschobenen Fragekonstruktion „wer wohl?"), die identifiziert werden kann, ist die Persuasion, die satzsemantisch als Illokution und – wenn auch hier noch vorläufig – als Perlokution beschrieben werden kann, als Einwirkung auf die Gedanken, Gefühle und Handlungen des Kommunikationspartners.

Der Text Mahlers wechselt in seinen folgenden Segmenten scheinbar auf eine argumentative Ebene des Pro und Contra. Bestimmte öffentliche Probleme werden angesprochen:

- Arbeitslosigkeit
- Ausländerproblematik
- Diskurs über die deutsche Vergangenheit
- Zusammenwachsen der alten und neuen Bundesländer

„Mit der Angliederung Mitteldeutschlands an die Bundesrepublik setzte die dritte Phase des Umvolkungsfeldzuges gegen unser Land ein. Sie ist gekennzeichnet durch eine hastig wirkende Forcierung der Einwanderung, durch die Etablierung von Migrantenorganisationen als zivile Besatzungsmacht sowie durch eine sich täglich steigernde Hetze gegen alle Personen, Einrichtungen und Organisationen, die sich als deutschbewußt zu erkennen geben. Der Erfolg der Umvolkungsstrategie hängt von der Allmählichkeit der Überfremdung ab, die den nationalen Tiefschlaf der Deutschen solange nicht stört, bis der Punkt erreicht ist, an dem jeglicher Widerstand aussichtslos erscheint, eine Rückkehr der Deutschen nach Deutschland nicht mehr möglich ist. Zwar war in Westdeutschland eine hinreichende Schläfrigkeit, die auch bei leichteren Turbulenzen das Erwachen noch abhält, bereits gewährleistet. Die Lage hat sich jedoch mit der Vereinigung der beiden deutschen Staaten dramatisch verändert. Die Ereignisse von 1989 machen es wahrscheinlich, daß die Deutschen doch noch rechtzeitig aufwachen und die feindlichen Manöver durchschauen und zur Gegenwehr schreiten" (Mahler 2000).

Die inhaltlichen Bedeutungskerne sind hierbei:

- „hastig wirkende Forcierung der Einwanderung"
- „Etablierung von Migrantenorganisationen als zivile Besatzungsmacht"
- „täglich steigernde Hetze gegen alle [...], die sich als deutschbewußt zu erkennen geben"
- „Rückkehr der Deutschen nach Deutschland"
- „Lage [...] mit der Einverleibung der DDR [...] dramatisch verändert".

Und schließlich die illokutionäre-persuasive Strategie:

- „daß die Deutschen doch noch rechtzeitig aufwachen und die feindlichen Manöver durchschauen und zur Gegenwehr schreiten".

Allein durch die Attribute („hastig wirkende", „täglich steigernde", „jeglicher" usw.) und Modalpartikel („nicht mehr", „noch", „bereits", „jedoch", „doch noch") wird der Aussagegehalt der Sätze deutlich „eingefärbt". Dadurch ist die formal-sachliche Prädikation („setzte ein", „ist gekennzeichnet", „hängt ab ... von") einiger Sätze durch den Gesamttext wieder aufgelöst. Eine sachliche Argumentationstopik im Sinne eines rationalen, Argumente austauschenden und abwägenden Diskurses gleichberechtigter Diskursteilnehmer wird rigide abgelehnt.

Bindet man diese satzsemantische Analyse an eine wortsemantische Untersuchung, bestätigt sich dieser Eindruck. Die typischen Lexeme der zitierten Textpassage sind krude Ideologeme:

- „Phase des Umvolkungsfeldzuges“ (Sprache des Agon, funktionale Derivation sprich Ableitung)
- „steigernde Hetze“ (NS-Jargon)
- „Umvolkungsstrategien“ (s.o., außerdem: NS-Jargon)
- „Überfremdung“ (partieller Neologismus, funktionale Derivation)
- „Tiefschlaf der Deutschen“ (metaphorisch)
- „Westdeutschland – hinreichende Schläfrigkeit“ (pejorativ[3]-metaphorisch)
- „Deutsche – rechtzeitig aufwachen“ (Kollektivbegriff-metaphorisch).

Des Weiteren konnte nach Durchsicht des Textes ein Trend festgestellt werden: Demokratische Einrichtungen, Grundwerte und ethische Normen werden von dem Textproduzenten konsequent abwertend markiert. Die den öffentlichen Diskurs prägende Leitbegriffe (z.B. multikulturelles Gesellschaftsmodell) werden fast immer pejorisiert und meistens durch Anführungszeichen negativ markiert (Konzept der „multikulturellen Gesellschaft“, „Gast“-Arbeiter, die „Eine Weltmacht“). Auch wenn im Deutschen die Anführungszeichen zur Markierung von direkten Zitaten in der geschriebenen Sprachform dienen, tritt in dem Text (Mahler 2000) die modalisierende Funktion – im Sinne der Distanz und Abwertung – in den Vordergrund. Das im markierten („...“) Ausdruck Bezeichnete wird pejorisiert bzw. negativ konnotiert.

Dieser Tenor wird nur in den NPD-bezogenen „Werbepassagen“ verändert. Nach dem „persuasiven Trommelfeuer“ wird oft im kontrastierenden Fettdruck das NPD-Lösungsmodell dem Leser aufgedrängt: „Dies vorausgeschickt, ersuche ich Sie in Geschäftsführung ohne Auftrag für das Deutsche Reich, Ihrer Reichsbürgerpflicht zur Verteidigung von Volk und Reich nachzukommen, indem Sie sich mit Ihrer Unterschrift unter dem Aufruf ‚Ja zu Deutschland – Ja zur NPD‘ in die Front des Nationalen Widerstandes der Deutschen einreihen“ (Mahler 2000).

Dieser illokutive Akt – „ersuche ich Sie ... sich ein(zu)reihen“ – drängt auf Zustimmung, indem der Textproduzent seine Person („ich“) erstmalig in den sprachlichen Handlungsvollzug einbringt. Der Appellcharakter wird nun gleichsam über die Personaldeixis des Autoren-Ich verstärkt. Der Schlusssatz des Mahler-Textes „Es lebe das Heilige Deutschland“ ruft natürlich religiöse und nationale Assoziationen hervor (Heiliges Römisches Reich Deutscher Nation); diese skurrile Schlusszeile wirkt wie eine Explizierung der illokutiven Beziehung (Aufforderung an das personifizierte Deutschland, wieder zu leben).

Insbesondere in der Ideologiesprache rechtsextremer Propagandatexte lassen sich neben den Neologismen, den sprachlichen Neubildungen, (Hapaxlegomena[4]) und Schlagwörtern Metaphern als Kollektivsymbole identifizieren, deren sprachliche Kraft erheblich ist. Diese Metaphern der Ideologiesprache sind – vereinfacht ausgedrückt – „Figuren des Ersatzes“ (Metzler

3 Die Pejoration ist die Bedeutungsverschlechterung bzw. -abwertung eines Wortes.
4 Nur einmal vorkommendes Wort (in der Literatur, in einem Text)

Lexikon Sprache 2000: 437). Nach Durchsicht des Internet-Textes fallen Figuren auf, die vornehmlich folgenden Rubriken zugeordnet werden können:

a) Körpermetaphorik: „Einpflanzung fremder Völkerschaften“
b Krankheitsmetaphorik: „Erschlaffung des Volkes“
c Tiermetaphorik/Naturmetaphorik: „Verpflanzung von Ausländern“
d Katastrophenmetaphorik: „ausuferndes Asylrecht“
e) Theatermetaphorik: „ethnischer Hexenkessel“
f) Kriegsmetaphorik: „Bürgerkriegswaffe“.

Metaphorische Redestrategien setzen „eine Ähnlichkeit zweier Begriffe voraus, die eine Ersetzung des eigentlichen Wortes (verbum proprium) durch ein Wort ermöglicht, das einen ähnlichen Begriff (immutatio) bezeichnet. Obwohl die Wirksamkeit der M. [Metapher] gerade darin besteht, daß sie neue Aspekte einer Sache oder intensive Konnotationen der Rede, eines bezeichneten Menschen, Gegenstandes oder Ablaufs erlaubt, beruht sie demnach letztlich auf Denkkonventionen.“ (Metzler Lexikon Sprache 2000: 427) Insgesamt zielt die Verwendung von rhetorischen Figuren und Tropen auf eine Polarisierung nach dem „Wir vs. die Anderen“-Muster. Hierbei fällt auf, dass die „Wir“-Gruppe meist durch emotionshaltige Angaben von Gruppenmitgliedern (deutsche Kinder, deutsche Jugend, deutsche Frauen und Mütter) als bedroht und massiv hilflos dargestellt wird. Den „deutschen Männern“ werden, insbesondere im Rückgriff auf frühere Zeiten, Attribute der Stärke und der Ordnung beigelegt (Schutzfunktion). Die Gruppe der Anderen (Berliner Republik der rot-grünen Koalition, Siegermächte – gemeint ist der angebliche Alleinsieger USA –, vor allem aber Ausländer) wird pauschal – das heißt ohne jede Binnengliederung – dargestellt. Der Eindruck des Amorphen dominiert. Dieses Amorphe wird zur eigentlichen Bedrohung, weil es schwer fassbar und nicht in seiner Individualität identifizierbar ist. Die negative Kollektivsymbolik, die insbesondere „den Asylanten“ und „den Ausländern“ beigelegt wird, wird durch sprachliche Strategien weiterhin gesteigert: Temporale Deiktika erzeugen eine äußerst akute Bedrohung („jetzt“, „heute“, „bald schon“); modale Deiktika entfalten ihre Wirkung durch die fast vollständige Einschränkung von Handlungsspielräumen („kaum noch“, „fast schon“, „endgültig“, „unmerklich“). Angesichts der metaphorischen Attribuierungen bleibt dem Rezipienten kein rationaler Entscheidungsspielraum, sondern nur noch ein radikales Pro oder Contra zu dem Angebot der Texte.

Fazit

Es hat sich gezeigt, dass Mahler die jeweiligen Interessengemeinschaften nutzt bzw. diesen als Anwalt oder Mitstreiter seine Dienste anbietet (siehe zum Beispiel NPD-Verbotsverfahren), um seine Ziele zu verfolgen: Nationalismus, Antisemitismus, Antiamerikanismus und den so genannten „Ethnopluralismus“. Mit diesen zentralen Themen wäre Mahler – als intellektueller Ideologe und Vordenker – durchaus zur Neuen Rechten zu zählen. Meiner Ansicht nach ist er aber in seiner Sprache allzu deutlich und setzt sich dadurch von der bewussten „politischen Mimikry“ der Neuen Rechten ab. Mahler ist eher als Bindeglied bzw. Grenzgänger zwischen Alter und Neuer Rechten zu sehen. Ziel ist es, entsprechendes Gedankengut in die allgemeinen Diskurse zu transportieren und dort zu etablieren. Und dies geschieht nicht in parlamentarischer Arbeit – wie Mahlers Anmerkungen zum Austritt aus der NPD zeigen –, sondern im geistigen Kampf um die Köpfe. Dazu nutzt er neben gelegentlichen Auftritten als Redner oder Referent vor allem sein elektronisches Schaufenster innerhalb des ‚Deutschen Kollegs‘ im Internet.

Literatur

Deutsches Kolleg a: Herzlich willkommen beim Deutschen Kolleg, in: Homepage Deutsches Kolleg, www.deutsches-kolleg.org (ges. am 12.1.2004)

Deutsches Kolleg b: Horst Mahler, in: Homepage Deutsches Kolleg, www.deutsches-kolleg.org/wnd/personen/Mahler.pdf (ges. am 12.1.2004)

Deutsches Kolleg c: Horst Mahler. Bibliographie. Ausbruch aus einem Mißverständnis, in: Homepage Deutsches Kolleg, www.deutsches-kolleg.org/hm/bibliographie (ges. am 12.1.2004)

Die Zeit 19/1997: Der Staat war das Böse, ein Interview von Willi Winkler mit Horst Mahler vom 2.5.1997, in: Die Zeit, Nr. 19, Hamburg 1997, S.45

Fromm, Rainer/ Kernbach, Barbara: Rechtsextremismus im Internet, München 2001

Innenministerium des Landes Nordrhein-Westfalen (Hrsg.): Die Kultur als Machtfrage. Die Neue Rechte in Deutschland, Düsseldorf 2003

Mahler, Horst: Appell an die Bürger des Deutschen Reiches, Beitrag vom 28.8.2000, in: Homepage Deutsches Kolleg 2000, www.deutsches-kolleg.org/hm/texte/appell.html (ges. am 12.1.2004)

Mahler, Horst: Ausbruch aus einem Mißverständnis, in: Michel, Karl Markus und Wieser, Harald (Hrsg.): Kursbuch. Zehn Jahre danach, H. 48, Berlin 1977, S. 77-99

Metzler Lexikon Sprache (hrsg. von Helmut Glück), 2. Aufl., Stuttgart/Weimar 2000, S. 437

Nickolay, Bernd: Rechtsextremismus im Internet. Ideologisches Publikationselement und Mobilisierungskapital einer rechtsextremen sozialen Bewegung?, Würzburg 2000

Pfeiffer, Thomas: Für Volk und Vaterland. Das Mediennetz der Rechten – Presse, Musik, Internet. Berlin 2002

Polenz, Peter von: Deutsche Satzsemantik. Grundbegriffe des Zwischen-den-Zeilen-Lesens, Berlin/New York 1981.

Staatslexikon. Recht-Wirtschaft-Gesellschaft. In 7 Bänden (hrsg. von der Görres-Gesellschaft), 7. Aufl., Bd. 4, Freiburg/Basel/Wien 1995

ZDF heute online 2003: Verfassungsgericht stellt NPD-Verbotsverfahren ein, Beitrag vom 18.3.2003, in: ZDF heute online, http://www.heute.t-online.de/ZDFheute/artikel/26/0,1367,POL-0-2038170,00.html (ges. am 12.1.2004)

2. Neurechte Einflüsse auf studentische Verbindungen

Dietrich Heither

„In irgendeiner Form national oppositionell"

Ansichten, Akteure und Aktivitäten in der ‚Deutschen Burschenschaft'

Die geistigen Eliten und als Teil dieser auch die studentischen Verbindungen haben in der deutschen Vergangenheit mehrfach eine höchst problematische Rolle gespielt. Korporationen waren spätestens seit der Reichsgründung von 1871 erbitterte Gegner demokratischer Bestrebungen, vor allem der Arbeiter- und der Frauenbewegung. Dass lange vor 1933 die Studentenschaften nahezu vollständig antidemokratisch orientiert waren – was sich nicht nur an entsprechenden Äußerungen und Aktivitäten dieser Jahre dokumentieren lässt, sondern auch an den Abstimmungsergebnissen bei den studentischen Wahlen (vgl. zum Überblick Heither/Lemling 1993: 92-156) – und die so genannte Machtergreifung Hitlers emphatisch bejubelten, liegt sicherlich auch an dem Einfluss der Korporationen, die in dieser Zeit bis zu 60 Prozent der Studenten organisierten. Die Burschenschaften als eine kleinbürgerlich-mittelständische Korporationsform waren bei der Faschisierung der Hochschulen besonders aktiv und standen der nationalsozialistischen Weltanschauung sowie den faschistischen Organisationen nahe.[1] Um sie – und damit um einen begrenzten Ausschnitt des großen Spektrums der studentischen Korporationen – geht es in den folgenden Ausführungen.

1 Zur Geschichte der ‚Deutschen Burschenschaft' in der Weimarer Republik und im Faschismus vgl. Heither u.a. 1997: 77-158; Brunck 1999 sowie Heither 2000: 172-249.

1. Anmerkungen zu Begrifflichkeiten

Rechtsextremismus

Wenn im Folgenden von „Rechtsextremismus“ bzw. von „rechtsextrem“ die Rede ist, dann nicht im Sinne einer verfassungsschutz-amtlichen, sondern einer sozialwissenschaftlichen Definition, die unter Rechtsextremismus „die Gesamtheit der Einstellungen, Verhaltensweisen und Aktionen“ versteht, „die, organisiert oder nicht, von der rassisch oder ethnisch bedingten sozialen Ungleichheit von Menschen ausgehend, nach ethnischer Homogenität von Völkern verlangt und das Gleichheitsgebot der Menschenrechtsdeklaration ablehnt. Rechtsextremismus räumt der ‚Gemeinschaft‘ eindeutigen Vorrang vor dem Individuum ein, verlangt die Unterordnung des Bürgers unter eine deutlich obrigkeitsgläubig orientierte Staatsräson und verwirft jeden Wertepluralismus liberaler Demokratie mit der Stoßrichtung, Demokratisierung rückgängig machen zu wollen“ (Christian Glaß, zit. nach Butterwegge 2002: 21). „Rechtsextremismus“ umfasst sowohl Einstellungen wie Verhaltensweisen und kann, muss aber nicht, gewaltorientiert bzw. Gewalt praktizierend sein.

„Neue“ Rechte

Weite Teile der gegenwärtigen Rechtsextremismusforschung, so unterschiedlich ihre Untersuchungsfelder, Erklärungsansätze und theoretischen Grundlagen auch sein mögen, sind sich darin einig, dass die Gefährdung der Demokratie nicht nur von Gruppierungen ausgeht, die sich am historischen Nationalsozialismus orientieren und meist militant auftreten (auch wenn sich diese „Neo-Nazis“ medienwirksam präsentieren lassen), sondern vor allem von einer sich verstärkt um Intellektualität bemühenden Rechten, vielfach auch „Neue Rechte“ genannt, die Erfolge gerade mit dem Verzicht auf Neonazi-Symbolik und ewiggestrige Sprüche zu erzielen versucht und dabei bemüht ist, rechtsextremes Denken zu modernisieren.

Ich halte die Verwendung des Begriffes „Neue Rechte“ in vielerlei Hinsicht für problematisch, werden durch eine solche Bezeichnung (die im Übrigen eine Selbstbezeichnung ist) doch die vermeintlichen Unterschiede zur „alten“, den historischen Faschismus und insbesondere den deutschen Nationalsozialismus verherrlichenden neofaschistischen bzw. neonazistischen Rechten leicht überbetont (vgl. Schiedel 1998). Die Unterschiede sind indes geringer als vielfach behauptet: „Neu“ ist an den von der „Neuen Rechten“ propagierten Auffassungen wenig, vor allem wenn unter „neu“ lediglich die diversen Rekurse auf die verschiedenen rechtsextremen, völkischen und autoritären Denktraditionen der Weimarer Zeit verstanden werden.[2] Und auch die an Antonio Gramsci angelehnte „Kulturkampfstrategie“ – also die Vorstellung, zunächst im nicht-parteipolitischen Raum die Meinungsführerschaft zu erringen und damit hegemoniefähig zu werden – ist insofern kein Novum, als auch die Weimarer Rechtsintellektuellen um eine Wirksamkeit ihrer Vorstellungen im politisch-kulturellen Bereich bemüht waren und sich nicht unbedingt parteipolitisch banden. Ein sinnvolles Kriterium hat jüngst Christoph Butterwegge unterbreitet, wenn er vorschlägt, „die Stellung einer Partei, Organisation oder Person zum Globalisierungsprozess bzw. zur neoliberalen ‚Standortpolitik‘ als entscheidenden Differenzpunkt zu betrachten. Als ‚neurechts‘ wären sodann Strömungen im Rechtsextremismus selbst wie auch im politisch-ideologischen Grenzland zwischen diesem und dem Neoliberalismus zu bezeichnen, die Marktradikalismus mit Standortnationalismus kombinieren. Zur ‚alten Rechten‘ würden hingegen nur Personen, Organisationen und Positionen zählen, die sich auf den völkischen Nationalismus beschränken.“ (vgl. Butterwegge 2002: 69 sowie die Diskussion „Die Neue Rechte – eine Gefahr für die Demokratie?“ in diesem Band)

Unabhängig davon, ob der „Neuen Rechten“ das Attribut „neu“ zu verleihen ist, macht es Sinn, zwischen verschiedenen Strömungen der extremen Rechten zu differenzieren und insbesondere die stärker intellektuell orientierten Kreise hervorzuheben, die in der Regel von Massenmedien, vor allem dem Fernsehen, und in der Öffentlichkeit weniger Beachtung finden, da sie eher schleichend und unterschwellig wirken. Weil Einfluss und Bedeutung der Intellektuellen nicht gering veranschlagt werden dürfen [schon an der Zerstörung der Weimarer Republik hatten die Rechtsintellektuellen einen entscheidenden Anteil (vgl. Sontheimer 1962; Petzold 1978 sowie den Beitrag von Kurt Sontheimer in diesem Band), indem sie – bei allen Differenzen im Detail – insgesamt doch ideologisch dem Nationalsozialismus den Weg bereiteten[3]], ist dem Innenminister Nordrhein-Westfalens, Fritz Behrens, zuzustimmen, wenn er bezüglich der Bedrohungspotenziale von rechts vor allem auf die Formen geistig-intellektueller Einflussnahme verweist: „Die Neue Rechte zeichnet sich in der Regel nicht durch Straftaten oder den offenen Aufruf zur Gewalt aus, vielmehr geht es ihr darum, die Herrschaft über die öffentliche Meinung zu erringen. Ideologisch greift sie zurück auf Intellektuelle der Weimarer Republik, die zu den geistigen Wegbereitern des Nationalsozialismus zählen. Wie diese wendet sich die Neue Rechte gegen den Pluralismus einer liberalen Gesellschaft und möchte ethnisch verstandene

---

2 Insofern vermag die von Armin Pfahl-Traughber verwendete Sammelbezeichnung für die in der geistigen Tradition der Konservativen Revolution stehenden gegenwärtigen Rechtsextremisten nicht zu überzeugen (vgl. Pfahl-Traughber 1998 sowie den Beitrag von Armin Pfahl-Traughber in diesem Band).

3 Zu den entsprechenden Deligitimierungsstrategien im deutschen Konservatismus vgl. Lenk 1989: 105-169.

Kollektive wie Volk und Nation ins Zentrum der Politik rücken. Hinter einem vordergründig gemäßigten Duktus, der mitunter erklärtermaßen als sprachliche Tarnung verstanden wird, verbirgt sich häufig der Angriff auf den demokratisch verfassten Staat und eine (welt)offene Gesellschaft. Ausländer und deutsche Staatsbürger mit Einwanderungshintergrund tauchen in neurechten Medien in aller Regel als Störfaktoren auf, die die ethnische Homogenität Deutschlands bedrohen“ (Behrens 2003: 1f.).

Zu Recht hat der Sozialwissenschaftler Richard Stöss darauf verwiesen, dass sich systemkonforme Aktivitäten – also der „vordergründig gemäßigte Duktus“ (Behrens) – und systemwidrige Unternehmungen oft nicht exakt voneinander trennen ließen, weil die politische Opposition innerhalb des Systems letztlich die Systemveränderung zum Ziele habe. Illegale Fundamentalopposition berge wegen möglicher verfassungsrechtlicher Restriktionen oft große Risiken in sich und werde daher nicht offen propagiert (Stöss 2001: 120f.).

Es geht bei der politikwissenschaftlichen Analyse studentischer, korporierter und hier speziell burschenschaftlicher Weltbilder und Aktivitäten also auch um das Verhältnis von Wissenschaft und ihren Trägern, den Intellektuellen, auf der einen sowie Staat bzw. Politik auf der anderen Seite. Offensichtlich besteht hier noch Forschungsbedarf. Dies dokumentiert beispielsweise auch die auf dem Historikertag 1998 aufgebrochene Kontroverse um die Rolle von Geschichtswissenschaftlern wie Theodor Schieder, Werner Conze, Karl Dietrich Erdmann und jüngst Hans Rothfels vor und im „Dritten Reich“ bzw. in der Zeit danach (vgl. Hohls/Jarausch 2000: 16ff.; zu Rothfels vgl. Ullrichs 2003). Solche Forschung müsste sich neben der Darstellung und Analyse der verschiedenen politischen Denkrichtungen vor allem auf die Frage nach dem spezifischen Einfluss von Organisationen, formellen wie informellen Kreisen, „Schulen“, Zirkeln, Netzwerken, Gesellschaften, „Think-Tanks“, Stiftungen, Zeitschriften, Verbänden etc. beziehen, also auf Diskurs- und Organisationsstrukturen, die zum Teil weit „unterhalb“ von Parteien anzusiedeln sind. Die von diesen Strukturen ausgehenden Interventionen in die Gesellschaft, politisches Handeln in einem weiteren Sinne, verdienen genauere Betrachtung. (vgl. Jäger 1988; Hethey/Kratz 1999; Butterwegge/Hentges 1999; Studentischer Sprecherrat der Universität München 2002)

Arno Klönne, ehemals Professor für Soziologie, hat in diesem Zusammenhang treffend formuliert: „Gewalttätiger Ethno-Nationalismus oder Rassismus und ‚gesellschaftsfähige‘ Ausformungen derselben Weltbilder [...] ergänzen einander, wobei oft nicht auszumachen ist, welche Variante aus dieser Arbeitsteilung (einer meist objektiven, mitunter auch subjektiv gewollten) den größeren Nutzen zieht. Bodo Morshäuser hat diese widersprüchliche Einheit so charakterisiert: ‚Am Rand wird ausagiert, was in der ‚Gesellschaft‘ gedacht wird. Wenn der Schlips vor Scheinwerfern ‚Ausländerbegrenzung‘ fordert, löst der Stiefel sie in der Dunkelheit ein.‘ Gewalttätiger Ethno-Nationalismus oder Rassismus und ‚gesellschaftsfähige‘ Ausformungen derselben Weltbilder [...] ergänzen einander.“ (Klönne 1993: 22) Es ist in der Regel mühsam, den Kern der „gesellschaftsfähigen Ausformungen“ herauszuarbeiten und die sprachlichen Tarnungen zu entschleiern. Methodisch hilfreich scheinen mir hier die diskursanalytischen Arbeiten des ‚Duisburger Instituts für Sprach- und Sozialforschung‘ zu sein.

Burschenschaften

Wenn im Folgenden von „Burschenschaften“ die Rede ist, dann im engen und eigentlichen Sinne: Es soll um die zur ‚Deutschen Burschenschaft‘ (DB) zusammengeschlossenen Verbindungen gehen, also um einen der knapp 30 Dachverbände aus dem Spektrum der Korporationsverbände. Zur DB haben sich über 100 einzelne Verbindungen zusammengeschlossen; sie repräsentiert heute knapp 20.000 Mitglieder, darunter ca. 2.700 Aktive. Neben ihr besteht seit Mitte der 90er Jahre ein weiterer burschenschaftlicher Dachverband, die ‚Neue Deutsche Burschenschaft‘ (zu deren Programmatik wie Entstehungskontext vgl. Kurth 2000: 116-128).

2. Burschenschaftliche Aktivitäten

Vor über einem Jahr warnte der bayerische Innenminister Günther Beckstein vor verstärkten Versuchen von Rechtsextremisten, in „akademischen Burschenschaften und damit an Hochschulen Einfluss zu gewinnen“. Er verwies in diesem Zusammenhang auf die drei Burschenschaften ‚Danubia München‘, ‚Teutonia zu Regensburg‘ und ‚Frankonia Erlangen‘, alle drei Mitgliedsbünde der ‚Deutschen Burschenschaft‘. Becksteins Bewertung, Rechtsextremisten versuchten Studentenverbindungen gleichsam zu unterwandern, halte ich für irreführend. Gerade weite Teile der Burschenschaften brauchen nicht unterwandert zu werden; sie vertreten nach meiner Überzeugung selbst ein Weltbild, das sich als „rechtsextrem“ charakterisieren lässt. Dies bestätigt auch eine Mitte der 90er Jahre verfasste Studie des ‚Frankfurter Instituts für Sozialforschung‘ über das politische Bewusstsein hessischer Studierender (die Ergebnisse lassen sich gewiss auf andere Bundesländer übertragen), in der auf die enge Verknüpfung zwischen der außeruniversitären Rechten und Burschenschaften verwiesen wird. Gerade Burschenschaften sind demnach für die Ausbildung und Kontinuität rechter Zusammenhänge unter den Studierenden von Bedeutung (vgl. Demirovic/Paul 1996: insbes. 39-42).

Wenn es um rechtsextreme Betätigungen geht, stehen bei Organisationen wie den Burschenschaften nicht gewalttätige Aktionsformen im Vordergrund, sondern vor allem Formen geistig-intellektueller Einflussnahme. Indikatoren für derartige Aktivitäten sind Veranstaltungen mit Referenten, die der rechtsextremen Szene angehören, ihr nahe stehen bzw. deren Ideologeme offen vertreten; ein Artikel- und Autorenaustausch mit rechtsextremen Periodika; wohlwollende Rezensionen von Büchern rechtextremer Autoren in der Verbandszeitschrift; Annoncen in der rechtsextremen Presse bzw. Werbeanzeigen für diese in den eigenen Zeitschriften; Kundgebungen, auf denen offen rechtsextremes Gedankengut verkündet und der Schulterschluss mit anderen rechtsextremen Organisationen, Parteien und Personen praktiziert wird, schließlich gleichzeitige Mitgliedschaften in rechtsextremen Organisationen und Parteien, vor allem natürlich im Hochschulbereich.

Schlaglichter

Zunächst einige Schlaglichter aus der jüngeren Geschichte, die weit über Aktivitäten einzelner Burschenschafter hinausweisen:

- Auf dem Burschentag in Landau (1973) wurde mit großer Mehrheit der Antrag abgelehnt, die Mitgliedschaft in der NPD, dem ‚Nationaldemokratischen Hochschulbund‘ (NHB) und in der rechtsextremen ‚Aktion Widerstand‘ mit der Mitgliedschaft in einer Burschenschaft der DB für unvereinbar zu erklären. Eine Begründung der Marburger Burschenschaft ‚Rheinfranken‘ lautete, ein solcher Beschluss hätte „eine ganze Reihe von Bünden in grundsätzliche Schwierigkeiten gebracht, sei es wegen ihrer aktiven Mitglieder, sei es wegen ihrer Altherrenschaften“ (vgl. Hinweise und Quellenangaben bei Schäfer 1977: 95).
- Nicht nur Burschenschafter und Burschenschaften waren Ende der 1970er Jahre an der Gründung des ‚Rings Freiheitlicher Studenten‘ (RFS), einer rechtsextremen Hochschulorganisation, beteiligt. Auch die Gesamtorganisation ‚Deutsche Burschenschaft‘ leistete durch ihren ‚Hochschulpolitischen Ausschuss‘ massive Unterstützung.
- Die Gründung des ‚Republikanischen Hochschulverbandes‘ (RHV) gut ein Jahrzehnt später (1989) fand auf dem Haus der Münchner Burschenschaft ‚Danubia‘ statt. Auch bei den sich anschließenden Regionalgründungen bestand ein außerordentlich enger Kontakt zwischen ‚Republikanern‘ und Burschenschaften.
- Seit den 90er Jahren bestehen enge Kontakte zwischen der rechten Zeitung ‚Junge Freiheit‘ und zahlreichen Burschenschaften: Mehrere Autoren gehör(t)en einer Burschenschaft an; zudem waren Burschenschaften am Ausbau des universitären Verteilungssystems der Zeitung beteiligt, sie inserieren regelmäßig und stellten den Leserkreisen der ‚Jungen Freiheit‘ ihre Häuser zur Verfügung (Kellershohn 1994: 102). Die ‚Junge Freiheit‘ wirbt ihrerseits mit mehrseitigen Anzeigen in den ‚Burschenschaftlichen Blättern‘.

„Einzelfälle“

Ergänzt werden sollen diese Hinweise durch Verweise auf burschenschaftliche Aktivitäten der letzten Dekade:

- Im November 1992 trat der rechtsextreme Liedermacher Frank Rennicke im Verbindungshaus der ‚Germania Kassel‘ auf. Liedertexte wie: „Was tatet ihr, als Millionen Ausländer kamen, sich deutsche Töchter nahmen und man Rudolf Heß quälte in der Zelle“, stießen dort, folgt man den Presseberichten, auf großen Beifall. Burschenschaftsabende der ‚Germania‘ zu Themen wie „Der amerikanische Diebstahl geistigen Eigentums nach 1945“ oder „Impressionen einer Grenzlandfahrt nach Ostpreußen“ sprechen eine ebenso deutliche Sprache wie folgende in der ‚Jungen Freiheit‘ geschaltete Anzeige: „Alles für Deutschland! Burschenschaft Germania Kassel sucht Kameraden zum Aufbau eines national-freiheitlichen Arbeitskreises“ (vgl. Rechte Lieder 1993).
- Im selben Jahr kandidierte an der Münchner Universität die waffenstudentisch-burschenschaftlich geprägte ‚Liste unabhängiger Studenten‘ (LUST). Höhepunkt ihrer Aktivitäten war die Verbreitung eines retuschierten, sechzig Jahre alten NSDAP-Plakates. Aus „Unsere letzte Hoffnung: Hitler“ wurde „Unsere letzte Hoffnung: LUST“.
- Ein Jahr später verteilten die drei Burschenschaften ‚Germania Köln‘, ‚Rheinfranken Marburg‘ und ‚Libertas Brünn zu Aachen‘ anlässlich des 70. Todestages des Nationalisten Leo Albert Schlageter ein Flugblatt, in dem der von den Nazis mystifizierte Attentäter als „Vorbild der deutschen Jugend“ gepriesen wurde. Sein Leben habe „doch ganz im Zeichen der Aufopferung für sein Vaterland, die Volksgemeinschaft, für Werte, die längst vergessen scheinen“, gestanden.[4]
- André Görtz machte in dieser Zeit das Haus seiner Burschenschaft (‚Germania Hamburg‘) zum Treffpunkt der ‚Freiheitlichen Deutschen Arbeiterpartei‘, der er in Hamburg vorstand (Einladungsschreiben erfolgten mit: „Heil euch, Kameraden“). Von dort wurde auch die Gründung der ‚Gruppe 146‘ betrieben – federführend war der Hamburger Burschenschafter Hans T. Heckel, immerhin Pressesprecher der DB. Über diese Gruppe erklärte der Hamburger Senat, dass in ihr Personen mitarbeiteten, die dem Rechtsextremismus zugeordnet würden, und dass sie sich durch eine enge Zusammenarbeit mit verschiedenen, als rechtsextremistisch bewerteten Organisationen auszeichne (vgl. Deutsches Allgemeines Sonntagsblatt vom 9.4.1993).

---

4 Vgl. Flugblatt der Burschenschaften Germania Köln, Libertas Brünn zu Aachen und Rheinfranken Marburg: 70. Todestag von Leo Albert Schlageter (im Besitz des Verfassers).

- Die Marburger Burschenschaft ‚Rheinfranken‘ lud am 18. Januar 1994 mit Dietrich Gerwin einen Referenten auf ihr Haus ein, der seinen Zuhörern laut dem Bericht eines Marburger Stadtmagazins nicht nur die Publikationen des rechtsextremen ‚Grabert-Verlages‘ (vgl. Fromm/Kernbach 1994: 169) nahe brachte, sondern in seinem Vortrag „Politik gegen das Volk – wird die deutsche Nation zerstört?“ behauptete, dass das „Weltjudentum Deutschland den Krieg erklärt“ habe. Auch wurde den Anwesenden vom Referenten mehrfach Wilhelm Stäglichs ‚Auschwitz-Mythos‘ zur Lektüre empfohlen (Lemling 1994: 13).
- 1997 stellte das Hamburger Landesamt für Verfassungsschutz fest, dass sich bei einigen Burschenschaften rechtsextremistisches Gedankengut mit studentischer Brauchtumspflege und burschenschaftlichen Idealen zu einer „insgesamt nationalistisch orientierten Gemeinschaft“ vermische. Insbesondere ein Artikel, in dem sich die dem Dachverband 1996/97 vorsitzende Burschenschaft präsentierte (diese wird mit Mehrheit von den Mitgliedsburschenschaften gewählt), ließ nach Auskunft der Verfassungsschützer „keinen Zweifel daran, daß rechtsextremistisches Gedankengut in Teilen der DB auf fruchtbaren Boden fällt“.[5]
- Auch aus der im April 2003 veröffentlichten Broschüre des nordrhein-westfälischen Verfassungsschutzes gehen Zusammenhänge von Burschenschaften und Alter wie Neuer Rechter hervor. Danach kündigten in ihren Programmen mehrere Burschenschaften Vorträge von Horst Mahler und anderen Rechtsextremen an. Jürgen Schwab, gleichzeitig NPD-Mitglied und Burschenschafter, schrieb derartigen Vortragsveranstaltungen eine Schlüsselfunktion zu, da sie „als Band zwischen Burschenschaften einerseits und nationaler Opposition andererseits“ dienen könnten. Eine engere Zusammenarbeit der eigenen Szene mit Verbindungen hielt er für sinnvoll, da derartige Einstellungen bei manchen Korporierten Unterstützung fänden: „So sind in nahezu allen DB-Verbindungen Verbandsbrüder anzutreffen, die in irgendeiner Form national oppositionell sind“ (zit. nach Innenministerium NRW 2003).
- Schließlich wählten auf ihrem Bundeskongress im November 2002 die ‚Jungen Nationaldemokraten‘ Stefan Rochow, ein Mitglied der Gießener Burschenschaft ‚Dresdensia Rugia‘, zu ihrem Bundesvorsitzenden.

Organisatorisches Zentrum: die ‚Burschenschaftliche Gemeinschaft‘

Derartige Aktivitäten im Dunstkreis des Rechtsextremismus besitzen ein organisierendes Zentrum: die derzeit (Stand 2003) 42 zur ‚Burschenschaftli-

---

5 Landesamt für Verfassungsschutz Hamburg – Dokument aus dem Internet. Abschnitt 1.6.3 Burschenschaften

chen Gemeinschaft‘ (BG) zusammengeschlossenen Verbindungen samt deren Umfeld, denen – folgt man internen Äußerungen – die zentrale Rolle im Gesamtverband zukommt. Die ‚Burschenschaftliche Gemeinschaft‘ war, nachdem der Burschentag 1961 in Nürnberg zunächst eine Fusion von Deutscher und Österreichischer Burschenschaft abgelehnt hatte, am 15. Juli 1961 auf dem Haus der Münchner ‚Danubia‘ gegründet worden, um den „volkstumsbezogenen Vaterlandsbegriffs“ in den eigenen Reihen durchzusetzen: Nach diesem zählen Österreicher zum deutschen Volk, österreichische Bünde sollten folglich auch Aufnahme in die ‚Deutschen Burschenschaft‘ finden können. Dies setzte die BG zehn Jahre nach ihrer Gründung, also 1971, durch (vgl. Burschenschaft Cimbria 1976: 7). Seit dieser Zeit können die österreichischen Bünde Mitglied der ‚Deutschen Burschenschaft‘ werden und deren Geschicke mitbestimmen.

Nicht nur ein völkischer Nationalismus wird von der BG beschworen; ihre Mitglieder zählen zu den härtesten Verfechtern der Pflichtmensur sowie einer rigiden innerverbandlichen Disziplin und Geschlossenheit. Von der BG wurden in den 1970er und 1980er Jahren zahlreiche Seminare ausgerichtet – darunter fanden sich Themen wie „Reichsidee und Nationalstaatsgedanke“, „Umerziehung durch Charakterwäsche und 40 Jahre bedingungslose Kapitulation – Die deutsche Niederlage und ihre Auswirkungen bis heute“. Schon die Terminologie solcher Titel lässt zumindest eine Nähe zum Rechtsextremismus erkennen; entsprechend traten auf solchen Seminaren auch rechtsextrem orientierte Referenten auf.[6] Darüber hinaus betrieb diese Strömung die Gründung der rechtsextremen Zeitschrift ‚student‘ und verlegte eine eigene Schriftenreihe.

Durch den Eintritt der Österreicher wurde die ‚Burschenschaftliche Gemeinschaft‘ zur maßgeblichen Strömung innerhalb der ‚Deutschen Burschenschaft‘. Davon zeugen nicht nur zahlreiche Verlautbarungen in den ‚Burschenschaftlichen Blättern‘, Wahlen und Beschlüsse diverser Burschentage, sondern auch Kundgebungen und Demonstrationen wie der „Fackelzug zur Wartburg“ (31. März 1990) oder der am 22. Oktober 1994 in Innsbruck ausgerichtete „Gesamt-Tiroler Freiheitskommers“. Die Wahl von BG-Burschenschaften wie ‚Olympia Wien‘ und ‚Rheinfranken Marburg‘ in den 1990er Jahren zu Vorsitzenden Burschenschaften der DB kann angesichts der im Verband bekannten Ausrichtung dieser Verbindungen denn auch nur als eine Dokumentation der gewachsenen Stärke der BG interpretiert werden. Sie dominiert die ‚Deutsche Burschenschaft‘ seit den 1980er Jahren.

6 Auf dem Seminar „Umerziehung durch Charakterwäsche und 40 Jahre bedingungslose Kapitulation – Die deutsche Niederlage und ihre Auswirkungen bis heute“ referierte unter anderem Franz Schönhuber.

3. Weltanschauungen (in) der ‚Deutschen Burschenschaft'

Den nach außen hin sichtbar werdenden Aktivitäten liegen Ideologien bzw. Weltdeutungen zugrunde, die sich nicht nur in individuellen Einstellungen einzelner Burschenschafter oder Burschenschaften niederschlagen, sondern auch in der Programmatik der ‚Deutschen Burschenschaft'. Um diese geht es in den folgenden Ausführungen.

Der völkische Politik- und Staatsbegriff

Die Basis des burschenschaftlichen Denkens bildet die völkische Weltanschauung, die sich auf die Idee einer von fremden Blutbeimischungen gereinigten deutschen Nation zurückführen lässt. Anders als beim demokratisch-republikanischen Politik- und Staatsverständnis, bei dem der Staat als verfassungsmäßige Vertragskonstruktion der Individuen (Hobbes), von Prinzipien der Gewaltenteilung (Montesquieu), von individuellen Freiheitsrechten der Staatsbürger – auch und gerade gegenüber dem Staat – bzw. von der Sicherung sozialer Grundrechte her bestimmt wird (Sozialstaatsprinzip), beruht der Zusammenhalt der völkisch definierten Nation auf der zum Mythos verklärten und auf vorpolitisch-biologische Substanzen wie Blut und Boden rekurierenden Volksgemeinschaft. Weil sich ein derartiges Volksverständnis nur über die ethnische Abstammung definieren lässt, ist ihm eine rassistische Komponente immanent (Oberndörfer 1991: 34f.). Prägnant formulierte dies der ehemalige Referent im Bundesamt für Verfassungsschutz H. Joachim Schwagerl: „Das völkische Menschenbild ist rassenbiologisch determiniert" (Schwagerl 1993: 101ff.).

Das burschenschaftliche Denken gründet explizit auf einem solchen biologisch-naturalistisch verklärten Volksbegriff: Denn im verbandsoffiziellen ‚Handbuch der Deutschen Burschenschaft' wird das Volk zuvorderst durch das Prinzip der „Abstammung" und als ein „natürlicher Zusammenschluss" definiert (Handbuch 1982: Abschnitt 8.3.1.001), während der demokratisch-staatsbezogene Vaterlandsbegriff expressis verbis verworfen wird. Der staatsbezogene Vaterlandsbegriff kann, so heißt es dort, „nicht die ideelle Grundlage für ein gesamtdeutsches Bewußtsein sein" (ebd.: Abschnitt 8.3.1.002). Weil aus burschenschaftlicher Sicht das Volk ein „natürlicher" und kein juristischer Begriff ist, werden folgerichtig alle anderen „Grundbegriffe burschenschaftlicher Politik" (so die Überschrift des hier zentralen Abschnittes) vom völkischen Denken „abgeleitet", das heißt mit dem völkischen Axiom in logische Übereinstimmung gebracht. Dies zeigt sich zunächst im Verständnis der Aufgaben von Politik und Staat: Die Berechtigung staatlichen Handelns, das heißt des politischen Systems, verlagert sich von der Ebene der Regulierung gesellschaftlicher Interessen und Widersprüche (Prinzip des Pluralismus) auf die der machtpolitischen Durchsetzungsfähigkeit vermeintlicher Gesamtinteressen der Nation, wenn es normativ heißt, dass Politik darauf ausgerichtet sei, die „Selbstbehauptung eines Volkes zu verwirklichen" (ebd.). Interessengruppen, demokratische und soziale Bewegungen, aber auch die individuellen Rechte und Ansprüche gegenüber dem Staat – Prinzipien des klassischen politischen Liberalismus – gelten diesem Denken als staatliche Autorität untergrabende Gegner, als Verfallsformen des Politischen. Die (Volks-)Gemeinschaft dominiert in diesem Denken über die Gesellschaft (zum Politik und Staatsbegriff der Deutschen Burschenschaft vgl. Heither 2000: 336; Deppe 1993: 331-352).

„Nationale Identität" und Geschichtsklitterung

Die Kategorien von Blut und Boden bilden in diesem Denken zwar die „natürliche" Voraussetzung, sind aber nicht gleichzusetzen mit einem entsprechenden Nationalbewusstsein. Dieses muss erst ideologisch-sinnstiftend hergestellt und dann immer wieder behauptet werden. Im Zentrum burschenschaftlicher Bemühungen steht daher die Reaktivierung dessen, was etwas schamhaft „nationale Identität" genannt wird, tatsächlich jedoch die weltanschauliche Konstituierung der Volksgemeinschaft meint: ein Identifikationsangebot an den sich ohnmächtig fühlenden Einzelnen, zum „natürlichen Volkskollektiv" zu gehören (vgl. Claussen 1987: 186ff.). Ein derartiges Nationalbewusstsein ist laut ‚Handbuch' „nicht eine von vielen denkbaren Gesinnungen"; es sei vielmehr „für die Verwirklichung eines Volkes als Nation unverzichtbare Voraussetzung" und müsse jedem anerzogen werden. Wer sich gegen diesen national-sinnstiftenden Konstitutionsprozess wendet, wird zum Volksfeind, denn, so heißt es im ‚Handbuch der Deutschen Burschenschaft' mit deutlich aggressivem Unterton: „Jeder Versuch der Abwertung des Nationalbewußtseins ist [...] als unmittelbarer Angriff auf das deutsche Volk anzusehen" (Handbuch 1982: Abschnitt 8.3.1.002).

Da bis heute die Erinnerungen an den Nationalsozialismus und seine Verbrechen der Schaffung des geforderten Nationalbewusstseins im Wege stehen, richten sich zahlreiche Bestrebungen darauf, das bestehende, wissenschaftlich fundierte Geschichtsbild durch Vergleiche zu relativieren bzw. gar zu revidieren. So wird beispielsweise in den ‚Burschenschaftlichen Blättern' die Vertreibung der Ostdeutschen als „nach Größenordnung und Form [...] ebenso einmaliger, beispielloser Vorgang in der Weltgeschichte, wie es die Ausrottung des europäischen Judentums durch Hitler war", bezeichnet (Parplies 1988: 3). In einer Festschrift der Wiener ‚Olympia' wird die Massenvernichtung in Auschwitz unter dem Postulat der Meinungsfreiheit in Frage gestellt (Stefan 1989: 2) oder in dem vom Burschentag angeregten Buch ‚Für Ehre, Freiheit, Vaterland. Burschenschafter als Zeitzeugen unseres Jahrhunderts' der völkische Gedanke positiv und ohne jegliche Distanz gewürdigt, wenn es heißt, dass das „Bestechende an Hitlers Gedankenwelt die Idee der Volkspartei [war]. Die alten Parteien waren an irgendwelche Gruppen gebunden: Arbeiter, Kleinbürger, Landwirte, eifrige Katholiken, Schwerindustrielle usw. Diese Parteien waren überlebt und aus dem Schmelztiegel des Zweiten Weltkriegs nicht wieder erstanden. Insofern lag Hitlers Idee auf der richtigen historischen Linie" (Bieber 1991: 224). Historische Klitterung wird aber nicht nur von einzelnen Personen oder Burschenschaften betrieben. Im ‚Handbuch der Deutschen Burschenschaft' wird die Politik der Entnazifizierung nach 1945 ganz im Jargon der NPD-Presse als „Versuch der systematischen Zerstörung des deutschen Nationalbewußtseins und des nationalen Selbstbehauptungswillens durch eine langfristig angelegte und tiefgreifende Umerziehung, die in der Form von Selbstumerziehung und Vergangenheitsbewältigung betrieben wurde", scharf attackiert. Umerziehung und einseitige Vergangenheitsbewältigung stellten „eine Art psychologischer Kriegsführung dar" (Handbuch 1982: Abschnitt 8.3.1.003).

Abgeschlossen werden sollen die Verweise auf derartige Geschichtsinterpretationen mit dem folgenden Beschluss eines der jüngsten Burschentage: „Die Deutsche Burschenschaft", so wird dieser in den ‚Burschenschaftlichen Blättern' wiedergegeben, „wendet sich auch gegen die Gesetzesinitiative des Deutschen Bundestages zur angeblichen Rehabilitierung von Deserteuren und Wehrkraftzersetzern und einer Entschädigung von DM 7.500,- für Deserteure und deren Familien. Die Deutsche Burschenschaft fordert den Bundestag auf, die dafür zur Verfügung gestellten Mittel als Ehrensold für die noch lebenden Frontkämpfer zu verwenden" (Verhandlungen 1997: 134).

„Ethnopluralismus"

Der auf der Grundlage des „natürlichen Volksbegriffes" beschworene Integrationsmythos erfordert neben historischen Relativierungen auch Abgrenzungen zu anderen Kulturen und Nationen. Im Unterschied zum historischen Rassismus, der von der Überlegenheit der „arischen Rasse" ausging, bedient sich der so genannte „Ethnopluralismus" anderer Begründungszusammenhänge. Rassisch definierte Kulturen – nach wie vor werden hier die „Völker" angeblich konstituierenden „Rassen" als die entscheidenden Kategorien menschlicher Entwicklung bestimmt (vgl. Opitz 1988: 100ff.; Koelschtzky 1986: 22f.) – werden nicht mehr als Kollektive unterschiedlicher Qualität hierarchisiert, sondern als gleichermaßen wichtig und wertvoll für die Entwicklung der gesamten Menschheit bezeichnet. Aus dieser – allerdings nur scheinbar freundlichen – Annahme wird gefolgert, dass sich Kulturen erhalten und gegen fremde Einflüsse, drohende Vermischungen und damit einhergehende Einebnungen von Differenzen wehren müssen (vgl. Moreau 1984:

117ff.). Das ethnopluralistische Konzept bedient sich also eines Argumentationszusammenhangs, mit dem das Recht der In- wie Ausländer auf eine jeweils eigene (kulturelle) Identität begründet werden soll, dies aber – und das ist entscheidend – jenseits des universellen Gleichheitsprinzips. Ein solcher „differentialistisch argumentierender Rassismus“ ist im burschenschaftlichen Denken fest verwurzelt: In einer von mehreren Burschenschaften verantworteten Schrift ist von der „Überfremdungsgefahr“ die Rede, die Unterbindung jedes weiteren Zuzugs von Menschen aus anderen Kulturräumen wird gefordert, der Anerkennung der Bundesrepublik als Einwanderungsland wird eine rigide Absage erteilt (vgl. Gehring 1984: 37ff).

„Von der Maas bis an ...“ – burschenschaftlicher Revanchismus

Wenn bei der ‚Deutschen Burschenschaft‘ Anträge angenommen werden, nach denen „die Deutsche Burschenschaft die deutschen Bewohner Österreichs und Südtirols als Teil des deutschen Volkes“ betrachtet (zit. nach Festbericht 1966), und gleichzeitig ein Nationenbegriff vertreten wird, dessen Substrat in der Schaffung des einheitlichen Staates für das Volk liegt, liegt die Forderung nach dem erneuten „Anschluss“ Österreichs sowie weiterer Gebiete nahe. Dass weite Teile der ‚Deutschen Burschenschaft‘ auch nach der Wiedervereinigung bezüglich ihrer Gebietsansprüche nicht saturiert sind, machte 1990 die dem Dachverband vorsitzende Burschenschaft ‚Olympia Wien‘ in einem Interview deutlich: „Für uns existiert die deutsche Nation unabhängig von staatlichen Grenzen.“ Daher behalte man den Standpunkt bei, „daß auch die Ostgebiete, Österreich, Südtirol usw. alles deutsche Länder sind“ (Interview Olympia 1990: 8). In einem internen Brief der Gießener Burschenschaft ‚Dresdensia Rugia‘ vom 3. Juli 1989 an die Burschenschaft ‚Teutonia Aachen‘ finden sich folgende Ausführungen: „[Es] kann für einen Burschenschafter überhaupt kein Zweifel bestehen, daß Österreich nicht nur allgemein zum deutschen Kulturraum, sondern auch zur deutschen Nation gehört.“ Daher sei es, so heißt es einige Zeilen weiter, die „selbstverständliche Pflicht eines jeden Burschenschafters, sich mit der Wiederherstellung der nationalstaatlichen Einheit mit dem süddeutschen Landesteil [gemeint sind Österreich und Süd-Tirol, D.H.] aktiv auseinanderzusetzen“ (Mitteilungsblätter 1989: 20f.). Auch die Zeitschrift ‚Der Stern‘ dokumentierte Mitte der 1990er Jahre die großdeutschen Ambitionen der DB. Aus Anlass der 450-Jahrfeier der Kaliningrader Universität präsentierte sich im Kolonnensaal der ehemaligen Kaliningrader Börse laut der Zeitschrift „eine Hundertschaft säbelrasselnder Ewiggestriger“. In einer hierzu von Burschenschaftern herausgegebenen Festschrift wurde behauptet, die Bundesrepublik sei staats- und völkerrechtlich mit dem deutschen Kaiserreich „identisch“. Mithin gehöre auch Ostpreußen „nach wie vor zum territorialen Souveränitätsbestand des fortbestehenden Deutschen Reiches". Daran könnten weder die Gewaltsverzichtserklärung des Moskauer Vertrages noch der Verzicht auf jegliche Gebietsansprüche jenseits von Oder und Neiße im Zwei-plus-vier-Vertrag von 1990 etwas ändern. Ostpreußen sei „nicht aus der Souveränität des fortbestehenden deutschen Gesamtstaates entlassen". Dass es sich nicht um Positionen einer Verbandsminderheit handelte, zeigte die Teilnahme Walter Egelers[7], „Schriftleiter" der ‚Burschenschaftlichen Blätter', genauso wie ein Grußwort Heinz-Uwe Korells, des Sprechers der Burschenschaften, in dem es heißt: „Die Geschichte kennt auch für uns Deutsche kein letztes Kapitel." Vielmehr habe die ‚Deutsche Burschenschaft' zwischen Memel und Pregel „ein Betätigungsfeld gefunden, das größer und herausfordernder kaum sein könnte" (zit. nach Der Stern vom 8.9.1994: 164f.).

Zusammenfassung

Der bereits zitierte Verfassungsschützer H. Joachim Schwagerl hat treffend formuliert, dass der Kern der rechtsextremen Vorstellungswelt eine einseitige, biologistische Betrachtung des Zusammenlebens der Menschen und Völker sei und aus diesem Verständnis zwangsläufig die Unterordnung der Interessen des Einzelnen unter die der Volksgemeinschaft und damit des Staates folge (vgl. Schwagerl 1993: 188). Genau solche Konstrukte kennzeichnen die Vorstellungswelt deutscher Burschenschafter: Ein völkisches Politik- und Staatsverständnis (Volksgemeinschaftsdenken), Antiliberalismus, die Beschwörung nationaler Identität, Geschichtsklitterung und das Schüren von Überfremdungsängsten auf der Grundlage eines kulturalistisch begründeten Rassismus, Polemiken gegen die so genannte Umerziehung sowie gebietsrevanchistische Forderungen – all diese Momente rechtsextremen Denkens werden nicht nur von gewichtigen Teilen der ‚Deutschen Burschenschaft' gegenwärtig formuliert; sie haben weitestgehend Eingang in die verbandsoffizielle Programmatik gefunden. Das politische Denken, das in den „Grundbegriffen burschenschaftlicher Politik" vorexerziert wird, ist daher, so der Marburger Hochschullehrer Frank Deppe, auf „extreme Weise demokratie- und verfassungsfeindlich" (Deppe 1993: 342f.).

7 Egeler verantwortet die Herausgabe der ‚Burschenschaftlichen Blätter'. Er veröffentlichte unter anderem einen Beitrag in der NPD-nahen Zeitschrift ‚Zeitenwende'. (vgl. Heither 1993)

4. Spaltungen und Differenzen

Die eher konservativ-liberal ausgerichteten Bünde der ‚Deutschen Burschenschaft' verloren angesichts der von der ‚Burschenschaftlichen Gemeinschaft' effektiv betriebenen Verbands-Politisierung in den 1980er und 1990er Jahren immer mehr an Bedeutung, traten schließlich nach langwierigen innerverbandlichen Diskussionsprozessen „wegen rechtsextremer Tendenzen in der Deutschen Burschenschaft"[8] aus dem Dachverband aus und gründeten im Januar 1996 mit der ‚Neuen Deutschen Burschenschaft' (NDB) eine in Konkurrenz zur DB stehende burschenschaftliche Organisation. „Wir waren es leid", so Carsten Zehm, der Sprecher dieses Zusammenschlusses, „weiterhin mit Rechtsradikalen in einem Boot zu sitzen" (zit. nach Bischoff 1996: 92). Die von Zehm als „Rechtsradikale" Bezeichneten begüßten ihrerseits, folgt man dem Burschenschafter Jürgen Schwab, diesen Austritt, sei doch die ‚Deutsche Burschenschaft' nun „von liberalen Geschwülsten weitestgehend gesundgeschrumpft" (Schwab 1996: 18-21). Tatsächlich konnte die ‚Burschenschaftliche Gemeinschaft' bei den folgenden Wahlen der Ausschussmitglieder ihre Kandidaten fast ausnahmslos mit großer Mehrheit durchsetzen – auch die inhaltlichen Anträge wurden durchweg im Sinne dieser Strömung entschieden (vgl. Mauser 1999).

Auch andere Korporationen und ihre Verbände gehen mittlerweile offen auf Distanz zur ‚Deutschen Burschenschaft'. So schrieb etwa Raimund Neuß, Redakteur des ‚Studentenkuriers' und Mitglied des ‚Cartellverbandes der katholischen deutschen Studentenverbindungen' (CV), dass Verbindungen, die am rechten Rand oder bereits jenseits davon stehen, auffallend oft im Spektrum der DB anzutreffen seien (vgl. Heither 1997: 266ff.). Und Wolf Hepe, verantwortlicher Redakteur des ‚Corpsstudenten', forderte, dass gerade die Corpsverbände eindeutig Stellung beziehen und sich von Positionen distanzieren müssten, „die nicht nur im Sprachgebrauch linker Gruppierungen als rechts-extrem eingestuft werden". Sichtbar wurden die immer größer werdenden Differenzen bei den Auseinandersetzungen um den Festakt in der Paulskirche am 4. Oktober 1998. Überraschend gaben der ‚Kösener SC-Verband' (KSCV) und der ‚Weinheimer Senioren Convent' (WSC) im August in der Verbandszeitschrift ihre Nichtteilnahme bekannt. Begründet wurde dieser Schritt mit dem Verweis auf korporierte Kreise, die „noch immer rechtsextremes und nationalistisches Gedankengut" vertreten würden. Sie, die Corps, ließen sich nicht „zu nützlichen Idioten von Ewig-Gestrigen ma-

8 Zit. nach Oberhessische Presse Marburg vom 31.5.1995. Von zentraler Bedeutung ist hier der Wortlaut: Bis zu diesem Zeitpunkt waren von kritischen Verbindungsstudenten lediglich rechtsextreme Aktivitäten einzelner Burschenschafter und Burschenschaften konzediert worden; hier ist erstmals von solchen Aktivitäten im Verband die Rede.

chen“[9] und sagten ihre Teilnahme daher ab. Das Fernbleiben wurde, folgt man den Äußerungen des Vorsitzenden des Altherren-Verbandes Rolf Heinrichs, von den Aktiven als ein „Akt der Befreiung“ dankbar aufgenommen und als „längst fällige deutliche Abgrenzung der Corpsverbände von den rechtsradikalen Teilen der Deutschen Burschenschaft“ begrüßt (Heinrichs 1998: 147).

Literatur

Behrens, Fritz: Vorwort, in: Innenministerium des Landes Nordrhein-Westfalen 2003, S. 1-2

Bieber, Herbert: Wie ich das Dritte Reich erlebte, in: Maron, Johannes (Hrsg.): Für Ehre, Freiheit, Vaterland. Burschenschafter als Zeitzeugen unseres Jahrhunderts, München 1991

Bischoff, Jürgen: Blut, Ehre, Bier und Vaterland. Studentenverbindungen suchen nach einem neuen Image, in: Spiegel Spezial, H. 11/1996, S. 88-92

Brunck, Helma: Die Deutsche Burschenschaft in der Weimarer Republik und im Nationalsozialismus, München 1999

Burschenschaft Cimbria München im Auftrag der Burschenschaftliche Gemeinschaft in DB und DBÖ (Hrsg.): Zielsetzung, Selbstverständnis und Entwicklung, München 1976

Butterwegge, Christoph und Hentges, Gudrun (Hrsg.): Alte und Neue Rechte an den Hochschulen, Münster 1999

Butterwegge, Christoph: Rechtsextremismus, Freiburg i.Br./Basel/Wien 2002

Claussen, Detlef: Über „Nationale Identität“ sowie über die Indifferenz der Gefühle, in: Kühnl, Reinhard (Hrsg.): Vergangenheit, die nicht vergeht. Die „Historiker-Debatte“. Dokumentation, Darstellung und Kritik, Köln 1987, S. 186-190

Demirovic Alex und Paul, Gerd: Demokratisches Selbstverständnis und die Herausforderung von rechts. Student und Politik in den neunziger Jahren, Frankfurt a.M./New York 1996

Deppe, Frank: Nationaler Mythos und starker Staat. Zum Politik- und Demokratieverständnis der Korporationen, in: Elm, Ludwig; Heither, Dietrich und Schäfer, Gerhard (Hrsg.): Füxe, Burschen, Alte Herren. Studentische Korporationen vom Wartburgfest bis heute, 2. Aufl., Köln 1993, S. 331-352

Festbericht 1966: 1815–1965. 150 Jahre Burschenschaft. Ein Festbericht, Bad Nauheim 1966 (Sonderheft der Burschenschaftlichen Blätter)

Fromm, Rainer und Kernbach, Barbara: ... und morgen die ganze Welt? Rechtsextreme Publizistik in Westeuropa, Marburg 1994

Gehring, Walter: Das Ausländerproblem und die deutsche Identität, in: Burschenschafter und Nationale Identität, hrsg. von der Burschenschaft Ghibellinia im Auftrag der Burschenschaftlichen Gemeinschaft in DB und DBÖ, Stuttgart 1984 (Schriften der Burschenschaftlichen Gemeinschaft 4), S. 37-46

---

9 So der Vorsitzende des ‚Vereins Alter Corpsstudenten‘, Rolf Heinrichs, laut Süddeutscher Zeitung vom 24.10.1998 (Beilage).

Handbuch der Deutschen Burschenschaft, hrsg. vom Hauptausschuß der Deutschen Burschenschaft im Geschäftsjahr 1981/82 (Ergänzungslieferungen 1984, 1985 und 1992), Bad Nauheim 1982

Heinrichs, Rolf: Ärger ohne Ende? Warum die Corpsverbände dem Festakt in der Paulskirche fernblieben, in: Der Corpsstudent, H. 4/1998, S. 147

Heither, Dietrich und Lemling, Michael: Die studentischen Verbindungen in der Weimarer Republik und ihr Verhältnis zum Faschismus, in: Elm, Ludwig; Heither, Dietrich und Schäfer, Gerhard (Hrsg.): Füxe, Burschen, Alte Herren. Studentische Korporationen vom Wartburgfest bis heute, 2. Aufl., Köln 1993, S. 92-156

Heither, Dietrich: Das braune Fell der alten Füxe, in: Süddeutsche Zeitung vom 17./18.4.1993

Heither, Dietrich: Verbündete Männer. Die Deutsche Burschenschaft – Weltanschauung, Politik und Brauchtum, Köln 2000

Heither, Dietrich; Gehler, Michael; Kurth, Alexandra und Schäfer, Gerhard: Blut und Paukboden. Eine Geschichte der Burschenschaften, 2. Aufl., Frankfurt a.M. 1997

Hethey, Raimund und Kratz, Peter (Hrsg.): In bester Gesellschaft. Antifa-Recherche zwischen Konservatismus und Neo-Faschismus, Göttingen 1999

Hohls, Rüdiger und Jarausch, Konrad H.: Versäumte Fragen. Deutsche Historiker im Schatten des Nationalsozialismus, München 2000

Innenministerium des Landes Nordrhein-Westfalen (Hrsg.): Die Kultur als Machtfrage. Die Neue Rechte in Deutschland, Düsseldorf 2003

Interview Olympia 1990: Interview mit der Wiener Burschenschaft Olympia, in: JF, Nr. 4/1990

Jäger, Siegfried (Hrsg.): Rechtsdruck. Die Presse der Neuen Rechten, Bonn 1988

Kellershohn, Helmut (Hrsg.): Das Plagiat. Der Völkische Nationalismus der Jungen Freiheit, Duisburg 1994

Klönne, Arno: Der Stiefel und der Schlips. Bermerkungen zur Lage im Konflikt um den Rechts-„Extremismus“, in: Faller, Kurt; Hahn, Reinhard und Zeimentz, Rainer (Hrsg.): Dem Haß keine Chance. Wie ist die Gewalt zu stoppen?, Köln 1993, S. 20-24

Koelschtzky, Martina: Die Stimme ihrer Herren. Die Ideologie der Neuen Rechten, Köln 1986

Kurth, Alexandra: „Burschenschaftliche Spaltpilze“. Die Neue Deutsche Burschenschaft, in: Projekt Konservatismus und Wissenschaft (Hrsg.): Verbindende Verbände. Ein Lesebuch zu den politischen und sozialen Funktionen von Studentenverbindungen, Marburg 2000 (Marburger Beiträge zur Geschichte und Gegenwart studentischer Verbindungen 5), S. 116-128

Lemling, Michael: Strohdeutsch und strammrechts. Geschichtsunterricht bei der Burschenschaft Rheinfranken, in: Express (Marburger Stadtmagazin), H. 4/1994, S. 13

Lenk, Kurt: Deutscher Konservatismus, Frankfurt a.M. 1989

Mauser, Günther: Bericht über den Burschentag, in: Jungle World vom 2.6.1999

Mitteilungsblätter 1998: Mitteilungsblätter der Gießener Burschenschaft Dresdensia Rugia, H. 10/1989, S. 20-21

Moreau, Patrick: Die neue Religion der Rasse. Der Biologismus und die kollektive Ethik der Neuen Rechten in Frankreich und Deutschland, in: Fetscher, Iring (Hrsg.): Neokonservative und „Neue Rechte“. Der Angriff gegen Sozialstaat und liberale Demokratie in der Bundesrepublik, Westeuropa und den Vereinigten Staaten, Frankurt a.M./Olten/Wien 1984, S. 122-162

Oberndörfer, Dieter: Die offene Republik. Zur Zukunft Deutschlands und Europas, Freiburg i.Br./Basel/Wien 1991

Opitz, Reinhard: Faschismus und Neofaschismus, Bd. 2: Neofaschismus in der Bundesrepublik, Köln 1988

Parplies, Hans-Günther: Holocaust und Vertreibung, in: Burschenschaftliche Blätter, H. 1/1988, S. 3
Petzold, Joachim: Wegbereiter des deutschen Faschismus. Die Jungkonservativen in der Weimarer Republik, Köln 1978
Pfahl-Traughber, Armin: „Konservative Revolution" und „Neue Rechte": Rechtsextremistische Intellektuelle gegen den demokratischen Verfassungsstaat, Opladen 1998
Rechte Lieder in linker Kaderschmiede, in: tageszeitung vom 23.2.1993
Schäfer, Gerhard: Studentische Korporationen. Anachronismus an bundesdeutschen Universitäten?, Lollar 1977
Schiedel, Heribert: „Neue Rechte" und rechtsextreme Intellektualität, in: Reinhalter, Helmut; Petri, Franko und Kaufmann, Rüdiger (Hrsg.): Das Weltbild des Rechtsextremismus. Die Strukturen der Entsolidarisierung, Innsbruck/Wien 1998, S. 225-242
Schwab, Jürgen: Quo vadis Burschenschaft?, in: Staatsbriefe, H. 9–10/1996, S. 18-21
Schwagerl, H. Joachim: Rechtsextremes Denken. Merkmale und Methoden, Frankfurt a.M. 1993
Sontheimer, Kurt: Antidemokratisches Denken in der Weimarer Republik, München 1962
Stefan, Friedrich: Wahr und treu, kühn und frei!, in: Wiener akademische Burschenschaft Olympia (Hrsg.): Wahr und treu, kühn und frei! 130 Jahre Burschenschaft Olympia, Wien 1989, S. 1-4
Stöss, Richard: Ideologie und Strategie des Rechtsextremismus, in: Schubart, Wilfried und Stöss, Richard (Hrsg.): Rechtsextremismus in der Bundesrepublik Deutschland. Eine Bilanz, Opladen 2001, S. 101-130
Studentischer Sprecherrat der Universität München (Hrsg.): Alte Herren – Neue Rechte. Rechte Normalität in Hochschule und Wissenschaft, München 2002
Ullrichs, Volker: Der Fall Rothfels. Der Streit um den berühmten Zeithistoriker und die Versäumnisse der Geschichtswissenschaft, in: Die Zeit vom 24.7.2003
Verhandlungen 1997: Die Verhandlungen des Burschen- und Altherrentages am 22. und 23. Mai 1997 in Jena, zit. nach Burschenschaftliche Blätter, H. 3/1997, S. 132-137

Hans-Peter Lüngen

Einflüsse und Affinitäten?

Beziehungen der Neuen Rechten zu studentischen Verbindungen aus Sicht eines Verfassungsschützers

Vorbemerkung

Studentische Verbindungen wie Sängerschaften, Turnerschaften, Corps oder Burschenschaften umfassen eine sehr breite Palette. Es handelt sich um alles andere als ein homogenes Spektrum. Es wäre daher falsch, generell eine Affinität zum Rechtsextremismus oder zu rechtsextremistischen Vorstellungen zu unterstellen. Ebenso wäre es sachlich verfehlt, sie generell als äußerst konservativ zu bezeichnen (solche Haltungen gingen den Verfassungsschutz im Übrigen nichts an). Es ist allerdings festzustellen, dass Teile des Rechtsextremismus – von einschlägigen Parteien bis zu intellektuellen Rechtsextremisten – studentische Verbindungen als interessantes Potenzial betrachten und dort in größerem Umfang Affinitäten zu den eigenen Vorstellungen vermuten. Entsprechende Äußerungen kommen mitunter öffentlich vor, häufiger aber intern.

Öffentliche Äußerungen

Ein Beispiel für eine öffentliche Aussage stammt von Jürgen Schwab, der NPD-Mitglied und Mitarbeiter der Parteizeitung ‚Deutsche Stimme' ist. Er schrieb: „Wenn Burschenschaften von ihren Zielsetzungen her in der Regel nicht von Politik bestimmt sind, so sieht das bei nicht wenigen ihrer Einzelmitglieder völlig anders aus. So sind in nahezu allen DB-Verbindungen [DB: Dachverband ‚Deutsche Burschenschaft'] Verbandsbrüder anzutreffen, die in irgendeiner Form national oppositionell sind. Der Verfasser zählt sich auch zu diesem nicht kleinen Personenkreis" (aus: ‚Staatsbriefe', Nr. 9–10/1996). Ein ähnliches Beispiel ist der Bericht in der NPD-Zeitung ‚Deutsche Stimme' über den Burschentag 2002: „Es wurde bei der Diskussion überdeutlich, daß für die Mehrheit der Burschenschafter die Verfassung der DB sowie die Satzungen ihrer Bünde die Maßstäbe des politischen Handelns darstellen und nicht etwa ein Grundgesetz, dem es sowohl an völkerrechtlicher als auch an demokratischer Legitimation fehlt" (aus: ‚Deutsche Stimme', Nr. 7/2002). Ein drittes Beispiel ist eine Aktion der in Köln beheimateten Zeitschrift

‚Signal', die sich inzwischen ‚nation.24de' nennt. In einem Schreiben an die Bezieher der Publikation vom Januar 2003 erklärte Herausgeber Manfred Rouhs, er habe die Zeitschrift im vergangenen Jahr kostenlos an alle Burschenschaften in Deutschland verschickt, um „die jungen, angehenden Akademiker im Lande mit nonkonformen Informationen zu versorgen". Dies tut man nur, wenn man sich auch etwas davon verspricht. Die entsprechenden Hoffnungen dürfte nicht ohne jeden realen Hintergrund sein. Man stellt schließlich immer wieder fest, dass einschlägig bekannte Personen bestimmten Burschenschaften angehören: darunter zahlreiche hochrangige Funktionäre einschlägiger Parteien, einfache Mitglieder solcher Parteien und einzelne Personen aus dem Spektrum der Neuen Rechten. Dies gilt etwa für den Bundesvorsitzenden der ‚Republikaner' (REP); erst jüngst soll Jürgen Schwab aus der Burschenschaft ‚Thessalia zu Bayreuth' hinausgeworfen worden sein – wie die ‚Junge Freiheit' (JF) in ihrer Ausgabe vom 8. August 2003 berichtete. In NRW gilt es beispielsweise für den stellvertretenden Bundesvorsitzenden der REP, Björn Clemens, und für den Pressesprecher eines Kreisverbands der NPD. Als Randprodukt aus der Beobachtung durch den Verfassungsschutz wurde vereinzelt sogar bekannt, dass auch Personen aus dem Neonazi-Spektrum Mitglieder in einer Burschenschaft sind. Andere Typen studentischer Verbindungen – wie Corps oder Sängerschaften – fallen in solchen Zusammenhängen kaum auf. Zumindest in NRW handelt es sich vornehmlich um einzelne Burschenschaften.

Einzelne studentische Verbindungen nutzen neurechte Periodika, um auf sich aufmerksam zu machen und neue Mitglieder zu rekrutieren. Dies gilt beispielsweise für die Burschenschaften ‚Frankonia' (Erlangen), ‚Rheinfranken' (Marburg), ‚Germania' (Hamburg) und die ‚Alte Breslauer Burschenschaft der Raczeks' (Bonn), die im Theorie- und Strategieorgan ‚Nation & Europa' (NE) inserierten. Die Vermutung einer gewissen Nähe dieser Verbindungen zum Coburger Blatt liegt daher nahe. Zumindest hoffen sie offenbar, in der Leserschaft dieser Zeitschrift Nachwuchs für ihre Burschenschaften gewinnen zu können. Nach Leserbefragungen von NE – in den Ausgaben 3/1998 und 5/1998 – stehen die Abonnenten rechtsextremistischen Parteien nahe und erwarten von ihrer Zeitung eine Fundamentalopposition gegen das politische System der Bundesrepublik Deutschland. Es ist kaum davon auszugehen, dass die Annoncierenden nicht wissen, um welche Publikationen es sich handelt, schon weil in der Vergangenheit – zum Beispiel bei der ‚Alten Breslauer Burschenschaft der Raczeks' – beobachtet werden konnte, dass prominente Personen aus dem Beobachtungsspektrum des Verfassungsschutzes bei dieser Burschenschaft Vorträge hielten. Letzteres gilt beispielsweise für Horst Mahler.

Solche Vorträge von prominenten Personen aus dem Beobachtungsbereich der Verfassungsschutzbehörden fanden zwar nicht sonderlich häufig statt – wenn man es bundesweit betrachtet, aber auch nicht nur bei ganz wenigen Burschenschaften. Auch bei einzelnen Burschenschaften in Nordrhein-Westfalen konnten entsprechende Beobachtungen gemacht werden. So kündigten die ‚Alte Breslauer Burschenschaft der Raczeks zu Bonn', die ‚Alte Hallesche Burschenschaft Rhenania Salingia' (Düsseldorf) sowie die Burschenschaft ‚Libertas Brünn zu Aachen' in ihren Programmen Vorträge von Horst Mahler an, beispielsweise für den Mai 2000 in Aachen zum Thema „Demokratie auf dem Prüfstand". Auf dem Haus der ‚Rhenania Salingia' sprach im Januar 2000 auch der ‚Nation & Europa'-Herausgeber Harald Neubauer über „Deutschland – eine Bananenrepublik". Der Chefredakteur der ‚Jungen Freiheit', Dieter Stein, referierte im Dezember 1999 bei der ‚Alten Breslauer Burschenschaft der Raczeks zu Bonn' („Konservatismus in Deutschland, die Junge Freiheit als Projekt"), laut Veranstaltungskalender kurz zuvor der JF-Autor und zeitweilige JF-Anwalt Klaus Kunze („Gleiches Recht für alle? Anmerkungen zu Urteilen gegen Konservative"), der kürzlich auch ein Referat bei der NPD-nahen ‚Deutschen Akademie' hielt. Darüber hinaus waren intellektuelle Rechtsextremisten, die nicht der Neuen Rechten zuzuordnen sind, in jüngerer Vergangenheit bei Burschenschaften in NRW zu Gast – beispielsweise Jürgen Schwab, der für Juni 2000 bei der Burschenschaft ‚Libertas Brünn zu Aachen' als Redner angekündigt war.

Überlegungen aus Sicht des Verfassungsschutzes

Damit stellt sich die Frage nach dem Vorgehen des Verfassungsschutzes, wenn solche Aktivitäten und Entwicklungen festzustellen sind. Für den Verfassungsschutz ist es bedeutsam zu wissen, warum solche Einladungen erfolgten. Handelt es sich nur um einen „Markt der Meinungen"? Lädt man einmal Horst Mahler ein, eine Woche später vielleicht Gregor Gysi, gefolgt von prominenten Politikern aus CDU, SPD, Grünen und FDP? Oder verbirgt sich eine gewisse Affinität zum Rechtsextremismus dahinter? Wer ist für die Einladung verantwortlich? Die Burschenschaft als Ganzes oder nur die Aktivitas, die möglicherweise personell sehr klein ist und nur vier bis fünf Personen umfasst? Solche Einladungen können daher lediglich schwache Indizien für eine Beobachtungswürdigkeit einzelner Burschenschaften durch die Verfassungsschutzbehörden sein. Weitere Indizien können Links zu einschlägigen Publikationen sein, die auf den Internet-Seiten von Burschenschaften vorkommen. Diese sind in jüngster Zeit seltener worden – oder sollte ich sagen: Man ist vorsichtiger geworden? Trotzdem gibt es weiterhin einschlägige Links zu Beobachtungsobjekten der Behörden: zum Beispiel auf der Homepage der ‚Alten Breslauer Burschenschaft der Raczeks' zur ‚Jungen Freiheit' und zur ‚Deutschland-Bewegung'. Auch mit Ankündigungen von Veranstaltungen im Internet halten sich bestimmte Burschenschaften stärker zurück: Während sie früher offen für Veranstaltungen mit Personen aus Beobachtungsfelder des Verfassungsschutzes geworben haben, findet dies heutzutage seltener statt.

Die genannten Phänomene können Indizien dafür sein, dass es nicht immer ein Trugschluss ist, wenn Rechtsextremisten, insbesondere intellektuelle Rechtsextremisten, bei Burschenschaften eine Affinität zu den eigenen Vorstellungen vermuten. Solche – für sich gesehen, eher schwache Indizien – wie das Setzen von Links und Veranstaltungen mit Vertretern von Beobachtungsobjekten der Verfassungsschutzbehörden reichen aber in der Regel nicht aus, um einzelne Burschenschaften zu Beobachtungsobjekten von Verfassungsschutzbehörden zu machen. Hierzu bedarf es in der Regel mehr: zum Beispiel einschlägiger Aussagen der Burschenschaften oder ihrer Mitglieder oder entsprechenden Verhaltens einzelner Burschenschafter. So sind bundesweit auch nur ganz vereinzelt Burschenschaften zu offiziellen Beobachtungsobjekten von Verfassungsschutzbehörden geworden. Der bundesweit bekannteste Fall ist die Burschenschaft ‚Danubia' in München. Die ‚Danubia' geriet in die Schlagzeilen, als eine Person, die im Januar 2001 am Überfall auf einen Griechen beteiligt war, nach der Tat Gelegenheit erhielt, im ‚Danuben'-Haus zu übernachten. In Nordrhein-Westfalen ist bisher keine Burschenschaft zum Beobachtungsobjekt erklärt worden. Ob das in Zukunft so bleibt, ist naturgemäß ungewiss und hängt vom Verhalten bestimmter einzelner Burschenschaften ab.

Zurück zu den spezifischen Problemstellungen des Verfassungsschutzes bei der Beobachtung von Burschenschaften: Verfassungsschutzbehörden sind bei der Einstufung zum Beobachtungsobjekt an gesetzliche Maßgaben gebunden. Es muss zunächst eine politische Bestrebung vorliegen, und bei dieser müssen Anhaltspunkte für den Verdacht des Vorliegens einer extremistischen Bestrebung gegeben sein. Dies muss dann auch einer gerichtlichen Überprüfung standhalten können. In diesem Zusammenhang ist zu erwähnen, dass wir als nordrhein-westfälische Verfassungsschutzbehörde offensichtlich besonders gern und häufig verklagt werden. In den vergangenen Jahren haben fünf Beobachtungsobjekte Hauptsacheverfahren angestrengt, in denen es um die Rechtmäßigkeit der Beobachtung geht. Hierbei handelt es sich um die ‚Junge Freiheit', ‚Die Republikaner', den ‚Zentralrat der vertriebenen Deutschen' (ZvD), die Kleingruppierung ‚Ab jetzt... Bündnis für Deutschland' (BfD) und die ‚Bürgerbewegung Pro Köln'. Hinzu kommen noch etliche Eilverfahren. Bisher sind sowohl sämtliche abgeschlossenen Grundsatzverfahren über die Beobachtungswürdigkeit als auch weitere Verfahren hinsichtlich einzelner Behauptungen in Verfassungsschutzberichten von der nordrhein-westfälischen Verfassungsschutzbehörde gewonnen worden.[1] Ich hoffe, dass

1 Die vom BfD und ‚Pro Köln' angestrengten Hauptsacheverfahren sind noch nicht abgeschlossen. Darüber hinaus hat die ‚Junge Freiheit' im September 2003 ein weiteres Hauptsacheverfahren angestrengt. Zudem steht noch eine Entscheidung über eine Verfassungsbeschwerde der JF aus.

dies auch so bleibt. Es zeigt zudem, dass der Verfassungsschutz NRW offensichtlich diejenige Verfassungsschutzbehörde ist, an der sich Rechtsextremisten besonders reiben.

Selbstverständlich ist es so, dass wir nicht leichtfertig eine Burschenschaft zum Beobachtungsobjekt erheben. Es müssen vielmehr die vom Verfassungsschutzgesetz geforderten Anhaltspunkte so verdichtet sein, um auch im verwaltungsgerichtlichen Verfahren bestehen zu können. Insofern haben wir es vielleicht schwerer als die Sozialwissenschaft, die aus Indizien den Schluss ziehen kann, einzelne Burschenschaften wiesen eine gewisse Nähe zum Rechtsextremismus auf. In Gerichtsverfahren gilt für solche wissenschaftlichen Analysen der Grundsatz der Meinungsfreiheit, der sich auch auf Werturteile erstreckt. Willkürlich dürfen aber auch solche Werturteile natürlich nicht sein. In der Regel bestehen für die Verfassungsschutzbehörden höhere Hürden hinsichtlich der Erwähnung einzelner Burschenschaften in Verfassungsschutzberichten als bei Ausführungen von Sozialwissenschaftlern oder Journalisten. Die Tatsache, dass Rechtsextremisten zu Vorträgen eingeladen werden, mag solchen Akteuren als große Chance erscheinen, ihre Ideen einem interessierten Publikum vorzutragen. Sie lässt aber nicht zwangsläufig darauf schließen, dass die einladende Burschenschaft als rechtsextremistisch einzustufen ist – zumal wenn von ihr selbst keine entsprechenden Aktivitäten ausgehen. Auch die Tatsachen, dass Burschenschaften Anzeigen in den Publikationen ‚Junge Freiheit' und ‚Nation & Europa' schalten und im Organ des Dachverbandes ‚Deutsche Burschenschaft' – den ‚Burschenschaftlichen Blättern' – verschiedentlich für diese Zeitungen der Neuen Rechten geworben wird[2], lassen zwar partielle wechselseitige Sympathien möglich erscheinen, sie reichen allein aber nicht aus, um die betreffenden Burschenschaften zu Beobachtungsobjekten zu erklären.

Schon das Vorliegen einer politischen Bestrebung im Sinne der Verfassungsschutzgesetze kann fraglich sein. Grundsätzlich ist dies bei studentischen Verbindungen auch nicht überraschend, sondern entspricht dem Zweck der Verbindungen, die in der Regel auf dem Lebensbundprinzip aufgebaut sind. Hierunter hat man die Idee zu verstehen, lebenslange Freundschaften zu pflegen, Hilfe und Unterstützungen in allen Lebenslagen zu leisten. Im weiteren Sinne handelt es sich um den Aufbau eines sozialen Beziehungsgeflechts. Von diesem Ansatz her handelt es sich daher bei Verbindungen nicht unbedingt um primär politische Bestrebungen. Auch wenn verschiedentlich bekanntere Rechtsextremisten in einzelnen Burschenschaften Mitglied sind, folgt daraus noch nicht das Vorliegen einer politischen Bestrebung, insbesondere dann nicht, wenn die Burschenschaft nicht mit politischen Veran-

---

2 Im März 1997 warben die ‚Burschenschaftliche Blätter' für das im ‚Nation Europa Verlag' erschienene Buch „Die Meinungsdiktatur" von Jürgen Schwab. Die Ausgabe 4/1999 der ‚Burschenschaftlichen Blätter' enthielt eine Werbebeilage für Abonnements der ‚Jungen Freiheit'.

staltungen in Erscheinung treten, zum Beispiel mit Vortragsreihen oder mit einer Beteiligung an politischen Aktionen. So können Rechtsextremisten beispielsweise auch Mitglieder in Sportvereinen sein, ohne dass die Vereine dadurch ins Blickfeld der Verfassungsschutzbehörden geraten. Studentische Verbindungen können dann so etwas wie soziale Ruheräume für einige Rechtsextremisten sein. Dass diese Personen in Verbindungen – wie auch in anderen Bereichen des Lebens – beim geselligen Zusammensein ihre politischen Auffassungen zum Besten geben und für sie werben, steht zu vermuten, macht diese Organisationen aber noch nicht zum Fall für den Verfassungsschutz.

Deutsche Burschenschaften

Neben der sozialen Komponente, die für alle studentischen Verbindungen gilt, erheben insbesondere Burschenschaften einen politischen Anspruch. Im Dachverband ‚Deutsche Burschenschaft' zusammengeschlossene Bünde beschreiben eines ihrer Ziele folgendermaßen: „Die Freiheit nach innen und außen zu bewahren ist eine der wesentlichen politischen Aufgaben, die sich die Burschenschaft gestellt hat."[3] Diese Zielsetzung ist lobenswert und mit Sicherheit nicht zu kritisieren. Problematisch wird es erst dann, wenn Rechtsextremisten versuchen, Burschenschaften für ihre Vorstellungen zu instrumentalisieren. Beispiele hierfür sind die Reden des Rechtsextremisten Jürgen Schwab und des REP-Bundesvorsitzenden Rolf Schlierer auf einem Seminar am 17. April 1999 in Salzburg, das sich mit Fragen des Selbstverständnisses der waffenstudentischen Bünde in der Gegenwart beschäftigte. In seiner Ansprache analysierte Schwab die Identitätskrise, in der sich der Verband ‚Deutsche Burschenschaft' befinde. Seiner Ansicht nach werden die Burschenschaften ihrer geistesgeschichtlichen Tradition heute nicht mehr gerecht. Während sie seit der Zeit der Urburschenschaft als Träger der Idee der deutschen Einheit wesentlicher Bestandteil einer Nationalbewegung gewesen seien, seien sie inzwischen politisch wirkungslos. Dies liege nicht zuletzt daran, dass sie in einer Zeit der völkischen Not vermehrt daran gingen, das völkische Prinzip in den eigenen Reihen durch einen diffusen Verfassungspatriotismus zu ersetzen, der den Idealen der Urburschenschaft diametral entgegenstehe. Aufgrund des burschenschaftlichen Selbstverständnisses könne der Wert eines Staates auf deutschem Boden nur daran gemessen werden, was dieser für die deutschen Interessen zu leisten vermöge. Schlierer bestätigte Schwabs Ausführungen im Wesentlichen. Er forderte, die Burschenschafter sollten wieder ideologischer Treibsatz in der politischen Diskussion werden.

3 Eine entsprechende Erklärung findet sich auf mehreren Internet-Seiten von Korporationen, die der ‚Deutschen Burschenschaft' angehören.

Sie sollten die notwendigen Konzepte für die Zukunft des deutschen Volkes erarbeiten, Debatten aufgreifen und durch persönliches Engagement – etwa in Parteien, als Mitarbeiter nationaler Parlamentarier oder in den Medien – dafür sorgen, dass diese Ideen in die Politik einfließen. Die Konvente innerhalb der Bünde seien oft die besten Schulen der Politikfähigkeit. Schlierer wies darauf hin, dass sich Burschenschaften in der politischen Praxis leichter täten, Gegenmaßnahmen durch die etablierten Kräfte – etwa die so genannte „Auschwitzkeule" – abzuwehren, als es Vertreter nationaler Parteien im politischen Tagesgeschäft könnten. Ziel der Burschenschaften müsse es sein, wieder zur treibenden Kraft zu werden, um die nationalen Interessen zu fördern.[4]

Diese Aussagen von Schwab und Schlierer belegen massive Instrumentalisierungsversuche von Personen aus Beobachtungsobjekten der Verfassungsschutzbehörden. Sie belegen aber auch, dass diese Versuche erheblichen Widerständen begegnen. Es erscheint mir nicht unbedenklich, dass führende Repräsentanten von Beobachtungsobjekten auf internen burschenschaftlichen Veranstaltungen ihre Positionen derart entfalten können. Was die burschenschaftliche Programmatik und Politikauffassung des Dachverbandes anbelangt, hat dort der nationale Flügel, die ‚Burschenschaftliche Gemeinschaft', nicht unerheblichen Einfluss. Ein Mitglied der Hamburger Burschenschaft ‚Germania' – die wiederum Mitglied der ‚Burschenschaftlichen Gemeinschaft' ist – äußerte sich in einem Leserbrief an die ‚Burschenschaftlichen Blätter' folgendermaßen: „Wir begrüßen den persönlichen Kontakt und den Erfahrungsaustausch mit Ausländern, gerade mit ausländischen Studenten, führen diesen auch selber durch. Wir halten es aber nicht für eine Bereicherung einer ethnisch spezifischen Vereinigung wie der DB, von lediglich ‚Deutschsprachigen', also nicht-deutschen Volksangehörigen, das begeisterte Singen von glühenden patriotischen Liedern zu verlangen. [...] Wir werden keine Ausländer in der Deutschen Burschenschaft akzeptieren. [...] Fest steht, daß die Mehrheit der DB [...] keine Multikulti-Gesellschaft will" (Ausgabe 2/1994 der ‚Burschenschaftlichen Blätter'). Auch wenn der Leserbrief älteren Datums ist, ist er nicht untypisch für ein Denken, das in bestimmten Burschenschaftskreisen verbreitet ist. Solche Äußerungen zeigen deutliche Anklänge an Vorstellungen, die in rechtsextremistischen Kreisen immer wieder deutlich werden: zum Beispiel das Ideal einer ethnisch homogenen Gesellschaft völkischer Prägung. Dies gilt auch für die Tatsache, dass die ‚Burschenschaftliche Gemeinschaft' eine Vereinigung mit Österreich und Südtirol tendenziell anstrebt.

Aber auch hier gilt es zu konstatieren, dass gewisse Affinitäten zu rechtsextremistischen Vorstellungen noch nicht zwangsläufig ein Beobach-

4 Die Kernthesen der Beiträge von Schwab und Schlierer gehen aus einem Beitrag von Christian Rogler hervor („Kämpferische Töne bei Burschenschaften"), der im September 1999 auf der Internet-Seite der neurechten Zeitschrift ‚Signal' zu finden war.

tungsobjekt für den Verfassungsschutz begründen. Dazu gehören auch Erkenntnisse über das Innenleben einzelner Burschenschaften, und diese sind für den Verfassungsschutz nur schwer erreichbar. Der Verfassungsschutz ist hier weitgehend auf Selbstangaben – zum Beispiel in der jeweiligen Internet-Präsentation – angewiesen. Dass man dort nichts Problematisches über sich selbst sagt, versteht sich von selbst. Auch ein gezielter V-Mann-Einsatz ist in solchen Fällen in der Regel nicht zulässig. Ein gezielter Quelleneinsatz ist im Allgemeinen rechtlich nur dann zulässig, wenn die entsprechende Organisation schon soweit in Erscheinung getreten ist, dass eine Einstufung als Beobachtungsobjekt gerechtfertigt ist. Es müssen also schon entsprechende Anhaltspunkte vorliegen. Dies ist in einem Rechtsstaat natürlich richtig, macht es aber nicht immer leicht, erste Verdachtsmomente zu überprüfen. Es ist somit nicht möglich, gezielt Quellen anwerben, um auf diese Weise erste, schwache Verdachtsmomente, die eine Einstufung als Beobachtungsobjekt rechtlich noch nicht zulassen, zu verdichten oder auch zu falsifizieren. Allenfalls kann man zufällige Randerkenntnisse durch Personen gewinnen, die auf andere bereits bestehende Beobachtungsobjekte der Verfassungsschutzbehörden angesetzt und zufällig auch Mitglied in einer Burschenschaft sind. Darüber hinaus gilt natürlich das Prinzip der Verhältnismäßigkeit: Sind beispielsweise nur zwei Personen in einer Aktivitas politisch im Sinne einer rechtsextremistischen Betätigung aktiv, kann man nicht die ganze Burschenschaft mit Dutzenden oder Hunderten „Alter Herren" zum Beobachtungsobjekt machen. Unter dem Gesichtspunkt der Verhältnismäßigkeit wäre es außerdem problematisch, bei einer ganz kleinen Aktivitas von vielleicht fünf Personen, von denen sich nur zwei entsprechend betätigen, auch nur die Aktivitas zum offiziellen Beobachtungsobjekt zu machen.

Resümee

Diese Überlegungen dienen nicht dazu, völlige Entwarnung zu geben. Vielmehr sollen sie verdeutlichen, welche spezifischen Schwierigkeiten der Verfassungsschutz im Bereich der studentischen Verbindungen bzw. der Burschenschaften hat. Nicht alles, was sozialwissenschaftlich interessant ist – und natürlich interessieren wir uns auch für solche wissenschaftlichen Debatten –, wird dadurch zum Fall für den Verfassungsschutz. Dies gilt selbst dann, wenn vereinzelt Affinitäten zum Rechtsextremismus bestehen. Um Missverständnissen vorzubeugen, sei nochmals betont, dass wir studentischen Verbindungen nicht generell – auch nicht den Burschenschaften – eine Affinität oder Verbindungslinie zum organisierten Rechtsextremismus unterstellen, der sich im Übrigen ja auch ganz legal politisch betätigen darf. Auch wenn man uns mitunter gerade aus Kreisen der Neuen Rechten das Gegenteil unterstellt wird: Um eine Art moderner „Hexenverfolgung", eine McCarthy-

Ära mit umgekehrten Vorzeichen geht es nicht. Wir sind uns durchaus bewusst, dass die Nennung einzelner Organisationen und Publikationen in Verfassungsschutzberichten eine gewisse Stigmatisierungswirkung hat. Sie ist aber mit der Funktion des Verfassungsschutzes als Frühwarnsystem zwangsläufig verbunden und insofern auch gewollt. Auf diese Weise werden die betreffenden Organisationen, Publikationen und Personen keinesfalls daran gehindert, weiterhin für ihre Auffassungen zu werben. Derjenige, der sich ins politische Fahrwasser begibt und bei dem Anhaltspunkte für den Verdacht des Vorliegens einer extremistischen Bestrebungen vorliegen, muss allerdings damit rechnen, dass man dies thematisiert und insofern auch warnt.

Bei einzelnen Burschenschaften bestehen durchaus bedenkliche Affinitäten zum Rechtsextremismus. Sie manifestieren sich in gehäuften Mitgliedschaften bekannter Rechtsextremisten, gehäuften Vortragsveranstaltungen mit Personen aus Beobachtungsfeldern der Verfassungsschutzbehörden, Eigenwerbung dieser Bünde in einschlägigen Publikationen oder Werbung für solche Organe sowie in rechtsextremistisch geprägten Aussagen aus dem Burschenschaftsbereich. In bundesweit ganz wenigen Fällen haben sich die Anhaltspunkte derart verdichtet, dass eine Einstufung als Beobachtungsobjekt durch Verfassungsschutzbehörden erfolgte. Auch in NRW gibt es erste entsprechende Anhaltspunkte hinsichtlich einiger weniger Burschenschaften, doch haben sie sich bisher nicht soweit verdichtet, dass eine Einstufung als Beobachtungsobjekt auch unter Verhältnismäßigkeitsgesichtspunkten gerechtfertigt wäre – auch wenn es zumindest in einem Fall ernsthafte entsprechende Vorüberlegungen gab und gibt. Wir werden die weitere Entwicklung selbstverständlich aufmerksam verfolgen.

3. Internationale Schlaglichter

Matthias Weber

Prototyp der Neuen Rechten

Alain de Benoist und die Nouvelle Droite in Frankreich

1. Einleitung

Die französische Neue Rechte (Nouvelle Droite) hat in Europa eine besondere Bedeutung: Ihr intellektueller Anspruch, strategischer Ansatz und ihre methodische Vorgehensweise sind gleichsam idealtypisch für die in der wissenschaftlichen Publizistik üblicherweise mit diesem politischen Phänomen verbundenen Kriterien. Zudem wird die Neue Rechte in Frankreich weitgehend von einer Organisation dominiert, nämlich vom ‚Groupement de recherche et d'études pour la civilisation européenne' (GRECE, Forschungs- und Studiengruppe für die europäische Zivilisation), weshalb in der französischen Publizistik die Begriffe Nouvelle Droite und GRECE oft synonym verwandt werden. Innerhalb des GRECE wiederum kommt dem Intellektuellen Alain de Benoist das weitaus größte Gewicht zu.[1] Das öffentliche Interesse, das die Nouvelle Droite 1979 durch eine Pressedebatte über Frankreich hinaus auslöste, machte sie zum Vorbild für entsprechende Kräfte im europäischen Ausland. Einen vergleichbaren Bekanntheitsgrad konnten dortige Formationen jedoch nicht erzielen. Ein kurzer Blick auf die Binnenentwicklung des französischen Rechtsextremismus nach 1944/45 ermöglicht es, Entstehungsgeschichte und Werdegang des GRECE besser einzuordnen.

---

1 Die Konzentration der Neuen Rechten in Frankreich auf den GRECE und die eminente Bedeutung de Benoists kommen in den beiden Standardwerken von Anne-Marie Duranton-Crabol und Pierre-André Taguieff deutlich zum Ausdruck (vgl. Duranton-Crabol 1988; Taguieff 1994). Beide Autoren widmen zwei Drittel ihrer Analyse der Person und den Veröffentlichungen von Alain de Benoist.

2. Binnenentwicklung des französischen Rechtsextremismus nach 1944

Frankreichs extremistische Rechte war 1944/45 wegen der vorausgegangenen Kollaboration mit der nationalsozialistischen Besatzungsmacht stark kompromittiert. Sofern sie sich – zumeist um kurzlebige Publikationen – organisierte, blieb sie auf Kleinstgruppen ohne Außenwirkung reduziert. Ihre Agitation beschränkte sich auf Themen, die das eigene Lager betrafen, wobei die Sanktionen gegen ehemalige Kollaborateure im Vordergrund standen. Kennzeichnend für die Entwicklung des französischen Rechtsextremismus in der Folgezeit waren gegenläufige, einander abwechselnde Phasen von Sammlungsbemühungen bestimmter Formationen einerseits und Ausdifferenzierungsprozessen andererseits. Bis zum Durchbruch des ‚Front National' in den 1980er Jahren gelang es jedoch keiner Partei, dauerhaft eine dominante, integrierende Stellung innerhalb des rechtsextremistischen Lagers zu erlangen oder gar darüber hinausgehende Kräfte zu binden. Wesentlich für entsprechende Bündelungserfolge ist im Übrigen ein mobilisierungsfähiges, weit über das eigene Spektrum hinausreichendes Thema: Die zunehmenden Auseinandersetzungen um die Rückgabe französischer Kolonien und insbesondere um die algerische Unabhängigkeit boten eine solche Gelegenheit.

Die ursprünglich 1953 von Pierre Poujade als Steuerprotestpartei gegründete ‚Union de Défense des Commerçants et Artisans' (UDCA, Union zur Verteidigung der Geschäftsleute und Handwerker) nutzte unter maßgeblicher Mitwirkung des späteren ‚Front National'-Vorsitzenden Jean-Marie Le Pen mehr und mehr das Thema Dekolonialisierung zu Agitationszwecken. Zielstrebig wurde die UDCA dabei von Rechtsextremisten unterwandert. Sie erzielte bei den französischen Parlamentswahlen 1956 mit 11,6 Prozent einen beachtlichen Erfolg und zog in die französische Nationalversammlung ein. Ein persönliches Zerwürfnis zwischen Parteichef Poujade und dem kurzzeitigen Fraktionsvorsitzenden Le Pen führte jedoch zu einem raschen Zerfall der Partei. Nach der Unabhängigkeit Algeriens im Jahre 1962, zu deren Durchsetzung gegen etliche Widerstände von rechts die Autorität des Präsidenten Charles de Gaulle erheblich beigetragen hatte, bemühten sich französische Rechtsextremisten als unversöhnliche Verfechter eines Algérie française, die Kräfte des eigenen Lagers bzw. darüber hinaus der antigaullistischen Rechten insgesamt zu bündeln. Entsprechend breit war das Unterstützungsbündnis, das der Rechtsanwalt Jean-Louis Tixier-Vignancourt anlässlich der Präsidentschaftswahlen 1965 aufbieten konnte. Als Organisationsleiter des Wahlkampfs übte Le Pen dabei erneut eine exponierte Funktion aus. Mit 5,3 Prozent der abgegebenen Stimmen fiel das Ergebnis für das Bündnis aber mehr als enttäuschend aus, dessen heterogene Komponenten aus der Niederlage drei unterschiedliche, unvereinbare Konsequenzen zogen. Der Kreis um Tixier-Vignancourt selbst bemühte sich fortan um ein betont gemäßigtes Erscheinungsbild. Im Gegensatz dazu setzten jüngere, in Gruppierungen wie ‚Occident' oder ‚Ordre Nouveau' (Neue Ordnung) organisierte Aktivisten nunmehr auf verstärkte Militanz. Andere Kräfte schließlich hielten weder Parteiengagement noch Straßenaktivismus für eine Erfolg versprechende Option und plädierten stattdessen für langfristig angelegte Theoriearbeit. Dieser Ansatz mündete in der Gründung des GRECE.

Erst Anfang der 1980er Jahre konnte sich lagerintern der knapp zehn Jahre zuvor gegründete ‚Front National' endgültig gegen seine Konkurrenzpartei ‚Parti des forces nouvelles' (Partei der neuen Kräfte) durchsetzen. Dank der Integrationskraft und des Machtinstinkts seines Vorsitzenden Le Pen gelang es dem ‚Front National', nahezu sämtliche Strömungen des rechtsextremistischen Spektrums zu absorbieren, wobei das Verhältnis zur Nouvelle Droite noch näher darzulegen ist. Nach dem elektoralen Durchbruch 1983/84 konnte sich die Partei zudem lange Zeit auf hohem Niveau etablieren und erreichte auf europäischer, nationaler und regionaler Ebene regelmäßig einen Wählerzuspruch zwischen 10 und 15 Prozent. Die persönliche Rivalität zwischen Parteichef Le Pen und seinem vermeintlichen „Kronprinzen" Bruno Mégret führte 1999 jedoch zum Bruch und damit zu einer merklichen Schwächung des ‚Front National'. Mégret konnte zwar für die abgespaltene Formation ‚Mouvement national républicain' (National-republikanische Bewegung) eine Vielzahl von Funktionären und Mandatsträgern gewinnen, doch setzte sich Le Pen mehrheitlich bei den einfachen Parteimitgliedern durch und fand vor allem in der Wählerschaft bei weitem mehr Resonanz als sein Konkurrent. Bei den Präsidentschaftswahlen am 21. April 2002 qualifizierte sich Le Pen mit 16,9 Prozent als Zweitplatzierter hinter Jacques Chirac sogar für den zweiten Wahlgang am 5. Mai. Die dabei erzielten knapp 18 Prozent fielen jedoch für den Chef des ‚Front National' enttäuschend aus und zeigen die Grenzen seines Mobilisierungspotenzials auf. (Zur Entwicklung des französischen Rechtsextremismus bzw. des ‚Front National' vgl. etwa Algazy 1984 und 1989; Jaschke 1990: 25-44; Lampe 1992; Loch 1991)

3. Gründungskontext des ‚Groupement de recherche et d'études pour la civilisation européenne' (GRECE)

Entgegen der gelegentlichen Darstellung in der politikwissenschaftlichen Publizistik oder verschiedener Eigenbehauptungen (vgl. Benoist 1985: 146) war der GRECE keine Antwort von rechts auf die landesweiten linken Studenten- und Arbeiterunruhen im Mai 1968, sondern wurzelte personell und ideologisch im traditionellen Rechtsextremismus. Er war das Ergebnis interner Differenzierungsprozesse, aber durchaus geprägt vom Bemühen, aus der Sackgasse des eigenen Lagers durch eine programmatische Erneuerung und einen originären Strategieansatz auszubrechen (vgl. Jaschke 1990: 45 ff). Vor allem die Aktivisten zweier rechtsextremistischer Zeitschriftenprojekte aus der ersten Hälfte der 1960er Jahre engagierten sich im späteren GRECE. Es handelte sich zum einen um die Zeitschrift ‚Cahiers universitaires‘ (Universitäre Hefte), Publikationsorgan der rechtsextremistischen Studentenorganisation ‚Fédération des étudiants nationalistes‘ (FEN, Föderation nationalistischer Studenten). Sie hatte sich 1960 vom Dachverband ‚Union nationale des étudiants de France‘ (Nationale Vereinigung französischer Studenten) abgespalten, nachdem dieser mehrheitlich für die Unabhängigkeit Algeriens eingetreten war. Zum anderen war die 1963 von Dominique Venner gegründete Publikation ‚Europe Action‘ Rekrutierungsreservoir für die Nouvelle Droite. Alain de Benoist veröffentlichte in beiden Zeitschriften, nahm jedoch noch keine exponierte Position ein. Ungeachtet ihrer intellektuellen Ausrichtung propagierten die Verfasser der beiden Publikationen bisweilen unverhohlen rassistisch-biologistische Inhalte.[2] Die Kreise um ‚Cahiers universitaires‘ und ‚Europe Action‘ gründeten im Vorfeld der Parlamentswahlen 1967 die Partei ‚Mouvement national du progrès‘ (MNP, Nationale Fortschrittsbewegung), um mit modernisiertem programmatischen Anstrich – etwa der Forderung nach Gründung eines föderalen europäischen Staates unter der Losung „Weder Amerikaner noch Russen-Europäer“ – nochmals den elektoralen Erfolg zu suchen. Eine eklatante Wahlniederlage beförderte bei den MNP-Aktivisten aber nachhaltig den Entschluss, konzeptionell neue Wege zu beschreiten (vgl. Jaschke 1990: 36ff.).

Eine Gruppe von 40 Personen, zuvor vielfach in den beiden genannten Zeitschriften aktiv und überwiegend mit akademischem Abschluss, verzichtete bewusst auf kurzfristige Politikprojekte und gründete im Januar 1968 den Intellektuellen- und Theoriezirkel GRECE. Nunmehr kam Alain de Benoist von Beginn an eine führende Rolle zu. Die im selben Jahr von ihm initiierte und als GRECE-Organ fungierende Zeitschrift ‚Nouvelle Ecole‘ (Neue Schule) gibt er seit ihrem Bestehen heraus. Die zweite, erst 1973 öffentlich zugängliche Publikation des GRECE, ‚Éléments‘, ging aus einem gleichnamigen, zuvor lediglich intern kursierenden Informationsblatt hervor (vgl. Duranton-Crabol 1988: 19-31). Zu den Gründungsmitgliedern zählten Gilles Fournier, Roger Lemoine, Jean-Jacques Mourreau, Jean-Claude Rivière, Jean Claude Valla und Pierre Vial (vgl. ebd.: 250).

2 Vgl. etwa das Zitat von Gilles Fournier in ‚Europe Action‘ Nr. 19-20/1964, S. 17: „Nous, partisans du réalisme biologique, nous distinguons rigoureusement: le peuple et le déchet biologique. Et par déchet biologique, nous entendons aussi bien l'écume biologique, qui prospère en haut, que la lie biologique, qui pullule en bas.“ (zitiert nach Taguieff 1994: 45) oder den Aussspruch von Jean Mabire, in: Europe Action, Nr. 31-32/1965, S. 13: „Pour nous, l'Europe est un coeur dont le sang bat à Johannesbourg et à Québec, à Sydney et à Budapest“ (zitiert nach Duranton-Crabol 1988: 27).

4. Strategische und ideologische Ausrichtung des GRECE

Es ist eine irrige Annahme, der GRECE habe von vornherein mit ausgeklügeltem strategischem Konzept und statischem Theoriegebäude – gleichsam auf Grundlage eines Masterplans – seine Aktivitäten entfaltet, um auf dem Umweg über die kulturelle Hegemonie den politischen Umsturz herbeizuführen. Sowohl in der Eigendarstellung als auch in der Außenwahrnehmung wird bisweilen die Kohärenz der Nouvelle Droite überzeichnet. Trotz wesentlicher Konstanten im Denken und Vorgehen erschloss sich der GRECE insbesondere unter dem Einfluss Alain de Benoists stets auch neue Theoretiker und Ideen. Über die sprachliche Erneuerung der eigenen Doktrin hinaus hatte dies auch inhaltliche Modifizierungen zur Folge, wobei Autoren und deren Veröffentlichungen vielfach bemerkenswert selektiv und zweckrational rezipiert wurden.[3] Etliche von de Benoists Weggefährten aus der Gründungszeit des GRECE haben im Übrigen mit der Nouvelle Droite zwischenzeitlich nicht zuletzt aus inhaltlichen Gründen gebrochen.

4.1 Metapolitische Strategie des GRECE

Die eigentliche Innovation des GRECE bestand darin, sich von Beginn an als metapolitische, an langfristigen Zielen orientierte Denkschule zu positionieren. Dieser Entschluss hing sicherlich auch mit vorausgegangenen Wahlniederlagen rechtsextremistischer Organisationen zusammen. Die Nouvelle Droite versuchte jedoch, ihre strategische Option mehr und mehr theoretisch zu unterfüttern, diesen Weg also als objektiv gegebene Erforderlichkeit für grundlegende und nachhaltige Veränderungen in Politik und Gesellschaft zu begreifen, nicht als situativ bedingter Notbehelf. Die frühe Debatte um Metapolitik und damit einhergehende Konzepte spiegeln die Themen der ersten, jährlich stattfindenden Seminare und Kolloquien des GRECE wider. Diese lauteten etwa „Was ist Metapolitik" (1968), „Die Frage der Werte" (1970), „Moral von gestern und Ethik von morgen" (1971) oder „Wozu Eliten?" (Duranton-Crabol 1988: 249). Bedeutsam war vor allem, dass de Benoist den italienischen Marxisten Antonio Gramsci (1891–1937) als „Theoretiker der kulturellen Macht" für den GRECE „entdeckte" und nutzbar machte (Benoist

---

3 Auf den ideologischen Entwicklungsprozess der Nouvelle Droite stellt vor allem Taguieff ab, der sich in der wissenschaftlichen Publizistik wohl am intensivsten mit diesem Aspekt auseinandergesetzt hat, was ihm zu Unrecht bisweilen den Vorwurf zu starker Nähe zu seinem Forschungsgegenstand einbrachte (vgl. Taguieff 1994: 246-250; Bazin 1994). De Benoist selbst hält Taguieffs Arbeit für die bis zu diesem Zeitpunkt beste Analyse der Nouvelle Droite eines zudem „ebenbürtigen Gegners", wobei er ebenfalls auf einen ideologischen Entwicklungsprozess verweist (vgl. Benoist 1994).

1984: 379-389). Gramsci hatte die gescheiterten Machtübernahmeversuche kommunistischer Parteien in Westeuropa auf deren Unvermögen zurückgeführt, in den dortigen Gesellschaften die wahre Bedeutung der Kultur zu ermessen und deren Eroberung als Voraussetzung für einen politischen Umsturz zu erkennen. Aus de Benoists Sicht war diese Analyse ebenso geeignet, um sie als Konzept für eine politische Umwälzung von „rechts" anzuwenden (Benoist 1985: 23, 49-52). Seit 1973/74 trat der GRECE ausdrücklich für einen „Gramscismus von rechts" ein, widmete etwa 1981 das jährliche Kolloquium ausschließlich diesem Thema (Duranton-Crabol 1988: 116f.; Taguieff 1994: 16f.). Der neurechte strategische Rekurs auf den Marxisten Gramsci ist eine inzwischen in Fachveröffentlichungen hinlänglich bekannte Erkenntnis, doch aus damaliger Perspektive galt dies als spektakulärer Vorgang (zur Gramsci-Rezeption vgl. auch den Beitrag von Armin Pfahl-Traughber in diesem Band).

Das metapolitische Konzept zielt nicht auf die Bildung einer Massenorganisation. Dem Eliteanspruch des GRECE entspricht es vielmehr, Persönlichkeiten in Schlüsselfunktionen anzusprechen, zunehmenden Einfluss auf intellektuelle Milieus auszuüben und sich generell an gesellschaftlichen, politischen, ökonomischen und wissenschaftlichen Multiplikatoren auszurichten.[4] Wesentliche Instrumente in diesem „Kulturkampf" sind eigene Buchveröffentlichungen, Zeitschriften – vor allem ‚Nouvelle Ecole' und ‚Éléments' – sowie Kolloquien und Seminare. Die formal unabhängige und stärker akademisch-wissenschaftlich orientierte Theoriezeitschrift ‚Nouvelle Ecole' wurde von de Benoist bereits 1968 gegründet und erscheint im Umfang von 150 Seiten jährlich in einer geschätzten Auflage von 2.000 Exemplaren (vgl. Camus 1998: 155). Ein vornehmlich aus Wissenschaftlern, Künstlern und Journalisten bestehender Unterstützerkreis der Zeitschrift – das so genannte „comité de patronage" – unterstreicht den elitären Anspruch von ‚Nouvelle Ecole'. Im „comité de patronage" fanden sich bisweilen aber auch offene Rassisten wie Jacques de Mahieu oder Roger Pearson (vgl. Duranton-Crabol 1988: 147-150, 254-259). Seit 1973 wird ‚Éléments' als offizielles Publikationsorgan des GRECE verbreitet. Es hat eher Magazin-Charakter und seine Texte sind stärker journalistisch ausgerichtet. ‚Éléments' erscheint drei Mal jährlich in einer Auflage von 5.000 bis 6.000 Exemplaren (Camus 1998: 155).

Insgesamt sind Struktur oder gar Mitgliederzahl des GRECE schwer zu fassen. Duranton-Crabol spricht von verschiedenen Einflusszonen, die im

4 Dazu heißt es in der Zeitschrift ‚Éléments', Mai 1969, S. 16: „GRECE ne sera jamais une association de masse: nous ne sommes ni un syndicat, ni un parti politique. Mais nous voulons attirer ces quelques milliers de personnes qui font marcher un pays. [...] Quelques milliers, c'est peu dans l'absolu, mais quelques milliers de cette importance ayant une unité de pensée et de méthode, c'est la possibilité d'une révolution." (zitiert nach Duranton-Crabol 1988: 141-142)

weitesten Sinne „mehrere Zehntausend“ erreichen könnten, schätzt den harten Kern aber lediglich auf ungefähr 100 Personen. De Benoist selbst nannte in Interviews unterschiedliche Zahlen zum Mitgliederstand des GRECE. 1983 bezifferte er diesen auf 3.000 Personen, während er zwei Jahre später von 5.000 Mitgliedern sprach (vgl. Jaschke 1990: 51; Duranton-Crabol 1988: 223). Wegen der Schwierigkeit, den GRECE und seine Wirkungsweise zu quantifizieren, wird dieser in der französischen Publizistik, aber auch bei Protagonisten der Nouvelle Droite selbst bisweilen als „une nébuleuse“ bezeichnet (vgl. Varenne 1985: 43).

4.2 Die Ideologie des GRECE

In den ersten Jahren seines Bestehens kamen die rechtsextremistischen Wurzeln des GRECE deutlich zum Ausdruck, der offen einen „biologischen Realismus“ und „wissenschaftlichen Rassismus“ popagierte. Beispielhaft für diese bis 1972 andauernde Phase steht etwa der Einleitungstext aus ‚Nouvelle Ecole‘ (Nr. 14/1971) zum Dossierthema „Eugenik“. Der Text ist durchsetzt mit Begriffen wie „Unreinheiten“, „biologischer Abfall“, „biologischer Abschaum“ oder „biologische Hierarchie“ (vgl. Taguieff 1994: 45).[5]

In der Folgezeit löste sich der GRECE vom offen rassistisch-biologistischen Diskurs und entwickelte unter dem Begriff Ethnopluralismus ein Konzept, das Hierarchien zwischen Ethnien prinzipiell negiert und auf der Annahme geschlossener, ethnisch geprägter Kulturgemeinschaften beruht. Diese stellten einen höchsten Wert an sich dar und seien unter dem Postulat des Rechts auf Verschiedenheit gegen nivellierende oder universalistische Tendenzen zu verteidigen oder wiederherzustellen. Für den Menschen sei die eigene Kultur stets die bestmögliche, weil er sich nur in seiner kulturell-organischen Verwurzelung als originäres Kulturwesen entfalten könne. Das Recht auf kulturelle Verschiedenheit stehe in unüberbrückbarem Gegensatz zu allen Formen egalitaristischer Totalitarismen. Die europäische Identität habe diesbezüglich zunächst und vor allem durch die Verbreitung des Christentums Schaden genommen. Dessen totalitärer Charakter gründe insbesondere auf einem intoleranten, europafremden Monotheismus und einem ver-

---

5 In ‚Nouvelle Ecole‘ Nr. 14/1971, S. 12, heißt es: „Mai 1968: révolte de la jeunesse mais aussi surgissement des ‚Katangais‘ et des drogués [...]. C'est qu'à l'occasion des grands troubles les sociétés sont comme un bocal qu'on agite: les impuretés sont brusquement portées à la surface [...]. Mais qu'on laisse l'histoire décanter l'événement. Et le déchet biologique retombe au fond. La hiérarchie sociale actuelle n'est pas conforme à la hiérarchie biologique [...]. C'est aux extrêmes que s'observe la plus grande densité d'éléments troubles: l'écume biologique à la surface, la lie biologique au fond. L'écume biologique forme le bouillon de culture des parasites légaux et semi-légaux [...]. La lie biologique est le bouillon de culture des éléments plus primitifs.“

einheitlichenden Menschenbild. Marxismus-Kommunismus und Liberalismus-Kapitalismus wiederum seien in ihrem Denkansatz letztlich totalitäre Abwandlungen des Christentums, wobei die Nouvelle Droite die USA als dominierende kapitalistische Weltmacht bereits Anfang der 1980er Jahre zum Hauptfeind Europas erklärte (Benoist 1985: 133). Propagandistisches Machtmittel zur Durchsetzung einer einheitlichen Weltordnung seien für die Vereinigten Staaten vor allem die Menschenrechte, deren Anspruch auf Universalität der GRECE regelmäßig als Ideologie, Mythos oder vom Christentum abgeleitete Säkularreligion verwirft. Die Nouvelle Droite plädiert stattdessen zur Wahrung bzw. Wiedererlangung der europäischen Kulturidentität für die Rückbesinnung auf das indogermanisch-heidnische Erbe (Benoist 1996-1997: 10-23).

Das ethnopluralistische Konzept bot die Möglichkeit, Rassismus-Vorwürfen offensiver entgegenzutreten. Die Nouvelle Droite respektiere mit dem postulierten Recht auf Verschiedenheit das Fremde als gleichberechtigt. Vermeintliche Antirassisten aber, so der Gegenvorwurf, missachteten die kulturellen Identitäten ethnischer Gemeinschaften und praktizierten deshalb eine Form von „rassistischem Antirassismus“. Ihre Intoleranz sei so ausgeprägt wie die „fremdenfeindlicher Rassisten“ (vgl. auch den Beitrag von Thomas Pfeiffer „Avantgarde und Brücke“ in diesem Band). Diese Argumentation wird bisweilen bis zu einer Parallelisierung von „Genozid“ und „Ethnozid“ gesteigert. Die Verfechter der „Menschenrechtsideologie“ trügen zum Verschwinden von Ethnien bei, was in seiner Konsequenz, wenngleich nicht in der Absicht, den Vergleich mit eliminatorischen Rassismusformen zulasse (Benoist 1985: 53-68). Im Laufe seiner Entwicklung erweiterte und modifizierte der GRECE unter maßgeblichem Einfluss de Benoists seine geistesgeschichtlichen, philosophischen und wissenschaftlichen Bezüge. Von Beginn an jedoch orientierte sich die Nouvelle Droite stark an den unter der Bezeichnung „Konservative Revolution“ zusammengefassten antidemokratischen intellektuellen Strömungen der Weimarer Republik, insbesondere an Arthur Moeller van den Bruck und Carl Schmitt. Sie hatte damit eine für Formationen des französischen Rechtsextremismus ungewöhnlich germanophile Ausrichtung. Überdies propagiert die Nouvelle Droite unverändert den Reichsgedanken als zukunftsfähiges Modell einer europäischen Föderation, plädiert also für die Überwindung des Nationalstaats (Benoist 2001: 241-274; zur Ideologie insgesamt vgl. Christadler 1983: 181-215; Jaschke 1990: 56-72; Taguieff 1994: 64-106).

5. Der GRECE im politisch-medialen Kräftefeld

Von seinem Selbstverständnis her orientiert sich der GRECE an einem langfristigen, eher unauffälligen Wirken. Verschiedene Ereignisse oder Konstellationen der Vergangenheit zwangen ihn jedoch, sich zu positionieren und Stellung zu beziehen, und machten ihn zum Gegenstand zum Teil öffentlichkeitswirksamer Debatten.

5.1 Pressedebatte über den GRECE im Jahr 1979

Der Beitrag „Die Neue Rechte richtet sich ein" des Journalisten Thierry Pfister löste nach seinem Erscheinen in der linksliberalen Tageszeitung ‚Le Monde' am 22. Juni 1979 innerhalb weniger Monate eine Flut von über 500 Artikeln im In- und Ausland aus. An der Debatte über Rolle, Ursprung und Ideologie der Nouvelle Droite beteiligten sich Tageszeitungen und Magazine, politische Parteien, Clubs, Verbände und prominente Intellektuelle, aber auch neurechte Protagonisten selbst. Aktueller Anlass für Pfisters Artikel war die starke personelle Präsenz des GRECE in der Redaktion des ‚Figaro Magazine', das erst ein knappes Jahr zuvor initiiert worden war und in einer Auflage von 500.000 Exemplaren erschien. Chefredakteur Louis Pauwels, der selbst der Nouvelle Droite nahe stand, hatte unter anderem die GRECE-Aktivisten Alain de Benoist, Guillaume Faye, Jean-Claude Valla und Jean Varenne an die Zeitschrift herangeführt. Zudem veröffentlichten GRECE-Mitglieder, darunter Alain de Benoist, auch in den Publikationen ‚Spectacle du monde' (Auflage: 105.000) und ‚Valeurs actuelles' (Auflage: 113.000) des rechtskonservativen Verlegers Raymond Bourgine (Duranton-Crabol: 227). Die Nouvelle Droite schien also im Bemühen, Schlüsselpositionen für die angestrebte kulturelle Vorherrschaft zu besetzen, bedeutsame Fortschritte gemacht zu haben.[6] Wegen seiner antichristlichen und sich verstärkenden antiamerikanischen Positionen geriet der GRECE jedoch in einen immer deutlicher werdenden Gegensatz zu den konservativen Verlagshäusern ‚Hersant' (Figaro) und ‚Valmonde' (Spectacle du monde, Valeurs actuelles), was Anfang der 1980er Jahre zum Ausscheiden der neurechten Repräsentanten aus den Publikationen dieser Verlage führte. Insgesamt schaffte die im Sommer 1979

6 ‚Le Monde' initiierte die Pressekampagne gegen den GRECE durchaus auch aus eigennützigen Motiven, handelte es sich doch beim ‚Figaro Magazine' um das erfolgreiche Projekt eines Hauptkonkurrenten. Die Informationen über Herkunft und idelogische Ausrichtung des GRECE waren presseintern bereits bekannt und von einem katholisch-konservativen Personenkreis um den ‚Groupement d'action et de recherche pour l'avenir de l'homme' (GARAH, Aktions- und Forschungsgruppe für die Zukunft des Menschen) schon 1973/74 zusammengetragen worden (vgl. Duranton-Crabol 1988: 172-186).

lancierte Pressedebatte dem GRECE eine erhebliche Publizität. In der Fachliteratur ist jedoch umstritten, ob die öffentliche Auseinandersetzung mit dessen Thesen zur Aufwertung oder letztlich zu einem Rückschlag des GRECE führte (vgl. Duranton-Crabol 1988: 186-203; Jaschke 1980: 73-79).

5.2 GRECE und ‚Club de l'Horloge'

Die 1974 gegründete „Denkfabrik" („laboratoire de pensée") ‚Club de l'Horloge' (CdH) wurde wegen personeller Überschneidungen mit dem GRECE längere Zeit der Nouvelle Droite zugerechnet. Die Positionen beider Gruppierungen weisen bei näherer Betrachtung vor allem seit Ende der 1970er Jahre aber beträchtliche Unterschiede auf. Inhaltlich bekennt sich der CdH zu den republikanischen Traditionen nach 1789, lehnt die antichristliche Ausrichtung des GRECE ab und plädiert für eine nationalliberale Wirtschaftsordnung. Entscheidend ist jedoch, dass der CdH von seinem Selbstverständnis her einen wesentlich stärkeren Bezug zum politischen Pragmatismus hat. Anfangs präsentierte er sich als Ideen- und Argumentationsgeber für die gesamte Rechte, um ab Mitte der 1980er Jahre diese Funktion ausschließlich für den ‚Front National' bzw. den ‚Mouvement national républicain' auszuüben. Der CdH sucht also die Nähe zu der vom GRECE verschmähten „politique politicienne" – also zur Parteipolitik –, statt metapolitisch eine kulturelle Vorherrschaft anzustreben. Das Wirtschaftsprogramm des ‚Front National' von 1985 stammte zum Beispiel aus vorausgegangenen Ausarbeitungen des CdH. Überdies stiegen ab 1985 CdH-Aktivisten in Führungsfunktionen des ‚Front National' auf, allen voran Yvan Blot, Jean-Yves Le Gallou und Bruno Mégret. Wegen der Nähe zum ‚Front National' bzw. zu dessen ebenfalls rechtsextremistischer Abspaltung ‚Mouvement national républicain' ist der CdH dem traditionellen französischen Nationalismus bzw. Rechtsextremismus zuzuordnen (vgl. Camus 1998: 150-152; Jaschke 1990: 79-82; Taguieff 1994: 53-56).

5.3 GRECE und ‚Front National'

Der elektorale Durchbruch des ‚Front National' 1983/84 stellte den medial inzwischen wieder in der Versenkung verschwundenen GRECE vor neue Herausforderungen oder, wie Duranton/Crabol treffend formulierte, vor eine „Versuchung" [„La tentation du politique" (Duranton/Crabol 1988: 206)]. Wahlen schienen vor dem Hintergrund der Erfolge Le Pens möglicherweise doch der mehr Erfolg versprechende Weg zu sein, um fundamentale politische und soziale Änderungen herbeizuführen. Die Attraktivität des ‚Front National' war umso größer, als er ein erhebliches Defizit an „vorzeigbarem"

Personal hatte, mithin die Chancen einer Parteikarriere für intellektuelle Seiteneinsteiger beträchtlich waren. Tatsächlich hatte auch der GRECE trotz gravierender inhaltlicher Divergenzen einige Abgänge zum ‚Front National‘ zu verzeichnen, unter anderem Pascal Delmas, Philippe Miliau, Jean-Jacques Mourreau und Pierre Vial. Aber dies führte zum Bruch dieses Personenkreises mit dem GRECE und nicht zur Steuerung oder erheblichen Beeinflussung des ‚Front National‘ durch die Nouvelle Droite. Die Nouvelle Droite bereitete weder die späteren Wahlsiege des ‚Front National‘ vor, noch war ihr Wirken unabdingbare Voraussetzung für diese Erfolge (vgl. etwa die unzutreffende Einschätzung bei Kowalsky 1991: 141f.). Richtig ist jedoch, dass der ‚Front National‘ bei der Erneuerung seiner Programmatik in den 1990cr Jahren sprachliche Anleihen beim GRECE machte, ohne sich jedoch inhaltlich dessen Positionen anzunähern oder diese gar zu übernehmen. De Benoist lehnte den ‚Front National‘ mehrfach ausdrücklich ab. In dessen Ideen erkenne er keine seiner eigenen wieder. Vor allem die vom ‚Front National‘ auf Immigranten angewandte Sündenbock-Logik sei ihm unerträglich.[7]

5.4 GRECE und Revisionismus

Der Revisionismus in seiner den Holocaust leugnenden Variante – im Französischen „négationnisme“ genannt – spielt in der Nouvelle Droite eine geringere Rolle als im traditionellen Rechtsextremismus und wird in den Publikationen, Kolloquien und Seminaren des GRECE thematisch nicht aufgearbeitet. Einzelne, inhaltlich widersprüchliche Stellungnahmen in der Vergangenheit ließen jedoch auf organisationsinterne Kontroversen schließen.

---

7 De Benoist äußerte in ‚Le Choc du mois‘ Nr. 31/1990, S. 32: „Quant à ma position vis-àvis du Front national, elle est assez simple [...]. Je me sens très étranger à ce mouvement. Je n'y reconnais aucune des idées qui sont les miennes et qui donnent un sens à ma vie. Je pense que la droite a toujours été menacée de verser dans quatre travers principaux: le libéralisme, l'ordre moral, l'intégrisme et le racisme. Or, je crains que le Front national, parti national-populiste qui se présente, en profondeur, comme un véritable patschwork idéologique, ne verse, dans des proportions divers, dans les quatre à la fois.“ (zitiert nach Taguieff 1994: 28)
In ‚Les Dossiers de l'histoire‘ Nr. 82 vom Juli 1992, S. 149f., äußert de Benoist: „Les thèses du Front national me soulèvent le coeur [...]. Tout d'abord, concernant l'immigration, parce que la logique du bouc émissaire m'est insupportable.“ (zitiert nach Taguieff 1994: 255)
Auch der GRECE-Funktionär Jacques Marlaud listet in einem presserechtlich erwirkten Antwortbeitrag im ‚Nouvel Observateur‘ vom 17. Mai 1990 eine Reihe von Unvereinbarkeiten zwischen GRECE und ‚Front National‘ auf. Der GRECE billige, so Marlaud, fremden Ethnien auch auf französischem Boden zu, ihre Idendtität zu wahren. Dort heißt es: „Le FN s'oppose aux mosquées, aux Tchadors [...]. Nous sommes pour le droit imprescriptible des peuples à rester eux-mêmes; sur notre sol ou ailleurs.“ (zitiert nach Taguieff 1994: 52)

GRECE-Mitglied Georges Charbonneau etwa forderte im ‚Figaro-Magazine' vom 23. Mai 1980 Neutralität zwischen „Exterminationisten" und „Negationisten". Man müsse von Auschwitz und der Logik der Nachkriegszeit loskommen. Es gelte, Auschwitz vollständig anzuerkennen, um es umso besser ruhen zu lassen. Diese vermeintlich neutrale Argumentation impliziert tatsächlich eine gegenüber Holocaust-Leugnern wohlwollende, apologetische Haltung, denn sie stuft deren Positionen als prinzipiell gleichberechtigt mit denen der seriösen Geschichtsforschung ein. Zehn Jahre später jedoch betonte Charbonneau in einem GRECE-internen Informationsblatt (Le Lien) die Unvereinbarkeit zwischen Nouvelle Droite und Revisionismus. Der GRECE werde diejenigen, die die industrielle Massenvernichtung der europäischen Juden während des Zweiten Weltkriegs leugneten, nicht verteidigen. Daraufhin sprach der aus dem GRECE ausgeschiedene ehemalige Generalsekretär Jean-Claude Valla in der revisionistischen Zeitschrift ‚Revue d'histoire révisionniste' Charbonneau das Recht ab, im Namen der Nouvelle Droite Erklärungen zum Revisionismus abzugeben. Er, Valla, habe für sich seit langem die Gewissheit gewonnen, dass die Revisionisten Recht hätten (vgl. Taguieff 1994: 51-52).[8] Valla, der auch publizistisch offen für den Revisionisten Robert Faurisson eintrat, steht weiterhin in Verbindung zum GRECE und gab der Zeitschrift ‚Éléments' (Nr. 110/ 2003, S. 12) zuletzt ein Interview.

Zwei weitere Fälle illustrieren die bisweilen problematische Nähe gegenwärtiger oder ehemaliger GRECE-Angehöriger zum Revisionismus. Der Literaturwissenschaftler Jean-Claude Rivière, ein vor allem in der ersten Hälfte des 1970er Jahre im GRECE engagiertes Gründungsmitglied, gehörte dem Prüfungskomitee der Universität Nantes an, das 1985 die revisionistische Dissertation Henri Rocques' anerkannte. Nach zahlreichen öffentlichen Protesten annullierte ein Jahr später das französische Erziehungsministerium die auch formal in einem mangelhaften Promotionsverfahren erteilte Doktorwürde. Der Ökonom und Lehrbeauftragte an der Universität Lyon III Bernard Notin sorgte mit einem revisionistischen Beitrag, der 1990 in der gewöhnlich wissenschaftlich seriös geltenden Zeitschrift ‚Économies et Sociétés' erschien, für einen weiteren Skandal: In einem polemischen, mit antisemitischen Begriffen durchsetzten Text stellte Notin die Massenvernichtung von Juden durch Gas in Abrede und wurde dafür zu einer Geldstrafe von 20.000 Francs verurteilt. Erst in der anschließenden Pressedebatte stießen Journalisten auf die langjährigen publizistischen Verbindungen Notins zum GRECE (Taguieff 1994: 285-290).

8 Valla äußerte in ‚Revue d'histoire révisionniste' Nr. 4/1991, S. 12: „Ayant été secrétaire général du GRECE, rédacteur en chef d'Éléments et directeur des éditions Copernic, je dénie à quinconque le droit de s'ériger en porte-parole de la Nouvelle droite. Personellement – mais cette opinion n'engage que moi –, j'ai acquis depuis longtemps la certitude que les révisionnistes avaient raison."

6. Alain de Benoists Rolle als „Maître à penser"

Die eminente Bedeutung Alain de Benoists für den GRECE ist bereits mehrfach hervorgehoben worden. Seine publizistischen Anfänge, Stationen und Schwerpunkte sollen an dieser Stelle deshalb nachgezeichnet werden. Die ersten Zeitschriftenbeiträge des am 11. Dezember 1943 in Saint-Symphorien (Indre-et-Loire) geborenen Alain de Benoist erschienen 1960 im Monatsheft ‚Lectures françaises' des antisemitischen Agitators und ehemaligen Kollaborateurs Henry Coston. Vor der Gründung des GRECE verfasste de Benoist außerdem Beiträge für die rechtsextremistischen Publikationen ‚Cahiers universitaires', ‚Europa Action' sowie die von Maurice Bardèche herausgegebene revisionistische Zeitschrift ‚Défense de l'Occident'. Der Schriftsteller Bardèche, der sich offen als Faschist bezeichnete, gilt als einer der wichtigsten Theoretiker im französischen Rechtsextremismus nach 1945. Er äußerte sich sehr lobend über die späteren Arbeiten des GRECE, in dessen Publikationsorgan ‚Éléments' wiederum regelmäßig für die Zeitschrift ‚Défense de l'Occident' bis zu ihrer Einstellung im Jahr 1982 geworben wurde (Duranton-Crabol 1988: 58, 124). Neben Artikeln veröffentlichte de Benoist in den sechziger Jahren auch mehrere rechtsextremistische Bücher mit Titeln wie „Vérité pour l'Afrique du Sud" (Wahrheit für Südafrika) oder „Rodésie, pays des lions fidèles" (Rhodesien, Land der treuen Löwen). In seinem Pamphlet ‚Qu'est-ce que le nationalisme?' kommen die damaligen rassistisch-biologistischen Anschauungen de Benoists deutlich zum Ausdruck. Unter anderem forderte er dort eine aktive eugenische Politik sowie eine staatliche Selektionsplanung zur Schaffung dauerhafter Eliten, wobei dekadente Faktoren zu unterdrücken seien (vgl. Taguieff 1994: 14-16).[9]

Auf die publizistische Agenda und Entwicklung des GRECE nahm de Benoist von Beginn an maßgeblichen Einfluss. Er gründete 1968 die formal unabhängige, dem GRECE aber zuzuordnende Theoriezeitschrift ‚Nouvelle Ecole', gibt diese bis heute heraus und veröffentlicht dort regelmäßig Beiträge. Er ist ebenfalls Stammautor in ‚Éléments', wobei er etliche Artikel und regelmäßig das Editorial mit dem Pseudonym „Robert de Herte" zeichnet. De Benoist versucht vor allem, die Ideen ihn inspirierender Autoren zu verbreiten oder deren Werk selbst als Primärliteratur neu herauszugeben. Um den Bekanntheitsgrad der „Konservativen Revolution" in Frankreich zu steigern, publizierte er zum Beispiel in französischer Sprache Schriften von Ernst Jün-

9 De Benoist schreibt in ‚Qu'est-ce que le nationalisme?', Faszikel, März 1966, S. 13: „Remplacer la sélection naturelle, disparue avec le développement des techniques, par une politque attentive d'eugénisme communautaire, visant à réduire les éléments tarés et les tares elles-mêmes. Poursuivre la sélection au plan de l'Etat, en créant une école d'élite permanente, assurant [...] l'amorce éventuelle d'un type nouveau d'individu [...]. Veiller [...] à la pathologie de la culture, en supprimant les facteurs décadents ou déréalisants, qu'ils soient allogènes, qu'ils soient dus au déchet biologique [...]."

ger, Arthur Moeller van den Bruck, Oswald Spengler und Carl Schmitt. 1977 veröffentlichte er eine Aufsatzsammlung seiner zwischen 1970 und 1976 erschienenen Beiträge unter dem Titel „Vu de droite. Anthologie critique des idées contemporains“ und erhielt dafür den renommierten Essay-Preis der Académie française. Die deutsche Übersetzung „Aus rechter Sicht. Eine kritische Anthologie zeitgenössischer Ideen“ erschien – wie eine Reihe weiterer Bücher de Benoists – im rechtsextremistischen ‚Grabert-Verlag‘. Spektakuläre Erfolge wie der Akademie-Preis und die zeitweilige Mitwirkung im auflagenstarken ‚Figaro Magazine‘ blieben die Ausnahme. Mit dem 1988 initiierten Zeitschriftenprojekt ‚Krisis‘ versuchte de Benoist, einen deutlich über die Nouvelle Droite hinausgehenden Autoren- und Leserkreis zu erreichen. Auch die erst 2003 gegründete Vereinigung ‚Les Amis d'Alain de Benoist‘ hat es sich zur Aufgabe gemacht, dessen Ideen insbesondere im Internet einer breiteren Öffentlichkeit bekannt zu machen und die mediale Ausgrenzung zu durchbrechen. Das in 15 verschiedene Sprachen übersetzte Werk de Benoists umfasst nach Aussage der Vereinigung mehr als 50 Bücher und 3.000 Artikel (vgl. www.alaindebenoist.com; Landry 2003).

Philosophisch sieht sich de Benoist durch eine Vielzahl von Denkern beeinflusst. Die starke Orientierung an Friedrich Nietzsche in der Jugendzeit habe sich in späteren Jahren deutlich relativiert. Einen vertiefenden Einblick in Religionen hätten ihm beispielsweise Mircea Eliade und Georges Dumézil vermittelt. Er profitiere ferner von den Ideen der deutschen Soziologen Werner Sombart, Ferdinand Tönnies und Max Weber oder den Theoretikern der „Konservativen Revolution“. Schließlich verdanke er etliche Impulse amerikanischen Kommunitaristen wie Michael Sandel und Charles Taylor (vgl. Benoist 1996-1997: 1ff.). Taguieff sieht in de Benoist einen Grenzgänger, dessen ideologische Wandlungen viele seiner früheren Freunde nicht hätten nachvollziehen können (Taguieff 1994: 320f.). Aus der Verknüpfung ethnopluralistischer und kommunitaristischer Elemente leitet die Nouvelle Droite inzwischen den Grundsatz ab, ethnisch fremden Migranten auch auf nicht angestammtem Boden das Recht auf Wahrung der eigenen Kulturidentität zuzugestehen. Angesichts einer unumkehrbaren Einwanderung sei „Polykulturalismus“ besser als „Assimilationismus“ (vgl. Benoist 2001: 430ff.). Diese Aufgabe des Territorialprinzips stößt innerhalb des rechtsextremistischen Spektrums auf deutliche Kritik und wird bisweilen als opportunistischer Verrat an der eigenen Sache attackiert (vgl. Knörzer 1999; Hanke 2000). Unter Rechtsextremisten werden die Veröffentlichungen de Benoists jedoch weiterhin wegen dessen kompromissloser Haltung gegenüber den USA bzw. dem Westen insgesamt geschätzt und als Argumentationshilfe für die eigene Agitation herangezogen (vgl. Fischer 2003).

Unverändert polemisiert de Benoist gegen die vermeintliche „Menschenrechtsideologie“ und behauptet gleichsam dogmatisch deren angebliche Unvereinbarkeit mit dem „Recht der Völker“ und dem Schutz kultureller Identität (vgl. Benoist 2003). Tatsächlich aber ermöglichen und sichern die individuellen Menschenrechte den Anspruch des Einzelnen, sich frei zu einer gemeinschaftlichen Kultur zu bekennen, nur kann umgekehrt ein Kollektiv dieses Bekenntnis nicht vom Einzelnen einfordern oder gar erzwingen (vgl. Jaschke 1990: 62, Taguieff 1994: 103f.). Eine weitere ideologische Konstante in de Benoists Denken ist dessen fundamentaler Antiamerikanismus, der über die Kritik an Politik und Regierung der USA weit hinausreicht und unmittelbar auf die Grundlagen der westlichen Demokratie als solche zielt. Besonders vehement zeigte sich sein Antiamerikanismus in Stellungnahmen zu den beiden Golfkriegen 1991 und 2003. Nach Beginn des Irak-Kriegs am 20. März 2003 rief de Benoist zu Repressalien gegen die Interessen der USA und deren militärisches, politisches, diplomatisches und administratives Personal auf, wobei jedweder Ort, jedwedes Ausmaß, jedwede Mittel und jedwede Umstände gleichzeitig legitim und notwendig seien. Die ungewöhnlich harschen Verbalattacken de Benoists wurden auch von deutschen Neonazis über das Internet verbreitet.[10]

---

10 Zum Golfkrieg 1991 äußerte de Benoist in ‚Eléments' Nr. 70, Frühjahr 1991, S. 3: „La guerre du Golfe a été une guerre coloniale américaine, menée selon un plan préparé de longue date. [...]. L'histoire ... retiendra que, pour la première fois depuis 1958, la France a délibérement choisi de s'aligner sur les intérêts américains. [...] L'homme qui a enterré le socialisme français est aussi celui quie reprochait à de Gaulle sa rupture avec l'OTAN. François Mickeyrrand [sic] replonge aujourd'hui dans l'atlantisme. Cela s'appelle très exactement trahir son pays. [...] Il est certes trop tard pour qu'une salve de missiles Scud envoie le Mayflower par le fond, et trop tôt pour que le président Bush soit scalpé par le dernier descendant de Sitting Bull! Il n'en est pas moins légitime, maintenant, que les intérêts américains soient frappés dans le monde par tous les moyens. L'intifa-da partout." (zitiert nach Taguieff 1994: 306-307).

In der Erklärung vom 20. März 2003 heißt es:

„Ce jeudi 20 Mars 2003, à 3 h. 32 du matin, le complexe militaro-industriel américain dont George W. Bush, sociopathe et faible d'esprit notoire, est aujourd'hui le porte-parole, a engagé de manière unilatérale contre la nation et le peuple irakiens une guerre aussi lâche que monstreuse, que rien – hormis sa volonté de dominer le monde – ne saurait justifier.

Cette agression criminelle en annonce d'autres. Elle marque officiellement la fin du droit international. Elle met l'actuel gouvernement américain au ban de l'humanité.

A compter de ce jeudi 20 mars, à 3 h. 32 du matin, tout acte de représailles visant dans le monde les intérêts américains ainsi que le personnel militaire, politique, diplomatique et administratif américain, en quelque endroit qu'il se produise, quelle qu'en soit l'ampleur ou l'étendue, quels qu'en soient les moyens, quelles qu'en soient les circonstances, est désormais à la fois légitime et nécessaire,

Paris, le 20 mars 2003

Alain de Benoist" (www.grece-fr.net/actualites/usa2003b.htm)

7. Fazit

Ideologische Wandlungs- und Anpassungsprozesse sind dem GRECE und Alain de Benoist als seinem „Maître à penser“ nicht abzusprechen und gehen über sprachliche Erneuerungen hinaus. In der Agitation gegen die „Menschenrechtsideologie“ und den „Westen“ insgesamt weist die Nouvelle Droite jedoch eine bemerkenswerte Konstanz auf. Das eigene Fazit des GRECE nach über 30 Jahren seines Bestehens fällt deutlich beschönigend aus. In einer Selbstdarstellung auf der Homepage der Organisation heißt es, der GRECE habe sich als offene, fruchtbare und kohärente Denkschule behauptet, deren Arbeiten in der nationalen und internationalen Presse regelmäßig kommentiert würden. Der kulturelle und metapolitische Kampf im Dienste Europas sei nie aufgegeben worden. Entgegen der Erwartungen mancher gewinne der GRECE unentwegt an Einfluss. Die Neue Rechte in Europa besetze inzwischen Schlüsselpositionen in der intellektuellen Debatte, etwa in Flandern, Deutschland, Italien, Spanien oder Rumänien. Die diskrete Theorie- und Ideenarbeit des GRECE sei nicht der einfachste Weg, aber langfristig wirkmächtiger und effizienter als laute politische Parolen. Angesichts eines globalen Einheitsdenkens gelte es, durch eine Revolution der Ideen die Revolte der Gemeinschaften, Völker und Zivilisationen vorzubereiten (vgl. www.grece-fr.net).

Der GRECE ist weit davon entfernt, ein solches Einflusspotenzial zu erreichen. Das Hauptanliegen der neugegründeten Vereinigung ‚Les Amis d’Alain de Benoist‘, den Schriften de Benoists eine wesentlich größere Publizität zu verschaffen und die mediale Ausgrenzung zu durchbrechen, bestätigt die tatsächlich eher begrenzten Wirkungsmöglichkeiten des GRECE. Dieser nimmt dennoch aufgrund seiner publizistischen Kontinuität, Vielfalt und Produktivität weiterhin eine Ausnahmestellung unter den neurechten Formationen in Europa ein.

Literatur

Algazy, Joseph: La tentation néo-fasciste en France de 1944-1965, Paris 1984

Algazy, Joseph: L'Extrême-Droite en France de 1965 à 1984, Paris 1989

Bazin, Francois: Nouvelle droite et vieux réflexes. Quand un intellectuel provoque le scandale, in: Nouvel Observateur vom 30.6.1994

Benoist, Alain de: Aus rechter Sicht. Eine kritische Anthologie zeitgenössischer Ideen, Bd. 1, Tübingen 1983

Benoist, Alain de: Aus rechter Sicht. Eine kritische Anthologie zeitgenössischer Ideen, Bd. 2, Tübingen 1984

Benoist, Alain de: Entretien avec Alain de Benoist sur le paganisme, in: Antaios. Revue d’Études Polythéistes, Dezember 1996–Mai 1997, S. 10-23 sowie in: Homepage Alain de Benoist, www.alaindebenoist.com/pdf/entretien_sur_le_paganisme.pdf (ges. am 26.1.2004)

Benoist, Alain de: Kulturrevolution von rechts. Gramsci und die Nouvelle Droite, Krefeld 1985
Benoist, Alain de: L'idéologie éthnocidaire de l'Occident, in: Éléments, Nr. 109, Juli 2003, S. 28-36
Benoist, Alain de: La Nouvelle Droite selon Taguieff, in: Éléments, Nr. 80, Juni 1994, S. 3-5
Benoist, Alain de: Schöne vernetzte Welt. Eine Antwort auf die Globalisierung, Tübingen 2001
Camus, Jean-Yves: Front national. Eine Gefahr für die französische Demokratie?, Bonn 1998
Christadler, Marieluise: Die „Nouvelle Droite" in Frankreich, in: Fetscher 1983, S. 163-215
Duranton-Crabol, Anne-Marie: Visages de la Nouvelle Droite. Le GRECE et son histoire, Paris 1988
Fetscher, Iring (Hrsg.): Neokonservative und „Neue Rechte". Der Angriff gegen Sozialstaat und liberale Demokratie in den Vereinigten Staaten, Westeuropa und der Bundesrepublik, München 1983
Fischer, Hugo: Vordenker der europäischen Selbstfindung, in: Deutsche Stimme, Nr. 12/Dezember 2003
Greß, Franz; Jaschke, Hans-Gerd und Schönekäs, Klaus (Hrsg.): Neue Rechte und Rechtsextremismus in Europa, Opladen 1990
Hanke, Armin: Es rauscht im Blätterwald, in: Metapo, Frühling 2000, S. 3
Jaschke, Hans-Gerd: Frankreich, in: Greß/Jaschke/Schönekäs 1990, S. 17-103
Knörzer, Winfried: Politik der Differenz. Über den Gegensatz von Ethnopluralismus und Nationalismus, in: wir selbst, Nr. 1-2/1999, S. 141-150
Kowalsky, Wolfgang: Kulturevolution? Die Neue Rechte im neuen Frankreich und ihre Vorläufer, Opladen 1991
Lampe, Thomas: Der Aufstieg des „Front National" in Frankreich, Extremismus und Populismus von rechts, Frankfurt 1992
Landry, Gérard: Une association pour les amis d'Alain de Benoist, in: Éléments, Nr. 110, Oktober 2003, S. 5
Loch, Dieter: Der schnelle Aufstieg des Front National, Rechtsextremismus im Frankreich der achtziger Jahre, München 1991
Taguieff, Pierre-André: Sur la Nouvelle droite. Jalons d'une analyse critique, Paris 1994
Varenne, Jean: Le coeur de la Nouvelle droite, in: Éléments, Nr. 56, Winter 1985, S. 43-44

Brigitte Bailer

Partei- statt Metapolitik

„Neue Rechte" und FPÖ in Österreich[1]

Jürgen Hatzenbichler, vormals rechtsextremer Intellektueller im Umfeld der ‚Freiheitlichen Partei Österreichs' (FPÖ), gestand 1997 sein Scheitern als Wegbereiter der „Neuen Rechten" ein. In Deutschland und vor allem in Österreich blieben demnach alle Versuche, die rechtsextreme Szene ideologisch und strategisch neu auszurichten, im Ansatz stecken: „Wen wundert es da, daß der narkotische Begriff von der ‚kulturellen Hegemonie' von einem Grüppchen in den deutschen Sprachraum importiert wurde, das zuerst den anregenden und interessanten Diskurs der französischen Nouvelle Droite auch in Deutschland ankurbeln wollte, das aber letztendlich nicht nur im Predigen der ‚erlösenden Strategie' verweilte, sondern damit endete, daß man Schulungen für die verbotene neonazistische ‚Nationalistische Front' durchführte." (Hatzenbichler 1997: 10)

Dass die „Alte Rechte" vom missionarischen Eifer der Erneuerer, die im Übrigen fast allesamt aus ihren Reihen kamen, nichts wissen wollte, musste Hatzenbichler auch auf den Buden der Burschenschaften zur Kenntnis nehmen. Gerade die deutschnationalen Männerbünde, über das Lebensbundprinzip mit der NS-Vergangenheit etlicher ihrer „Alten Herren" mittelbar verbunden, zeigten sich weitgehend resistent gegenüber programmatischen Neuerungen. So wusste der pennale Burschenschafter Hatzenbichler, dass die „Positionen der Alten Rechten [...] leider auch im Bereich der Korporationen vielfach noch heruntergeleiert [werden]" (Hatzenbichler 1994: 262f.). Auch am Beispiel der rechtsextremen Monatszeitschrift ‚Aula', dem Organ der den deutschnationalen Korporationen eng verbundenen ‚Arbeitsgemeinschaft Freiheitlicher Akademikerverbände', lässt sich dieses Scheitern nachzeichnen. Nachdem schon 1994 die ‚Aula'-Jugendzeitschrift ‚Identität', das einzige zumindest in Ansätzen „neurechte" Periodikum in Österreich, ihr Erscheinen eingestellt hatte, wurden ein Jahr später auch die Versuche von Hatzenbichler und seinem Mentor Andreas Mölzer zunichte gemacht, die ‚Aula' als

---

1 Die Autorin hat sich bereit erklärt, diesen Aufsatz im Nachgang der Tagung vom Oktober 2003 zu diesem Band beizutragen. Ihr Dank gilt Heribert Schiedel, ohne dessen Mithilfe vorliegender Text nicht zustande gekommen wäre.

innovatives Theorieorgan einer erneuerten rechtsextremen Szene zu positionieren. Zunächst geriet das „freiheitliche Magazin" als mutmaßlicher Stichwortgeber der Bekennerbriefschreiber der Briefbomben versendenden ‚Bajuwarischen Befreiungsarmee' (BBA), die sich letztlich nach Ansicht des Gerichts als Ein-Mann-Unternehmen herausstellte, ins Visier der Terrorfahnder. Dann wurde der damalige Geschäftsführer der ‚Aula' nach dem NS-Verbotsgesetz verurteilt. Daraufhin verließen Hatzenbichler und Mölzer das Blatt, um in der Österreich-Ausgabe der deutschen Wochenzeitung ‚Junge Freiheit' (JF) ein neues Hauptbetätigungsfeld zu finden und dann in der aus der JF für Österreich hervorgegangenen ‚Zur Zeit' unterzukommen. Jedoch war auch dort für Hatzenbichler kein Platz vorhanden: Die strategische Orientierung auf den politischen Katholizismus vertrieb den antiklerikalen Publizisten aus der ‚Zur Zeit'-Redaktion.

Auch für diese FPÖ-nahe Wochenzeitung gilt das Urteil, das Henning Eichberg über das deutsche Schwesterblatt fällte: „Was in der JF [...] erscheint, ist eine verjüngte Ausgabe der alten Rechten. Die Zeitschrift fährt – übrigens auch in der Aufmachung – mit voller Fahrt zurück in die fünfziger Jahre: konservativ und anti-links, mit antidemokratischen und adelsnostalgischen Untertönen, Staat geht vor Volk, Abendlandverteidigung, ‚katholisch' und ‚soldatisch', all das übergewölbt von der schmittianischen Freund-Feind-Politik. [...] Sogar der (NS-) Geschichtsrevisionismus, der in den fünfziger Jahren die alte Rechte hoch bewegte, feiert hier eine Wiederauferstehung." (zit. nach Perner/Purtscheller 1994: 96) Zu ergänzen wäre, dass – entsprechend der unterschiedlichen politischen Kulturen in Deutschland und Österreich – ‚Zur Zeit' offen antisemitischen und rassistischen Texten deutlich mehr Platz einräumt als die ‚Junge Freiheit'.

Zum Begriff „Neue Rechte"

Die „Neue Rechte" markierte zunächst den Versuch, rechtsextremes Gedankengut zu modernisieren und „von Hitler zu befreien" (Feit 1987: 83). Bei genauerem Hinsehen sieht der Großteil „neurechter" Weltanschauung freilich sehr alt aus. Hatzenbichlers Aufzählung der Ziele der „Neuen Rechten" etwa erinnert deutlich an historische Vorbilder: „Politik muß vor Ökonomie kommen, Staatsethik manchmal auch vor Privatmoral. Man muß weg vom individualistischen Freiheitsbegriff, hin zu einer der Gemeinschaft, dem Volk, dem Staat verantwortlichen Freiheit. Die Freiheit des einzelnen endet nicht dort, wo es die Individualisten behaupten, nämlich bei der Freiheit des anderen einzelnen. Sie endet an der Freiheit der Gemeinschaft." (Hatzenbichler 1994: 275) 1933 klang das so: „Es erhebt sich [...] die Bindung gegen die ‚Freiheit' zubenannte Willkür, die organische Ganzheit gegen die individualistische Auflösung, Wehrhaftigkeit gegen bürgerliche Sekurität, Politik gegen den

Primat der Wirtschaft, Staat gegen Gesellschaft, Volk gegen Einzelmensch und Masse." (Krieck zit. nach Marcuse 1979: 39) Zu Recht spricht Holzer davon, dass sich so „manche vorschnell als solche entdeckte programmatische Innovationen moderner Gruppierungen [...] sehr rasch als oft nur geringfügig modifizierte Aktualisierungen faschistischer oder vorfaschistischer Ausprägungen rechtsextremer Ideologie [erweisen]" (Holzer 1993: 12).

Der Rechtsextremismus als Anordnung verschiedener Diskurse (wie völkischer Nationalismus, Antisemitismus, Rassismus, Biologismus, Autoritarismus und Dezisionismus, Antiegalitarismus, Antisozialismus und -liberalismus) sollte jedoch als durchaus flexibel begriffen werden. Er ist sehr wohl in der Lage, sich den jeweiligen hegemonialen Konstellationen anzupassen und seine Strategie wie Taktik zu variieren. Rund um seinen ideologischen Kern – dem Postulat der natürlichen Ungleichheit und der Rückbindung individueller Freiheitsrechte an vordiskursive Gemeinschaften (zum Beispiel Volk) – entfaltet der Rechtsextremismus einen Formenreichtum, der sich nicht in der Mimikry bis hin zur Selbstverleugnung erschöpft. Vor allem in Deutschland arbeiten sich „Neue Rechte" am Brückenschlag zu autoritär und nationalistisch aufgeladenen Teilen des konservativen Spektrums ab. Unter dem Banner der „selbstbewussten Nation" schmieden sie an einem neuen politischen Block, der dem Machtstaat nach innen wie außen wieder Geltung verschaffen soll. Dieser Aspekt lässt viele Autoren von der „Neuen Rechten" als einer „Grauzone" oder einem „Scharnier" zwischen Rechtsextremismus und Konservativismus, von einem „relativ eigenständigen Zwischenbereich im rechten Lager" sprechen (Gessenharter/Fröchling 1996: 559). Nun sind aber die Berührungspunkte von Konservativismus und Rechtsextremismus weder neu, noch konstituieren sie ein eigenständiges ideologisches Phänomen, dem das Etikett „Neue Rechte" angeheftet werden könnte. Vielmehr wäre der Rechtsextremismus generell zu begreifen als eine „extreme Spielart des Konservativen" (Holzer 1993: 16).

Ein formalistischer Rechtsextremismusbegriff, der sich allzu eng am historischen Beispiel orientiert und seinen totalitarismustheoretischen Hintergrund nur schwer verbergen kann, verhindert die Erfassung modernisierter Formen des Rechtsextremismus. Sehr oft ist die Verwendung des Begriffes „Neue Rechte" weniger dem Gegenstand als analytischer Unschärfe und juristischer Vorsicht[2] geschuldet. Von daher rührt die inflationäre Verwendung des Begriffes „Neue Rechte" für so unterschiedliche Phänomene wie rechts-

---

2 Auch wenn Holzer (1993) den Rechtsextremismus vom Neonazismus/-faschismus definitorisch abgrenzt und Ersterer somit – wie auch im Begriffsverständnis dieses Beitrags – nicht strafbare oder verfassungsfeindliche Gesinnungen und Handlungen meint, schrecken viele Autoren vor der Verwendung dieses Begriffes für die Charakterisierung der FPÖ und ihr nahe stehender Gruppen zurück. Gleiches gilt im Übrigen für den Begriff Rechtspopulismus, dessen Verwendung ebenfalls oft keine inhaltlichen Grundlagen hat.

extreme und -populistische Wahlparteien, ein verzweigtes Geflecht von Diskussionszirkeln und Zeitschriften, eine Grauzone zwischen Konservativismus und Rechtsextremismus, rechtsextreme Intellektuelle oder eine vermeintlich neue Strategie und Ideologie.

Angesichts der analytischen Unschärfe der Universalbezeichnung „Neue Rechte" wäre für die Verwendung eines äußerst eng gefassten Begriffs zu plädieren. Dieser sollte in Anlehnung an die apologetische Darstellung von Bartsch (1975) der – heute freilich belanglosen – neonationalrevolutionären Strömung vorbehalten sein. Gegen Ende der 1960er Jahre formierte sich diese innerhalb des Rechtsextremismus unter strategischer Bezugnahme auf die Herausforderungen der „Neuen Linken". Postuliert wurde ein „Dritter Weg" zwischen Kommunismus und Kapitalismus, Ost- und Westblock. Anknüpfend an den „deutschen Sozialismus" faschistischer Strömungen der Weimarer Republik rund um die Gebrüder Strasser, Ernst Niekisch und Andere, wurde versucht, die Einheit von links und marxistisch aufzulösen. Als europäische Befreiungsnationalisten, die sich nun auch gegen die USA wandten und einer antiimperialistischen Rhetorik frönten, kämpften die „Neuen Rechten" für die machtpolitische „Wiedergeburt Europas". Die Idee einer „Nation Europa", wie sie bereits von Intellektuellen der SS formuliert worden war, feierte eine Wiederauferstehung. Integrale Bestandteile dieses europäischen Nationalismus stellten die antietatistische Stoßrichtung und der Regionalismus dar. Daneben sollte die ideologische Entkolonialisierung des Kontinents mittels eines Rückgriffes auf neuheidnische Religiosität und im antiegalitären Kampf gegen das „Judäo-Christentum" erfolgen. Denn von diesem sei die Idee der Gleichheit der Menschen ausgegangen, die dann über die Aufklärung und den „Liberalextremismus von 1789" (Hatzenbichler 1994: 271) zum Marxismus und Kommunismus geführt habe.

Neben dessen ausuferndem Bedeutungsgehalt spricht noch etwas anderes gegen die unkritische Verwendung des Begriffs: Bei der Rede von einer „Neuen Rechten" handelt es sich um die Selbstdarstellung rechtsextremer Intellektueller. Schon die Namensgebung soll den post-faschistischen Charakter dieses Unterfangens hervorstreichen und so Salonfähigkeit ermöglichen. JF-Chefredakteur Dieter Stein selbst gestand ein, dass „Neue Rechte" „nach aprilfrischer Weste [klingt], mit der man sich mit antifaschistischer Jungfräulichkeit von den blutbesudelten Jacken älterer Generationen abhebt". (Stein zit. nach Wölk 1997: 227)

„Neurechte" Strategien

Der Rechtsextremismus nach Auschwitz und in Österreich unter den Bedingungen des NS-Verbotsgesetzes ist stark auf symbolische und indirekte Diskurse angewiesen (vgl. Taguieff 1991: 243f.). Diese operieren mit sprachlichen Codes (zum Beispiel „Kultur“ statt „Rasse“ oder „internationales Finanzkapital“ statt „jüdische Hochfinanz“), mit Andeutungen und Unterschwelligkeiten. Gerade Rechtsextreme, die für „Neue Rechte“ gehalten werden, haben in ihrem proklamierten Kampf um kulturelle Hegemonie das semantische Verwirrspiel perfektioniert. Daneben versuchen sie massiv den Einbruch in andere Diskurse. 1973 wurde diese Strategie im ‚La Plata Ruf‘ des ehemaligen Goebbels-Pressereferenten Wilfried van Owen formuliert: „Wir müssen unsere Aussagen so gestalten, daß sie nicht mehr ins Klischee der ‚Ewig-Gestrigen‘ passen. [...] In der Fremdarbeiter-Frage etwa erntet man mit der Argumentation ‚Die sollen doch heimgehen‘ nur verständnisloses Grinsen. Aber welcher Linke würde nicht zustimmen, wenn man fordert: ‚Dem Großkapital muß verboten werden, nur um des Profits willen ganze Völkerscharen in Europa zu verschieben. Der Mensch soll nicht zur Arbeit, sondern die Arbeit zum Menschen gebracht werden.‘ Der Sinn bleibt der gleiche: ‚Fremdarbeiter Raus!‘ Die Reaktion der Zuhörer wird aber grundverschieden sein.“ (zit. nach Purtscheller 1993: 116)

Ausgangspunkt „neurechter“ Strategie ist die Behauptung einer zu brechenden Hegemonie der Linken. Diese wird verbunden mit einer Selbstdarstellung als Nonkonformisten, Tabubrecher und Widerstandskämpfer gegen politisch-korrekte „Denkverbote“. Hat das Feindbild der durch die Institutionen marschierten „68er“ in Frankreich und Deutschland noch eine gewisse Entsprechung in der Realität, so entpuppt es sich in Österreich vollends als negative Wunschvorstellung. Ein deutscher Rechtskonservativer räumte dies nicht ohne Neid ein, wenn er meinte, dass „die weltweite Kulturrevolution von 1968 in Österreich keine nennenswerten Flurschäden angerichtet [hat]“ (Maier-Bergfeld 1995: 215). Ähnlich verhält es sich mit dem Feindbild politischer Liberalismus, der in Österreich nie massenwirksam werden konnte: „Österreich ist in seinem Kern nicht liberal, sondern etatistisch. [...] ‚Freie Entfaltung der Persönlichkeit‘ auf Kosten der öffentlichen Ordnung, Ruhe und Sicherheit existiert hier nicht. [...] Der Staat ist mehr als die Summe der Einzelpersonen. Den absoluten Vorrang der Einzelrechte gegenüber den Gemeinschaftsrechten – wie in Deutschland – gibt es nicht.“ (ebd.: 202f.) Und schließlich fällt im Falle Österreichs auch die reeducation als vermeintliche Basis einer linken Hegemonie weg: „Es gab in Österreich keine Umerziehung [...], weil es keine Kollektivschuldzumutung gab, weil es die Legende gab, man sei das erste Opfer Hitlers gewesen.“ (ebd.: 211)

Vor allem aber fehlt hierzulande eine zentrale Bedingung für die Herausbildung einer „Neuen Rechten“ – die Schwäche des parteiförmigen Rechtsextremismus. Die als Folge des Scheiterns rechtsextremer Parteien in Deutschland Anfang der 1970er Jahre sich etablierende „Neue Rechte“ reagierte darauf mit dem Konzept der „Metapolitik“, der systematischen Distanz gegenüber dem tagespolitischen Engagement in einer Partei zugunsten langfristig angelegter ideologischer Wühlarbeit in der Zivilgesellschaft. In Österreich, wo die mittlerweile zur Regierungspartei aufgestiegene FPÖ seit den 1950er Jahren im Parlament und in Landesregierungen sitzt, war die extreme Rechte – bei aller Kritik am liberalen Kurs der FPÖ-Spitze zwischen 1965 und 1986 – nicht gehalten, sich diese Strategie anzueignen. Auch befand sie sich zu keinem Zeitpunkt in einer hegemonialen Defensive, sondern wirkte über Massenorganisationen wie den ‚Österreichischen Turnerbund' oder die ‚Kameradschaft IV' bis tief in die Mitte der Gesellschaft hinein.

Das „Modell Haider"

Die FPÖ versteht sich als Repräsentantin des „Dritten Lagers", das in der Monarchie in seiner radikalsten Form von Schönerers ‚Alldeutschen', aber auch von gemäßigteren Deutschnationalen und in der Ersten Republik von der ‚Großdeutschen Volkspartei' und dem ‚Landbund' verkörpert wurde, in den dreißiger Jahren im Nationalsozialismus aufging und sich 1949 im ‚Verband der Unabhängigen' (VdU) wiederfand. Historisch, soziologisch und politisch-ideologisch ist die FPÖ keine homogene, geschlossene Partei, sondern ein Sammelbecken verschiedener sozialer Gruppen und unterschiedlich orientierter politischer Strömungen auf zunächst deutschnationaler Grundlage, die sich zwischen den – keinesfalls gleich starken – Polen Rechtsextremismus und Liberalismus bewegen.

Die FPÖ ging 1955/56 nach langen Richtungsstreitigkeiten aus dem VdU hervor, einem Konglomerat von Altnazis, Deutschnationalen und einigen wenigen Liberalen. In ihr nahmen umgehend ehemalige, zum Teil schwer belastete Nationalsozialisten führende Stellungen ein. Ab 1960 kam es jedoch zu taktischen Anpassungen und ideologischen Veränderungen. Namentlich Parteiobmann Friedrich Peter, als ehemaliger SS-Mann zunächst für den Garanten eines strammen Rechtskurses gehalten, bemühte sich, der FPÖ ein liberales Image zu geben. Er dekretierte, dass „Nationale und Liberale in der FPÖ gemeinsam Platz haben" (Frischenschlager 1978: 212). Diese Entwicklung stieß einen Teil der rechtsextremen Kräfte in der FPÖ – vor allem jüngere, burschenschaftliche Aktivisten – vor den Kopf und führte schließlich 1966/67 zur Abspaltung der neonazistischen ‚Nationaldemokratischen Partei' (NDP). Über das akademische Vorfeld der FPÖ (‚Ring Freiheitlicher Studenten'/‚Aula') blieben die Neonazis aber in enger Tuchfühlung zum „nationalen" Flügel der Mutterpartei. Nachdem dieser Flügel 1986 mit Jörg Haider an der Spitze neuerlich die Macht in der FPÖ übernommen hatte, erfuhren rechtsextreme Splittergruppen einen enormen Bedeutungsverlust.

Mit dem tagespolitischen Anpassungsprozess der Parteiführung unter Peter und seinem Nachfolger Norbert Steger war jedoch keine entsprechende ideologisch-programmatische Entwicklung der FPÖ verbunden. Insbesondere die Geisteshaltung vieler Funktionäre änderte sich nicht in Richtung Liberalismus. Für die Entwicklung, die schließlich 1986 zur Kampfabstimmung zwischen Steger und Haider führte, waren die Weiterexistenz und Aktivität starker „nationaler", vor allem von Burschenschaftern gebildeten Zentren in der FPÖ von entscheidender Bedeutung. Zahlreiche führende FPÖ-Funktionäre kommen aus den Burschenschaften, die in den 1950er und 1960er Jahren an den österreichischen Hochschulen eine wichtige Rolle spielten und damals Hauptträger rechtsextremer und neonazistischer Aktivitäten waren (vgl. Schiedel/Tröger 2001). Die Teilnahme des damaligen Kärntner Landesparteisekretärs Haider an einem Burschenschaftertreffen 1981, bei dem NDP-Führer Norbert Burger ein stürmischer Empfang bereitet und das SS-Lied ‚Wenn alle untreu werden' gesungen wurde, war kein Zufall, denn Haider ist in diesem Milieu herangewachsen und steht bis heute dazu (vgl. Bailer-Galanda/Neugebauer 1997).

In diesem Zusammenhang kam und kommt der erwähnten Zeitschrift ‚Aula' eine entscheidende Aufgabe zu. Als Integrationsorgan schlägt sie die Brücke vom gemäßigten Deutschnationalismus über die FPÖ bis zum Neonazismus. Die ‚Aula' blieb auch in der Ära Steger ein Sammelpunkt der äußersten rechten Kräfte in der FPÖ. In ihrer 40-Jahr-Jubiläumsausgabe, zu der neben den Größen der rechtsextremen und neonazistischen Szene – wie NDP-Führer Burger – auch Haider ein Grußwort beisteuerte, rühmte sich die ‚Aula' 1991 mit Recht, zu Haiders Aufstieg zum Kopf der FPÖ 1986 beigetragen zu haben. Damals hatte sich zweifellos mehr als ein Personenwechsel vollzogen; gerade die Stimmung auf diesem Parteitag signalisierte eine grundlegende Richtungsänderung: Unter Gejohle wurde ein neuer Parteiführer erkoren, während der unterlegene Steger als „Jud'" mit Erschießen und Vergasen bedroht wurde. Selbst ein der FPÖ wohlgesonnener Beobachter schrieb von einer „biergeschwängerten Stimmung, von Zwischenrufen und Verbalinjurien, die an nationalsozialistische Zeiten erinnerten" (Reimann 1991: 226).

Mit der Umorientierung auf einen weltanschaulich fundierten Oppositionskurs sowohl gegenüber der Regierung als auch gegenüber dem gesamten politischen System leitete Haider eine dynamische Aufwärtsentwicklung der FPÖ ein. Der Aufstieg der FPÖ zur Regierungspartei ist jedoch nicht nur dem Geschick ihres Anführers, sondern auch der spezifischen politischen und sozioökonomischen Situation in Österreich zuzuschreiben (vgl. Schiedel 2001). Bis zum Jahr 2000 konnte die Zahl der Wähler und Mandate bei nahezu allen Wahlen beträchtlich vergrößert und bei wichtigen politischen Themen die Deutungshoheit gewonnen werden. Dies gilt insbesondere für die so genannte „Ausländerfrage", die von der FPÖ seit Anfang der 1990er Jahre ins Zentrum der Agitation gerückt wurde. Bei den Nationalratswahlen 1999 warb die FPÖ in Wien beispielsweise erfolgreich mit Parolen wie „Stop der Überfremdung".

Mit ausländerfeindlichen und unkritisch auf den Nationalsozialismus anspielenden Sprüchen zielten Haider und die FPÖ-Spitze auf jenes nicht unbeträchtliche Potenzial in der Bevölkerung, das für Fremdenfeindlichkeit sowie eine positive Sicht auf den Nationalsozialismus empfänglich ist und aus dem sich ein beträchtlicher Teil der FPÖ-Sympathisanten rekrutiert. Nicht unbedingt deckungsgleich mit diesem Potenzial ist jenes der vage Unzufriedenen, die ihren unreflektierten Protest in der Wahl Haiders ausdrückten. Als autoritärer Populist vermochte es Haider, der sich als „Anwalt der kleinen Leute", als Rächer der vielfältig narzisstisch Gekränkten verkaufte, die Ressentiments gegen die „da oben" zu schüren und für sich nutzbar zu machen. Tatsächlich stellten die „Bonzen" und „Bürokraten" neben den „Ausländern" die zentralen Negativ-Objekte der FPÖ-Agitation dar. In Abgrenzung von diesen und den öffentlichen Institutionen – wie den Kammern oder anderen Interessenvertretungen – wurde erfolgreich eine fiktive nationale Gemeinschaft der „Tüchtigen" und „Anständigen" konstruiert. Die ökonomischen, gesellschaftlichen Zwänge wurden personalisiert oder als politisch-institutionelle benannt und so einer Überwindung entzogen (vgl. Krall 1992). Gleiches gilt für den klassischen Widerspruch von Kapital und Arbeit: An seiner Stelle bildete Haider das Gegensatzpaar Arbeit und Nicht-Arbeit. Anknüpfend an die antisemitische Unterscheidung zwischen „schaffendem" und „raffendem" Kapital, konstruierte die FPÖ eine Interessengemeinschaft der Produktiven.[3]

Haider veränderte nicht nur die Inhalte der Politik und die Struktur der FPÖ grundlegend, sondern wechselte auch die Hauptzielgruppen seiner Propaganda. Waren es früher eher elitäre Gruppen – wie deutschnationale Akademiker, Freiberufler, soziale Aufsteiger, Bürgerliche –, denen die ÖVP zu liberal war, die von der FPÖ angesprochen wurden, so richtete Haider seine Bemühungen bald hauptsächlich auf Protestwähler, auf von der Sozialdemokratie enttäuschte Arbeiter, so genannte „Modernisierungsverlierer". Die FPÖ-Propaganda griff dabei immer stärker zum Mittel der Sozialdemagogie. Daneben ist die Entwicklung der FPÖ seit 1986 durch ein Anwachsen der deutschnational-rechten bis rechtsextremen Kräfte charakterisiert, die eindeutig die Hegemonie errungen, die noch vorhandenen liberalen Reste zunehmend an den Rand und 1993 endgültig aus der Partei gedrängt haben. Früher außenstehende rechtsextreme, ja sogar ehemals neonazistische Kräfte haben in der FPÖ Aufnahme gefunden und dort Funktionen und Mandate errungen.

---

3 In der Propaganda der FPÖ wurden aber auch schon Töne angeschlagen, die sehr unmittelbar an den Nationalsozialismus erinnern: 1997 fand sich in einem regionalen Parteiblatt die grafische Darstellung der „arbeitende[n] Bevölkerung", wie sie von „Sozialismus" und „Kapitalismus" in die Zange genommen werde. Ersterer, so hieß es dort, betreibe die „Ausbeutung der arbeitenden Bevölkerung mittels Steuern durch die Umverteilungspolitik der eigentlichen Machthaber der internationalen sozialistischen Parteien und Gewerkschaften", Letzterer „mittels Zinsen durch die Profitgeldgeschäfte der die internationale Hochfinanz beherrschenden Banken und Spekulanten". Und darunter in direkter NS-Tradition: „Der Sozialismus und der Kapitalismus teilen sich in geheimer Komplizenschaft die Ausbeutung der arbeitenden Bevölkerung." (Steirischer Gemeindekurier März/1997)

Dem unorthodox, nach allen Regeln der modernen Manipulationstechnik operierenden Haider gelang es als Parteivorsitzender, ganz neue Schichten für die Partei zu gewinnen. Die FPÖ richtete ihre Politik und Propaganda auf die neue Heterogenität der Anhängerschaft aus; auch die Betonung des Bewegungscharakters der FPÖ trug dieser Entwicklung Rechnung. Der freiheitliche Weltanschauungsmix, der in wirtschaftlicher Hinsicht von neoliberal bis national-sozial oder vom postfordistischen bis zum fordistischen Rechtsextremismus (vgl. Steinmetz 1994) reichte, war aber nicht nur Ausdruck strategischer Überlegungen, sondern auch Spiegelbild innerparteilicher Fraktionierung. Eine pauschale Charakterisierung der FPÖ als neoliberal (vgl. Schui u.a. 1997) wurde dieser nicht gerecht. Vielmehr verfügte die FPÖ bei allen personellen und inhaltlichen Überschneidungen neben einem rechtsextremen Kern über einen wirtschaftsliberalen Flügel und eine Gruppe junger, weitgehend ideologiefreier Pragmatiker, die einzig ihre Ergebenheit gegenüber Haider vereinte. Da dieses Bündnis vom autoritär agierenden Haider zusammengehalten wurde, war es nach dessen formalem Rücktritt vom Parteivorsitz im Mai 2000 nur eine Frage der Zeit, bis in der FPÖ die Widersprüche offen zu Tage treten würden. Ähnlich der Entwicklungen beim ‚Front National' Ende der 1990er Jahre erfolgte die Fraktionsbildung auch bei der FPÖ maßgeblich entlang der Linie neoliberal/postfordistisch und national-sozial/fordistisch. Tatsächlich brachen bereits im ersten Jahr der FPÖ-Regierungsbeteiligung, die der erfolgsverwöhnten Partei eine Wahlschlappe nach der anderen eintrug, heftige Flügelkämpfe aus. Als Anführer des national-sozialen Flügels machte Haider von Kärnten aus Opposition gegen die Belastungspolitik der eigenen Regierung. In dieser hatte sich nicht nur die ÖVP mit ihrem rigiden Sparkurs durchgesetzt, sondern auch der wirtschaftsliberale FPÖ-Flügel breit gemacht, da Exponenten der national-sozialen Mehrheitsströmung von Regierungsämtern weitgehend ausgeschlossen blieben. Und die Politik der Regierung kollidierte tatsächlich mit der immer schwerer aufrecht zu erhaltenden ideologischen Selbstdarstellung der FPÖ als bessere Sozialdemokratie oder Partei der „kleinen Leute".

Im Spätsommer 2002 überspannten die FPÖ und Haider den Bogen zwischen Regierungsarbeit und Oppositionsrhetorik endgültig: Nach der Rücknahme des Versprechens steuerlicher Entlastung mobilisierte der rechtsextreme Kern gegen die eigene Parteiführung, die auch im Parlament nicht mehr die gesamte Fraktion hinter sich wusste. Umgehend traten die Parteivorsitzende und Vizekanzlerin Susanne Riess-Passer sowie der Fraktionsführer Peter Westenthaler zurück. Finanzminister Karl Heinz Grasser wechselte zum Koalitionspartner ÖVP. In der Folge kam es zu vorgezogenen Neuwahlen, aus welchen die FPÖ mit einem Minus von fast 17 Prozent hervorging. Weil die ehemaligen FPÖ-Wähler fast vollständig zur ÖVP wechselten, verfügen beide Parteien nach wie vor über eine Mehrheit im Nationalrat. Da in der gegenwärtigen Verfassung der FPÖ nur die Beteiligung an der Macht ihren Zerfall aufhalten kann, suchte die geschrumpfte Partei ihr Heil wieder auf den Regierungsbänken.

Auch wenn das „Modell Haider“ durch die erzwungene Anpassung an die neoliberale Standortlogik einige Schrammen bekommen hat, blicken Rechtsextreme aus ganz Europa neidvoll auf die Alpenrepublik. Insbesondere nach der innerparteilichen Säuberung vom September 2002, als sich „die mit den liberalkapitalistischen Wölfen heulende Spreu vom authentisch nationalen Weizen“ (Frisch 2002: 10) getrennt hatte, stieg Haiders Ansehen in völkischen Kreisen wieder. Gegenwärtig steht der Kärntner Landeshauptmann im Zentrum der Einigungsversuche der europäischen Rechten.

Zusammenfassung

Es gibt in Österreich keine „Neue Rechte“ im engeren Sinn, weil die alte so erfolgreich ist und die objektiven Voraussetzungen dafür weitgehend fehlen. Anfang der 1990er Jahre versuchten jedoch auch hierzulande Rechtsextreme im Umfeld der FPÖ „neurechte“ Elemente in ihre Diskurse einzubauen (vgl. Purtscheller 1994). Diese zielten vor allem auf eine kulturalistische Aktualisierung des Rassismus und auf Bündnisangebote an heimatlose Linke („Querfrontstrategie“). In der FPÖ-Kaderschmiede ‚Freiheitliches Bildungswerk‘ und der FPÖ-nahen Monatszeitschrift ‚Aula‘ kamen damals zahlreiche „neurechte“ Intellektuelle aus Deutschland und Frankreich zu Wort (vgl. Gärtner 1996). Die Träger dieser gescheiterten Versuche haben sich mittlerweile entweder resignierend zurückgezogen oder wieder mehr in Richtung des klassischen Rechtsextremismus orientiert. Statt um kulturelle Hegemonie, welche dem Griff nach der Macht vorauszugehen habe, kämpfen Rechtsextreme heute um Positionen in der FPÖ, die seit 2000 an der politischen Macht auch auf Bundesebene beteiligt ist.

Literatur

Bailer-Galanda, Brigitte und Neugebauer, Wolfgang: Haider und die Freiheitlichen in Österreich, Berlin 1997

Bartsch, Günter: Revolution von rechts? Ideologie und Organisation der Neuen Rechten, Freiburg i.Br. 1975

Feit, Margret: Die „Neue Rechte“ in der Bundesrepublik. Organisation – Ideologie – Strategie. Frankfurt a.M., New York 1987

Frisch, Alexander: Kommt Einheit national-identitärer Kräfte?, in: Deutsche Stimme, September 2002, S. 10

Frischenschlager, Friedhelm: Funktions- und Inhaltswandlungen von Parteiprogrammen am Beispiel der FPÖ-Programme, in: Österreichische Zeitschrift für Politikwissenschaft, 7. Jg., H. 2/1978, S. 209-220

Gärtner, Reinhold: Die ordentlichen Rechten. Die „Aula“, die Freiheitlichen und der Rechtsextremismus, Wien 1996

Gessenharter, Wolfgang und Fröchling, Helmut: Neue Rechte und Rechtsextremismus in Deutschland, in: Mecklenburg, Jens (Hrsg.): Handbuch deutscher Rechtsextremismus, Berlin 1996, S. 550-571

Hatzenbichler, Jürgen: Korporation, Tradition und Neue Rechte, in: Mölzer, Andreas (Hrsg.): Pro Patria. Das deutsche Korporations-Studententum – Randgruppe oder Elite?, Graz 1994, S. 251-284

Hatzenbichler, Jürgen: Das unfeine Geschäft der Rechtsintellektuellen, in: Junge Freiheit 16/1997, S. 10

Holzer, Willibald I.: Rechtsextremismus – Konturen, Definitionsmerkmale und Erklärungsansätze, in: Dokumentationsarchiv des österreichischen Widerstandes (Hrsg.): Handbuch des österreichischen Rechtsextremismus, Wien 1993, S. 11-96

Krall, Hannes: „Die Inszenierung des Politischen“. Eine sozialpsychologische Studie am Beispiel des Jörg Haider, Klagenfurt 1992 (Diss.)

Maier-Bergfeld, Peter: Deutschland und Österreich. Über das Hissen der schwarz-rot-goldenen Flagge in Wien, in: Schwilk, Heimo und Schacht, Ulrich (Hrsg.): Die selbstbewusste Nation. „Anschwellender Bockgesang“ und weitere Beiträge zu einer deutschen Debatte, 3. Aufl., Frankfurt a.M./Berlin 1995, S. 195-226

Marcuse, Herbert: Der Kampf gegen den Liberalismus in der totalitären Staatsauffassung, in: Abendroth, Wolfgang (Hrsg.): Faschismus und Kapitalismus. Theorien über die sozialen Ursprünge und die Funktion des Faschismus, Frankfurt a.M. 1979, S. 39-74

Perner, Markus und Purtscheller, Wolfgang: Die nationale Internationale, in: Purtscheller, Wolfgang (Hrsg.): Die Ordnung, die sie meinen. „Neue Rechte“ in Österreich, Wien 1994, S. 72-99

Purtscheller, Wolfgang: Aufbruch der Völkischen. Das braune Netzwerk, Wien 1993

Reimann, Viktor: Fünf ungewöhnliche Gespräche, Wien 1991

Schiedel, Heribert und Tröger, Martin: „Durch Reinheit zur Einheit“. Zum deutschnationalen Korporationswesen in Österreich, in: Siegfrieds Köpfe. Rechtsextremismus, Rassismus und Antisemitismus an der Universität, Wien (Context XXI, Nr. 7-8/2001), S. 27-39

Schiedel, Heribert: „Wir Österreicher wählen, wen wir wollen!“ Haider und der österreichische Normalzustand, in: Jäger, Siegfried und Paul, Jobst (Hrsg.): „Diese Rechte ist immer noch Bestanteil unserer Welt“. Aspekte einer neuen konservativen Revolution, Duisburg 2001, S. 119-139

Schui, Herbert u.a.: Wollt ihr den totalen Markt? Der Neoliberalismus und die extreme Rechte, München 1997

Steinmetz, George: Die (un-)moralische Ökonomie rechtsextremer Gewalt im Übergang zum Postfordismus, in: Das Argument 203 (1994), S. 23-40

Taguieff, Pierre-André: Die ideologischen Metamorphosen des Rassismus und die Krise des Antirassismus, in: Bielefeld, Uli (Hrsg.): Das Eigene und das Fremde. Neuer Rassismus in der Alten Welt?, Hamburg 1991, S. 221-268

Wölk, Volkmar: Was ist „Neue Rechte“?, in: Autorenkollektiv: Wie rechts ist der Zeitgeist? Texte von der antifaschistischen Konferenz am 25./26. Oktober 1996, Berlin 1997, S. 227-238

Thomas Grumke

„Take this country back!"

Die neue Rechte in den USA

1. Vorbemerkung

Am Anfang des 21. Jahrhunderts gehört Rechtsradikalismus[1] zur Normalität fast aller westlichen Demokratien. Wie Michael Minkenberg in seiner vergleichenden Studie der neuen radikalen Rechten in Deutschland, Frankreich und den USA herausgearbeitet hat, folgt auf die „stille Revolution" des postmaterialistischen Wertewandels und der neuen sozialen Bewegungen gegenwärtig eine rechtsautoritäre „stille Gegenrevolution". Dies geschieht vor dem Hintergrund immer rasanterer Modernisierungsschübe und sich beschleunigenden sozialen und politischen Wandels (vgl. Minkenberg 1998). Wenn nun Rechtsradikalismus als „normale Pathologie westlicher Industriegesellschaften" (Scheuch/Klingemann 1967) angesehen wird, dann betrifft dies die USA als Industriegesellschaft par excellence besonders. Gerade hier handelt es sich bei der neuen radikalen Rechten um den rechten Pol einer neuen Konfliktachse, die zunächst quer zum etablierten Parteienspektrum verläuft, das heißt um das Gegenüber der postmaterialistischen neuen Linken, der neuen sozialen Bewegungen und vor allen Dingen um den Gegenpol zu deren poli-

---

1 An dieser Stelle kann leider keine detaillierte Begriffsdiskussion erfolgen, obwohl eine reine Übertragung deutscher Begrifflichkeit auf die amerikanische extreme bzw. neue Rechte nicht erfolgen kann. Als rechtsextrem werden diejenigen politischen Bestrebungen, Kräfte, Parteien bezeichnet, die gezielt auf die völlige oder weitgehende Abschaffung der in der Verfassung niedergelegten demokratischen Spielregeln hinarbeiten und dabei auch bereit sind, verfassungswidrige Mittel einsetzen (Gewaltakzeptanz). Rechtsradikalismus schließt dagegen auch Kräfte oder Bestrebungen ein, die die geltende demokratische Ordnung als solche nicht in Frage stellen, jedoch durch Rückgriff auf den ultranationalistischen Mythos eine Radikalisierung nach rechts und damit eine Revision der Verfassungswirklichkeit bzw. einzelner Normen anstreben. (vgl. Minkenberg 1998: 34)
Der Vorwurf der „staatszentrierten Deutungsübernahme" (Kowalsky/Schroeder 1994: 9) – der Klassifizierung von (Rechts-) Extremismus, dem Verfassungsschutz folgend, als primär verfassungsfeindlich (versus: -konform) – läuft im Fall der USA also ins Leere, da hier rechtsextreme Organisationen und Aktivitäten nicht verfassungsfeindlich und sogar durch das I. Amendment der amerikanischen Verfassung geschützt sind (soweit sie nicht als terroristisch eingestuft werden). Außerdem beansprucht der Staat in den USA das Deutungsmonopol in dieser Frage erst gar nicht (vgl. Grumke 2001: 18ff.).

tischen Zielen. Es geht um die Abwehr einer multikulturellen, emanzipatorischen und postmaterialistischen Agenda (vgl. Minkenberg 1998: 359-370).

Ab den späten 1960er Jahren trat so in den USA eine Vielzahl neuer rechter Organisationen in Erscheinung, die auf den politischen Willensbildungsprozess einwirkten. Hier waren dies aufgrund der opportunity structures und der politischen Kultur vor allem die Bewegungsorganisationen der ‚Moral Majority‘ und der ‚Christian Coalition‘. Diese Gruppen dienten der Vernetzung einzelner Bewegungen sowie der Mobilisierung und Politisierung des protestantischen Fundamentalismus. Die als christliche neue Rechte bezeichnete Bewegung orientierte sich am wörtlichen Bibelverständnis und sah die USA als inhärent christliche Nation. In den 1990er Jahren kam die Buchanan-Bewegung hinzu. Dessen fremdenfeindliche „America First“-Position ist zunehmend mit der kulturnationalistischen Agenda der christlichen Neuen Rechten verschmolzen, die den „europäischen Kern der USA“ bewahren will.

Schon in ihrer klassischen Studie des amerikanischen Rechtsradikalismus kommen Seymour M. Lipset und Earl Raab im Vergleich mit linken Bewegungen zu dem Ergebnis: „Extreme rightist movements have been more indigenous to America and have left more of a mark on its history“ (Lipset/Raab 1978: 3; Hervorhebung im Original). Diese Analyse ist auch für die Gegenwart der USA gültig, denn auch heute haben rechte Bewegungen und Akteure einen erheblich größeren politischen und gesellschaftlichen Einfluss als linke. Es ist allerdings sehr wichtig, nochmals zu unterstreichen, dass die neue Rechte in den USA – anders als zum Beispiel in Deutschland – fast ausnahmslos christlich-konservativ geprägt ist.

2. Reframing des Feindbildes

Weit entfernt vom kruden Rassismus und Antisemitismus der „klassischen“ extremen Rechten (vgl. Grumke 2001), ist die neue amerikanische Rechte ein sehr ernst zu nehmender und einflussreicher politischer Akteur. Die wichtigste ideologische Erneuerung in den USA bestand darin, dass mit der politischen Emanzipation der Schwarzen und dem Ende des alten Südens eine Diskreditierung des offenen Rassismus einherging. Noch in den 1960er Jahren machte der altrechte George Wallace mit dem Slogan „segregation now, segregation forever“ Wahlkampf (vgl. Carter 1995, 1996). Nach 1968 fand im rechten Diskurs eine Verschiebung zum religiösen Fundamentalismus und zu einem abgeschwächten symbolischen Rassismus bzw. Ethnozentrismus statt. Im Mittelpunkt steht die Verteidigung von Werten und einem darauf gegründeten Lebensstil und nicht etwa der Erhalt des sozioökonomischen Status. Auch in den USA soll gezielt ein Gegendiskurs zu den „Ideen von 1968“ sowie ein „Kulturkampf von rechts“ um „die Seele der amerikanischen Nation“ (Pat Buchanan) geführt werden.

Zentrale Topoi der amerikanischen neuen Rechten sind gegenwärtig die Abwehr des Angriffs auf die „weiße Kultur“, die so genannte „Immigration Invasion“, der „Christian response to Liberalism“ oder auch der Kampf „to save Southern heritage“. Ein wichtiger Teil des „Neuen“ an der neuen amerikanischen Rechten ist hierbei das Reframing des Feindbildes. Heute ist kein Staat mehr mit der „Red Scare“ der 1950er Jahre, also mit krudem Antikommunismus à la McCarthy, zu machen. Folgerichtig wurden neue Kampfbegriffe von der neuen Rechten in die Debatte eingeführt wie „Cultural Marxism“, der hier paradigmatisch kurz untersucht werden soll.

„Cultural Marxism“ beschreibt den angeblichen konspirativen Versuch, Kultur und Moral der USA zu zerstören. Man kann den Begriff auch als eine Art „gedopte political correctness“ beschreiben, als verdeckten Angriff auf den American Way of Life, der seit den 1970er Jahren von der politischen Linken geplant und durchgeführt worden sei. Pat Buchanan zufolge läuft diese Strategie auf die „De-Christianisierung“ der USA hinaus, wie er es in seinem apokalypitischen Bestseller ‚The Death of the West‘ beschreibt (vgl. Buchanan 2001: 179ff.). Als Antwort hierauf haben neurechte Ideologen ihre seit den 1990ern kultivierte Kritik an der Political Correctness „aufgemotzt“ und neu verpackt. Die vermeintlichen Erfinder des „Kulturellen Marxismus“ werden als Verschwörer gesehen, die Amerikanern Schuld einreden wollen und somit die Zerstörung ihrer christlichen Kultur betreiben. Zusammengefasst lautete die neurechte Version der Ereignisse so, dass sich in den 1930er Jahren eine kleine Gruppe aus Deutschland geflohener jüdischer Philosophen (bekannt als ‚Frankfurter Schule‘) an der Columbia University in New York niederließ und hier eine unorthodoxe Form des Marxismus entwickelte, die sich mit der amerikanischen Kultur und nicht mit dem Wirtschaftssystem der USA auseinandersetzte. Diese Gruppe habe es sich zum Ziel gesetzt, der amerikanischen Gesellschaft zu vermitteln, dass Stolz auf die europäische Abstammung und Ethnie schlecht und sexuelle Befreiung gut sowie christliche „familiy values“ reaktionär und rückschrittlich seien.

Ohne den Begriff des „Cultural Marxism“ explizit zu verwenden, gab Pat Buchanan dem Diskurs einen wichtigen Impuls mit seiner „Kulturkrieg“-Rede auf dem Parteitag der ‚Republikaner‘ in Houston 1992, wo er sagte: „There is a religious war going on in our country for the soul of America. It is a cultural war, as critical to the nation we will one day be as was the Cold War itself“.[2] Der Kalte Krieg wird hiernach abgelöst durch einen religiöskulturellen. Aber es ist William Lind, seit langem Mitarbeiter der ‚Free Congress Foundation‘ (FCF) des Paul Weyrich (siehe unten), der die Feindbestimmung präzisiert hat: Feministinnen, Homosexuelle, so genannte multiculturalists, Umweltschützer, Migranten und die erwähnte ‚Frankfurter Schu-

2 Siehe die gesamte Rede auf Buchanans Webseite: http://www.buchanan.org/pa-92-0817-rnc.html (ges. am 5.1.2004).

le'. Erst kürzlich gab Lind der DVU-nahen ,National-Zeitung' ein Interview zum Thema Irakkrieg.[3] Auch Paul Weyrichs Rolle ist signifikant. Während der vergangenen drei Jahrzehnte ist er eine der zentralen Figuren der neuen amerikanischen Rechten. Er ist nicht nur einer der wichtigsten Geldbeschaffer der einflussreichen ,Heritage Foundation'; er gründete außerdem den ,American Legislative Exchange Council', eine von der Wirtschaft getragene Organsation konservativer Abgeordneter. Das von Weyrichs ,Free Congress Foundation' vertriebene Video ,Political Correctness: The Dirty Little Secret' wird unterdessen vom rechtsradikalen ,Council of Conservative Citizens' nahezu deckungsgleich unter dem Titel ,Political Correctness: The Frankfurt School Story' vertrieben. Hierin heißt es: „With virtually unlimited funding, Leftist control freaks work nonstop to destroy the American way of life by promoting minority rights and privileges at the expense of ordinary citizens. The enemies of American culture and tradition are also helping swarms of illegal aliens cross the border and bring poverty, crime, and disease into the United States."[4] Hier werden nun die Unterstützung von Minoritätenrechten, illegale Immigration und Political Correctness gleichermaßen zu Teilen einer linken, unamerikanischen, über fantastische Ressourcen verfügenden Verschwörung.

Als Brutstätte dieses Anschlages auf den moralischen und kulturellen Kern Amerikas werden die zahlreichen liberalen Universitäten gesehen, die William Lind in Anspielung auf den Begriff „ivy league" verächtlich als „mit Efeu behangene Nordkoreas" bezeichnet hat, allen voran die „People's Republic of Berkeley". Das neurechte Szenario einer gesellschaftlich dominanten linken Gedankenpolizei, die sofort jeden als „politisch inkorrekt" abstraft oder als rassistisch, sexistisch oder chauvinistisch verunglimpft, der amerikanische Werte oder die westliche Zivilisation hochhält, greift mehr und mehr Raum im politischen Diskurs der USA. Es ist noch nicht klar zu bestimmen, inwieweit das Konzept der „Cultural Marxism"-Verschwörung vom politischen und gesellschaftlichen amerikanischen Mainstream akzeptiert wird. Sicher ist unterdessen, dass eine Reihe von neurechten Organisationen unter anderem hieran sehr intensiv und unter Aufbringung erheblicher finanzieller Ressourcen arbeitet.

---

3 Das Interview erschien in Ausgabe 52/2003 vom 19.12.2003 und ist online greifbar unter http://www.national-zeitung.de/Artikel_03/NZ52/NZ52_1.html (ges. am 6.1.2004).

4 Vgl. die Webseite des ,Council of Conservative Citizens': http://www.cofcc.org/CCF.htm (ges. am 6.1.2004). Hier heißt es weiter zum angebotenen Video: „This documentary recounts the work of a group of Marxist theorists who sabotaged American culture and beliefs through Critical Theory and other destructive doctrines. Half of century [sic!] of Frankfurt School conspiracy has evolved into the tyranny of Political Correctness."

3. Die neurechte Infrastruktur

Anders als die neue Rechte in Deutschland hat es die amerikanische neue Rechte immer wieder verstanden, erheblichen politischen Einfluss zu erlangen und eine stattliche Infrastruktur aufzubauen. Eine zentrale Stellung nehmen dabei neurechte Medien, Think Tanks (siehe unten), Pressure Groups und einflussreiche Bewegungsunternehmer (wie Paul Weyrich) ein. Durch ein komplexes Geflecht aus politischen und sozialen Netzwerken werden verschiedene Ideen und Konzepte in den USA vom rechten Rand in den politischen und gesellschaftlichen Mainstream befördert.

Vor allem die christliche neue Rechte nimmt seit nunmehr zwei Jahrzehnten einen wichtigen Platz in der amerikanischen politischen Landschaft ein. Tatsächlich gewann die christliche Rechte in den USA in den 1980er Jahren – auch begünstigt durch die Präsidentschaft Ronald Reagans (vgl. Diamond 1995: 205-256) – ständig an politischem und gesellschaftlichem Einfluss. Neben ur-konservativen Themen wie der Bekämpfung der Kriminalität stehen Forderungen wie die Einführung des Schulgebets, die Re-Kriminalisierung von Abtreibung, das Abschaffen von Bürgerrechten für Homosexuelle und die ständige Zensur staatlicher Schulen, Bibliotheken und Museen nach christlich-moralischen Richtlinien im Mittelpunkt. Enorm wichtig ist der stetig steigende Einfluss auf die ‚Republikanische Partei'. Während die christliche neue Rechte in den 1990er Jahren in 18 Staaten die Parteiorganisation dominierte, war dies um die Jahrtausendwende herum schon in 30 Staaten der Fall (vgl. Minkenberg 2003: 24). Durch eine neue Erfolgsstrategie aus Kulturkampfrhetorik und von linken Bewegungen entlehnten Grass-Roots-Strategien hat es allein die ‚Christian Coalition' auf ca. zwei Millionen Mitglieder gebracht.[5] Der Preis des Erfolgs ist allerdings ein Verlust an Profil, Vitalität und Eigenständigkeit (vgl. Green/Rozell/Wilcox 2003).

Wie die Tabelle zeigt, besteht nicht nur ein komplexes organisatorisches Netzwerk der christlichen Rechten; verschiedene Gruppen sind auch durch Doppelmitgliedschaften wichtiger religiöser Führer eng verzahnt.

Wie Michael Minkenberg herausgearbeitet hat, „zog mit dem born again-Christen" George W. Bush im Jahre 2000 „nicht nur ein den Fundamentalisten und der Christlichen Rechten besonders nahe stehender Republikaner ins Weiße Haus ein. Mit ihm gelangten auch eine Reihe von Aktivisten der Christlichen Rechten und des ‚conservative movement' wie Grover Norquist, Spencer Abraham und John Ashcroft in einflussreiche Positionen in seiner Administration" (Minkenberg 2003: 23). Dieser Analyse zufolge hat die christliche Rechte nunmehr eine derartige Nähe zur Macht in Washington, dass sie mittlerweile zur „Bewegung der Partei" geworden ist (vgl. ebd.: 32).

5 Vgl. die Webseite der Organisation auf http://www.cc.org (ges. am 5.1.2004).

Tabelle: Das Netzwerk der Christlichen Rechten in den achtziger und neunziger Jahren

	NCAC	RR	CV	MM	FC	EF	CWA	ACTV	AFC	FRC	CC
Robert Billings	*X*		*X*	*X*							
James Dobson								***X***		**X**	
Colonel Doner			*X*					***X***			
Jerry Falwell				*X*				***X***			
Robert Grant			*X*					***X***	***X***		
Gary Jarmin			*X*					***X***	***X***		
Beverly LaHaye							***X***				
Tim LaHaye			*X*	*X*				***X***			
Ed McAteer		*X*									
Pat Robertson		*X*			*X*						**X**
James Robison		*X*						***X***			
Phyllis Schlafly						*X*					

Anmerkungen:
X = Mitgliedschaft von Führungsfiguren in den Organisationen.
kursiv = wichtige Organisationen der achtziger Jahre.
fettkursiv = wichtige Organisationen, die nach der Reorganisation am Ende der achtziger Jahre fortbestanden.
fett = neue Organisationen, die im Zuge der Reorganisation entstanden.

Abkürzungen: ACTV: American Coalition for Traditional Values; AFC: American Freedom Coalition; CC: Christian Coalition; CV: Christian Voice; CWA: Concerned Women for America; EF: Eagle Forum; FC: Freedrom Council; FRC: Family Research Council; MM: Moral Majority; NCAC: National Christian Action Coalition; RR: Religious Roundtable.

Quelle: Minkenberg 2003: 25.

Um die enge Verzahnung und Vernetzung innerhalb der neuen Rechten (auch jenseits des oben beschriebenen Netzwerks der christlichen Rechten) sowie die erheblichen Ressourcen zu verdeutlichen, sollen im Folgenden außerdem die wichtigsten Organisationen beispielhaft und kursorisch vorgestellt werden:

a) The American Cause

‚The American Cause' ist eine Stiftung und wurde 1993 von Patrick Buchanan gegründet. Die Organisation fungiert weitgehend als Lautsprecher für Buchanan. Schon seit Jahrzehnten vertritt dieser die Ansicht, dass Demokratie nur in einem ethnisch und kulturell homogenen Land funktionieren könne. In seinem jüngsten Buch ‚The Death of the West' beklagt der dreifache Präsidentschaftskandidat den steigenden Einfluss von nicht-weißen, nicht-christlichen Migranten in den USA. Im Zusammenhang mit dem so genannten „Kampf gegen den Terrorismus“ hat Buchanan öffentlich die „jüdische Lobby“ für den seiner Meinung nach für die USA nachteiligen Einsatz in Afghanistan und im Irak verantwortlich gemacht. Als Sprachrohr dient ihm sein Zeitungsprojekt ‚The American Conservative‘.

b) American Enterprise Institute

Gegründet 1943, ist das ‚American Enterprise Institute‘ (AEI) eines der einflussreichsten neurechten Think Tanks der USA. Von der ursprünglichen Pro-Business-Zielrichtung abgekommen, hat das AEI in den vergangenen Jahren Forschung unterstützt, die von manchen Beobachtern als rassistisch beurteilt wird. So hat zum Beispiel der einschlägige neurechte Autor Dinesh D'Souza ein Fellowship der ‚Olin Foundation‘ (siehe e) beim AEI inne. D'Souza hat unter anderem eine Rücknahme des 1964er Civil Rights Act gefordert, mit dem die Diskriminierung von Schwarzen rechtlich erheblich eingedämmt wurde. Ein weiterer kontroverser Autor unter dem Dach des AEI ist Charles Murray, der ein Fellowship der ‚Bradley Foundation‘ (siehe c) hält. Murray ist der Co-Autor des berühmt-berüchtigten Buches ‚The Bell Curve‘, in dem argumentiert wird, dass Schwarze und Latinos genetisch gegenüber Weißen minderbemittelt seien und deshalb alle Arten von Wohlfahrt und Minoritätenprogrammen zwangsläufig scheitern müssten.

c) The Lynde and Harry Bradley Foundation

Die ‚Bradley Foundation‘ wurde mit 290 Millionen Dollar Verkaufserlös der Bradley-Elektroteilefabrik im Jahre 1985 gegründet. Mit gegenwärtig ca. 700 Millionen Dollar Gesamtvermögen kann sie als größte rechte Stiftung in den USA gelten. Unter anderem fördert die Stiftung neurechte Einrichtungen wie das ‚American Enterprise Institute‘ (siehe b), das ‚Center for the Study of Popular Culture‘, die ‚Free Congress Foundation‘ und das ‚Rockford Institute‘. Die ‚Free Congress Foundation‘ erhielt nach Recherchen von ‚Media-Transparency.com‘ mehr als sechs Millionen Dollar Förderung.[6]

d) Free Congress Foundation

Im Jahre 1974 gründeten Paul Weyrich und der Biermagnat Joseph Coors das ‚Committee for the Survival of a Free Congress‘, das sich später zur ‚Free Congress Foundation‘ (FCF) entwickelte. Die Stiftung empfing in der Ver-

6 Vgl. http://www.mediatransparency.org/recipients/free_congress.htm (ges. am 5.1.2004).

gangeheit nahmhafte Förderung von der Coors Familie sowie von der von Richard Mellon Scaife kontrollierten ‚Scaife Foundation' (siehe g). Im Jahre 1987 entstand unter der Ägide Weyrichs das Buch ‚Cultural Conservatism: Toward a New National Agenda', das zur Vorlage der späteren Rede vom „Kulturkrieg" wurde.

e) John M. Olin Foundation

Seit ihrer Gründung im Jahre 1953 durch den Industriellen John Merrill Olin hat die ‚Olin Foundation' eine Reihe von neurechten Organisationen finanziell unterstützt, unter anderem das ‚American Enterprise Institute', das ‚Center for the Study of Popular Culture', die ‚Federation for American Immigration Reform', die ‚Free Congress Foundation' und das ‚Rockford Institute'. Olin plant nach eigenen Angaben seine gesamten finanziellen Rücklagen von über 70 Millionen Dollar in den kommenden Jahren zu verteilen.

f) Pioneer Fund

Der ‚Pioneer Fund' wurde bereits 1937 in New York gegründet und setzte sich das Ziel, „race betterment" für diejenigen zu betreiben, die von Weißen abstammen, die die vorkonstitutionellen dreizehn Staaten der Union besiedelten.[7] In den vergangenen Jahrzehnten hat der ‚Pioneer Fund' fast alle bekannten amerikanischen und britischen so genannten „race scientists" (Rassekundler) finanziell unterstützt. Obwohl der neue Präsident des Funds, Philippe Rushton, die Begriffe „inferior" und „superior" aus dem Vokabular des Funds gestrichen hat, wird daran festgehalten, dass Schwarze im Vergleich zu Weißen durchschnittlich kleinere Gehirne und geringere Intelligenz hätten sowie aggresiver, weniger gesetzestreu und weniger treu seien. Geldempfänger des ‚Pioneer Fund' sind ein Who's Who des neurechten bis hin zum offen rassistischen Spektrum.

g) Scaife Foundations

Der Milliardär Richard Mellon Scaife und seine Familie kontrollieren vier Stiftungen, die die amerikanischen Politikwissenschaften mit Förderungen von über 350 Millionen Dollar seit den 1960ern nachhaltig beinflusst haben. Die vier Stiftungen sind die ‚Allegheny Foundation', die ‚Carthage Foundati-

7 Vgl. http://www.pioneerfund.org (ges. am 6.1.2004).

on', die ‚Sarah Scaife Foundation' und die ‚Scaife Family Foundation'. Die Scaife Stiftungen fördern außerdem rechte Organisationen wie das ‚American Enterprise Institute', das ‚Center for the Study of Popular Culture', die ‚Federation for American Immigration Reform', die ‚Free Congress Foundation' und das ‚Rockford Institute'.

h) U.S. Inc.

Gegründet im Jahre 1982 durch den Augenarzt John H. Tanton, operiert US Inc. vor allem öffentlich mit drei Projekten: ‚NumbersUSA', ‚ProEnglish' und ‚The Social Contract Press', die das Journal ‚The Social Contract' herausbringt. Tanton und seine Frau Mary Lou, die seit der Gründung Präsident und Vizepräsidentin sind, haben mehr als irgendwelche anderen Personen für die Anti-Immigration-Bewegung in den USA getan. John Tanton gründete neben den genannten Gruppen die ‚Federation for American Immigration Reform' (FAIR), ‚U.S. English' sowie das einflussreiche ‚Center for Immigration Studies'. Dazu kommt Tantons Engagement in den Anti-Hispanic-Gruppen ‚American Patrol' und ‚California Coalition for Immigration Reform'. Tanton ist desweiteren Co-Autor (mit Wayne Lutton von der rechtsradikalen ‚New Century Foundation') des alarmistischen Buches ‚The Immigration Invasion', in dem das Horroszenario einer „Überschwemmung" der USA durch zumeist illegale, nicht-weiße Migranten und durch sie verübte grassierende Kriminalität gezeichnet wird.

Diese wenigen Beispiele mögen verdeutlichen, dass die neue Rechte in den USA nicht nur über bessere Gelegenheitsstrukturen, sondern auch über wesentlich besseren Zugang zu finanziellen Ressourcen und politischer Macht verfügt als in Deutschland. Desweiteren werden die verschiedenen neurechten Ideen und Konzepte in den USA durch ein komplexes Geflecht aus politischen und sozialen Netzwerken aus Medien, Think Tanks, so genannten Pressure Groups, Geldgebern und Aktivisten vom rechten Rand in den politischen und gesellschaftlichen Mainstream befördert. Dazu werden Millionen von Dollar pro Jahr ausgegeben, die von einem Netzwerk von großen Stiftungen systematisch an ausgesuchte kleinere Stiftungen, Institute, Medien, Studiengruppen oder Individuen weitergegeben werden, die ihrerseits jeweils ein bestimmtes rechtes Publikum bzw. Thema bedienen (vgl. People for the American way 1996). Außerdem verfügt besonders die christliche neue Rechte in der Bush-Administration über indirekten und zum Teil auch direkten Zugang zum Regierungshandeln und darüber hinaus über erheblichen Einfluss in der ‚Republikanischen Partei' in ca. 30 Bundesstaaten.

4. Abschließende Bemerkungen

Selbstverständlich konnte an dieser Stelle die Rolle, Bedeutung und Beschaffenheit der amerikanischen neuen Rechten nur angerissen werden. Zusammenfassend lässt sich jedoch konstatieren: In den USA hat sich in einem Erneuerungsprozess die radikale Rechte von einer Bewegungsfamilie, die von rassistischen Gruppen geprägt war, zu einer religiös-fundamentalistischen Bewegung verändert (neben der jedoch eine stark fragmentierte, zum Teil gewaltbereite militante Rechte existiert). Zwar gibt es dort keine rechtsradikale Partei im europäischen Sinne, doch bestehen auch neurechte Parteistrukturen und Wahlbeteiligungen, zum Teil auf dem Ticket der ‚Republikanischen Partei', die zunehmend von der neuen Rechten durchdrungen wird. Michael Lind spricht sogar von einem „New Nativism", der euro-amerikanisch und christlich geprägt sei und der von Akteuren wie Pat Buchanan, Pat Robertson oder Ralph Reed verkörpert werde (vgl. Lind 1995: 245ff.). Dies bedeutet den Zusammenschluss fundamentalistischer Protestanten mit reaktionären Katholiken zu einem nativistischen Block, der jetzt nicht – wie es der klassische Nativismus tat – Katholiken, sondern non-Christian oder anti-Christian forces als Amerikas Verderben ansieht.

Dass eine solche pan-christliche Taktik in den USA ein breites Publikum hat, zeigt zum Beispiel der Auftritt Dan Quales auf einer Konferenz der religiösen Rechten mit dem Titel „Reclaiming America" im Jahre 1994, auf der der ehemalige amerikanische Vizepräsident in einen abgewandelten Pledge of Allegiance einstimmte: „I pledge allegiance to the Christian flag, and to the Saviour, for whose Kingdom it stands, one Saviour, crucified, risen, and coming again, with life and liberty for all who believe" (zit. ebd.: 247). Die neurechte Losung, Amerika zurückgewinnen zu wollen (Reclaim America), ist nichts anderes als die Sehnsucht nach dem American Creed einer homogenen Abstammungs- und Glaubensgemeinschaft. Zentral für das Vorhaben ist die Ausbildung einer rechten „counterintelligentsia" (vgl. Leggewie 1997: 231), die mit erheblichem finanziellen Aufwand und sogar in eigenen Universitäten (wie Regent University oder Bob Jones University) betrieben wird. Unter der Flagge des neuen Nativismus gab der ehemalige executive director der ‚Christian Coalition', Ralph Reed, schon 1990 die Parole aus: „What Christians have got to do is take back this country, one precinct at a time, one neighborhood at a time and one state at a time."[8]

---

8 Ralph Reed, Religious News Service, 1. Mai 1990

Literatur

Buchanan, Pat: The Death of the West: How Dying Populations and Immigrant Invasions Imperil Our Country and Civilization, New York 2001

Carter, Dan T.: The Politics of Rage. George Wallace, the Origin of the New Conservatism, and the Transformation of American Politics, Baton Rouge, LA 1995

Carter, Dan T.: From George Wallace to Newt Gingrich. Race in the Conservative Counterrevolution, Baton Rouge, LA 1996

Diamond, Sara : Roads to Dominion. Right-Wing Movements and Political Power in the United States, New York 1995

John C.Green, Mark J.Rozell und Clyde Wilcox (Hrsg.): The Christian Right in American Politics. Marching to the Millenium, Washington, D.C. 2003

Grumke, Thomas: Rechtsextremismus in den USA, Opladen 2001

Grumke, Thomas und Wagner, Bernd (Hrsg.): Handbuch Rechtsradikalismus. Personen – Organisationen – Netzwerke: Vom Neonazismus bis in die Mitte der Gesellschaft, Opladen 2002

Kowalsky, Wolfgang und Schroeder, Wolfgang (Hrsg.): Rechtsextremismus. Einführung und Forschungsbilanz, Opladen 1994

Leggewie, Claus: America First? Der Fall einer konservativen Revolution, Frankfurt a.M. 1997

Lind, Michael: The Next American Generation. The New Nationalism and the Fourth American Revolution, New York 1995

Lipset, Seymour Martin und Raab, Earl: The Politics of Unreason. Right-Wing Extremism in America, 1790-1978, 2. Aufl., Chicago/London 1978

Minkenberg, Michael: Die neue radikale Rechte im Vergleich. USA, Frankreich, Deutschland, Opladen 1998

Minkenberg, Michael: „Die Christliche Rechte und die amerikanische Politik von der ersten bis zur zweiten Bush-Administration", in: Aus Politik und Zeitgeschichte, Nr. B46, S. 23-32

People for the American Way: Buying a Movement: Right-Wing Foundations and American Politics, Washington, DC 1996, in: Homepage People for the American Way, http://www.pfaw.org/pfaw/dfiles/file_33.pdf

Scheuch, Erwin K. und Klingemann, Hans-Dieter: „Theorie des Rechtsradikalismus in westlichen Industriegesellschaften"; in: Hamburger Jahrbuch für Wirtschafts- und Gesellschaftspolitik, 12. Jg., Tübingen 1967, S. 11-29.

4. Publizistik der Neuen Rechten

Thomas Pfeiffer

Das informationelle Kapillarsystem

Die neurechte Publizistik im Medienmix einer Bewegung von rechts

Medien sind das zentrale Handlungsfeld der Neuen Rechten. Sie haben aber auch für den übrigen Rechtsextremismus an Bedeutung gewonnen. Dies gilt desto mehr, je stärker dieses politische Lager von losen Strukturen geprägt ist. Vor allem seit den 1990er Jahren haben flexible Aktionsbündnisse, informelle Projekte und regionale Kameradschaften starren Organisationen den Rang abgelaufen. Vernetzung genießt Priorität vor formalen Hierarchien. Gleichzeitig hat sich der Aktionsschwerpunkt des deutschen Rechtsextremismus verlagert: Er hat sich fortbewegt von den klassischen Sphären politischen Handelns, den Wahlkämpfen und Parlamenten; vielmehr bemüht sich die Szene zunehmend, den vorpolitischen Raum, den Alltag, zu politisieren; eine „rechtsextremistische Erlebniswelt" zu entfalten, in der sich Lifestyle und Agitation verbinden. Der Politikwissenschaftler Hans-Gerd Jaschke hat bereits in den frühen 1990er Jahren auf solche bewegungsförmigen Züge des Rechtsextremismus hingewiesen (Jaschke 1993). Von diesem Ansatz geht der folgende Beitrag aus.[1]

Die Übergänge zwischen dem Kern einer Bewegung und der übrigen Gesellschaft sind fließend. Ganz grob lassen sich die Personen, die im Innern und am Rande eine Rolle spielen, in vier Gruppen einteilen: „Sympathisan-

1 Eine soziale Bewegung wird im Folgenden verstanden als ein „mobilisierender kollektiver Akteur, der mit einer gewissen Kontinuität auf der Grundlage hoher symbolischer Integration und geringer Rollenspezifikation mittels variabler Organisations- und Aktionsformen das Ziel verfolgt, grundlegenderen sozialen Wandel herbeizuführen, zu verhindern oder rückgängig zu machen." (Raschke 1988: 77) Jaschkes Anregung hat eine lebhafte Debatte in der Rechtsextremismusforschung ausgelöst. Dass sich diese fruchtbare Diskussion fortsetzt, zeigt beispielsweise der Beitrag von Dieter Rucht 2002. Ausführlich zum bewegungstheoretischen Ansatz: Pfeiffer 2000.

ten“, „Unterstützer“, „Basisaktivisten“ und „Bewegungseliten“ (Rucht 1994a: 85ff.). Die Neue Rechte zählt zu diesem Bewegungskern, der Leitungsfunktionen wie Ideologie- und Strategiebildung übernimmt (Gessenharter 1998: 34). Ein politisches Lager, das überwiegend als „Netzwerk von Netzwerken“ strukturiert ist – wie Friedhelm Neidhardt neue soziale Bewegungen beschrieben hat (Neidhardt 1985: 197f.) – kann seine Anhänger nicht allein mit Hilfe zentraler Organe erreichen; vielmehr bedarf es einer Vielzahl von Medien mit unterschiedlichen Profilen und unterschiedlichen Zielgruppen. Informelle Strukturen und ein heterogenes Erscheinungsbild bergen auch die Gefahr, dass die Bewegung zerfranst; informationelle Vernetzung und symbolische Integration führen sie zusammen und machen sie aktions- und strategiefähig. Doch eine Bewegung versandete oder würde zur Sekte, drehte sie sich ausschließlich um die eigene Achse und könnte sie nicht eine gewisse Breitenwirkung entfalten (vgl. Rucht 1994b: 337). Auch an dieser Aufgabe sind ihre Medien beteiligt.

Der folgende Beitrag skizziert das Mediennetz des deutschen Rechtsextremismus aus der Sicht der Bewegungsforschung und fragt nach der spezifischen Rolle der neurechten Medien innerhalb dieser publizistischen Landschaft. Im zweiten Teil geht er dem Medienmix der Neuen Rechten genauer nach.

1. Typologie

Bewegungsmedien setzen unterschiedliche Akzente. Es ist sinnvoll, drei programmatisch-strategische Idealtypen zu unterscheiden: Ideologie-, Zielgruppen- und -Scharnierorgane.[2]

Ideologieorgane beschäftigen sich mit den ideologischen Grundlagen der Bewegung. Auf dieser Basis diskutieren und konkretisieren sie die politischen Ziele, aber auch Strategie und Taktik, um diese Ziele zu erreichen. Zu den rechtsextremistischen Ideologieorganen zählt die Coburger Monatszeitschrift ‚Nation & Europa‘ (vgl. den Beitrag von Anton Maegerle in diesem Band). Ideologiebildend wirken auch die „revisionistischen“[3] Periodika, die den Holocaust, die deutsche Schuld am Zweiten Weltkrieg und jegliche Beteiligung der Wehrmacht an Kriegsverbrechen in Frage stellen oder leugnen. Zu diesen Medien zählen die pseudowissenschaftliche Tübinger Monatszeitschrift ‚Deutschland in Geschichte und Gegenwart‘ und die nicht mehr re-

---

2 Diese Typologie orientiert sich an Zeitungen und Zeitschriften; sie lässt sich aber auch auf andere Publikationen anwenden.

3 In rechtsextremistischen Kontexten ist der Begriff „Revisionist“ eine euphemistische Selbstbezeichnung von Personen, die den Holocaust und die deutsche Kriegsschuld leugnen. Es hat sich im journalistischen, wissenschaftlichen und verfassungsschützerischen Sprachgebrauch eingebürgert, diesen Begriff zu übernehmen.

gelmäßig erscheinende neurechte Zeitschrift ‚Sleipnir' (Berlin), die durch einen anti-imperialistischen Jargon auf den Schulterschluss mit Teilen der Linken setzt.

Zielgruppenorgane richten sich nicht an die Bewegung als Ganzes, sondern sprechen Teile passgenau an. Sie weisen ästhetische, sprachliche und/oder ideologische Muster auf, die für ihr Publikum typisch sind; häufig gehören die Produzenten der Zielgruppe selbst an. Zielgruppenorgane sind etwa die Publikationen der rechtsextremistischen Skinhead-Szene. Als auflagenstärkstes und professionellstes Organ für dieses Publikum gilt das Magazin ‚RockNORD' (Hilden). Es enthält Interviews mit Rechtsrock-Bands, CD-Kritiken und Konzertberichte sowie Werbung für Artikel, die der Verlag der Zeitschrift vertreibt. Kleinere Blätter der Skin-Kultur (Fanzines) werden in der Regel mit einfachen Mitteln produziert, erscheinen in kleinen Auflagen und treten aggressiver auf als kommerzielle Magazine.[4]

Scharnierorgane verbinden die Bewegung mit der übrigen Gesellschaft. Solche Medien innerhalb einer Bewegung von rechts vertreten fremdenfeindliche und nationalistische Positionen häufig in abgeschwächter Form und distanzieren sich von aggressiveren Teilen der Szene. Dies gilt in der Regel für die Presse der Neuen Rechten. Das Scharnierorgan par excellence ist die ‚Junge Freiheit'. Ein Leserbriefschreiber brachte ihre publizistische Nische bereits 1989 auf den Punkt: Die Zeitung sei ein Ansatz, „um die gewaltige Marktlücke zwischen Bayernkurier/Rheinischer Merkur einerseits und Frey-Presse andererseits zu füllen." (Bahn 1989) Den Brückenschlag zu Teilen des Spektrums der Heimatvertriebenen sucht offenbar die Recklinghäuser Wochenzeitung ‚Der Schlesier'. Die Landsmannschaft Schlesien hat sich 1988 von ihrem ehemaligen Hausblatt getrennt; heute dient die Zeitung als Sprachrohr der Splittergruppe ‚Zentralrat der vertriebenen Deutschen'.

2. Funktionen

Vernetzung

Die rechtsextremistische Presse transportiert Ideologeme, Kampagnenthemen und Begriffe in die Verästelungen der rechtsextremistischen Netzwerke. So unterschiedlich die Periodika daherkommen, reflektieren sie doch die einenden Kampagnen der Bewegung und tragen auf diese Weise zu ihrer kulturel-

4 Spezialfälle der Zielgruppenorgane sind Periodika, die rechtsextremistische Parteien oder Organisationen für ihre Mitglieder herausgeben, insbesondere die ‚National-Zeitung' (DVU), ‚Deutsche Stimme' (NPD) und ‚Der Republikaner'. Sie sind Spiegelbilder ihrer Parteien: die ‚National-Zeitung' altbacken, antisemitisch und geschichtsklitternd; der ‚Republikaner' vergleichsweise zurückhaltend im Ton.

len Vernetzung bei. Einige Schlüsselthemen finden sich in nahezu allen rechtsextremistischen Periodika: etwa die Behauptung, in Deutschland lebten zu viele nicht ethnisch deutsche Menschen, und die drastische Warnung vor weiterem Zuzug. Das Thema ist geprägt durch das Theorem des „Ethnopluralismus“, demzufolge ein deutscher Staat mit ethnisch homogener Bevölkerung angestrebt wird und ethnisch nicht deutsche Menschen als Störfaktoren aufgefasst werden. Eine durchgängige Kampagne bildet auch der Themenkomplex „Meinungsfreiheit“: Die Behauptung, Staat und Eliten unterdrückten unliebsame rechte Positionen mit diktatorischen Mitteln, tritt sogar in recht einheitlicher Schärfe auf. Sie wird mit dem höhnischen Schlagwort der „Political Correctness“ versehen und häufig mit angeblichen „Umerziehungs“-Bemühungen verbunden. Der Begriff weist weit über die Reeducation-Programme der Westalliierten nach Ende des Zweiten Weltkriegs hinaus – er bezeichnet Bestrebungen, deutsche Kultur und Werte systematisch durch Fremdes zu ersetzen. Auch die Verharmlosung des Nationalsozialismus taucht in fast allen Periodika auf, allerdings in spezifischen Varianten: Das Spektrum reicht von der Holocaustleugnung bis zu subtilen Relativierungsstrategien.

Symbolische Integration

Rechtsextremistische Medien tragen auch dazu bei, ein gemeinsames symbolisches Fundament der Bewegung zu entwickeln: Sie generieren, verbreiten und festigen integrationsstiftende Begriffe. Neben polarisierenden Begriffen (zum Beispiel Demokratie, Revolution, Sozialismus) kristallisieren sich solche heraus, die symbolische Brennpunkte des Rechtsextremismus darstellen. Dies gilt in besonderer Weise für einen ethnisch definierten Begriff der Nation und einen mythologisierten Deutschland-Begriff. Ihre Kombination entspricht der Ideologie des „völkischen Nationalismus“. Symbolische Integration spenden auch Selbstkennzeichnungen rechtsextremistischer Gruppen, die durch Medien hervorgebracht und/oder gefestigt werden. Besondere einende Wirkung geht von Etiketten wie „national“ oder „patriotisch“ aus. Die Selbstbezeichnung als „rechts“ ist ambivalent: Zwar beziehen sich die meisten Organe im Tenor positiv auf diesen Begriff, meiden ihn aber oder schwächen ihn aus taktischen Gründen ab. Die Medien ergänzen Begriffe, die die Bewegung symbolisch integrieren, durch Wendungen, die auf Typus und Zielgruppe abgestimmt sind. So bezeichnet sich das Scharnierorgan ‚Junge Freiheit‘ regelmäßig als „konservativ“, was auch in einer an die Konservative Revolution angelehnten Bedeutung verstanden werden kann, nicht nur im Sinne eines auf Bewahrung bedachten, gemäßigten Standortes (vgl. den Beitrag von Michael Puttkamer in diesem Band). Innerhalb des Skinhead-Kults treten nicht politisch konnotierte Schlüsselbegriffe hinzu wie Spaß und Freundschaft, die für das subkulturelle Selbstverständnis zentral sind.

Breitenwirkung

Die Presse der Bewegung von rechts entfaltet nur eine begrenzte Breitenwirkung in deren Umfeld. So ist die ‚Junge Freiheit' mit dem Anspruch angetreten, ein Publikum zu erreichen, das weit über den Rechtsextremismus hinausreicht. Im erhofften Maße gelungen ist es nicht. Gleichwohl tragen solche Periodika dazu bei, Kampagnenthemen, Ideologeme, Begriffe und sonstige Symbole in das Umfeld zu transportieren. Diese Funktion können vor allem Scharnierorgane erfüllen. So gelingt der ‚Jungen Freiheit' in gewissen Grenzen der Brückenschlag zum etabliert-konservativen Spektrum, was sich in der Bandbreite ihrer Autoren und Interviewpartner widerspiegelt sowie aus Leserbefragungen schließen lässt. Da die Breitenwirkung der Bewegungsmedien prekär ist, gleichen sie nur bedingt aus, dass eine starke rechtsextremistische Partei zurzeit nicht existiert. In dieser Hinsicht muss die These von Astrid Lange präzisiert werden, die 1995 in ihrer Untersuchung von 50 rechtsextremistischen Periodika zu der Auffassung kommt: „Faktisch ersetzen sie die Großpartei. Sie fungieren als organisatorische Klammer, als Koordinations- und Betreuungsinstanz. Sie gewährleisten einen regelmäßigen und dauerhaften Informationsfluß." (Lange 1993: 13) Betrachtet man die rechtsextremistische Publizistik als Gesamtheit und sieht vom Spezialfall der Neuen Rechten ab, ist dieses Mediennetz vorwiegend nach innen gerichtet und kann die öffentliche Präsenz der Großpartei nicht herstellen, ebenso wenig die starke Integrations- und Mobilisierungswirkung einer solchen erfolgreichen Organisation.

3. Professionalität

Größere rechtsextremistische Periodika geben sich professionell, setzen sich aber über übliche massenmediale Standards in einigen Punkten hinweg. Auffällig ist etwa die systematische Ethnisierung der Berichterstattung, die ‚Nation & Europa' betreibt. In der Rubrik „Aktuelles aus Multikultopia" (bis NE 12/1994: „Nachrichten von der Überfremdungsfront") schafft die Zeitschrift einen eigenen Nachrichtenfaktor: Sie sammelt Meldungen über Personen, die nicht deutscher Abstammung sind und in negativen Kontexten auftreten (meist handelt es sich um Straftäter). Wie die meisten rechtsextremistischen Blätter setzt sich NE über die Trennung von Nachricht und Kommentar hinweg. Das Abweichen von der journalistischen Norm geschieht mal unreflektiert, mal gezielt. Auf eine allzu feste theoretische Basis hat der deutsche Rechtsextremismus seine Medienpraxis – im Unterschied zur „Alternativpresse" früherer, linksorientierter Bewegungen – nicht gestellt. Dies gilt weniger für die Medien der Neuen Rechten: Die Umdeutung von Begriffen, die in ihren Publikationen erkennbar ist, wird mitunter ausdrücklich von Gramscis

Konzept der kulturellen Hegemonie abgeleitet. In einem ausführlichen JF-Interview (17.7.1998) bezeichnete beispielsweise Alain de Benoist, der Kopf der französischen Nouvelle Droite, seine Position, die auf eine weitestmögliche Trennung von Ethnien hinausläuft, als „differenzialistischen Antirassismus" (erkennt die Unterschiede von „Rassen" an und will sie bewahren) – als „universalistischen Rassismus" bezeichnete er Positionen, die die Gleichheit von Menschen betonen und den „Rassen" ihre Identität nähmen. Auf diese Weise verkehrte de Benoist den üblichen Sprachgebrauch in sein Gegenteil. Diese Strategie hat Armin Pfahl-Traughber auch anhand des Begriffs „Demokratie" nachgewiesen (vgl. seinen Beitrag in diesem Band).

Die Professionalitätsgrade der Periodika innerhalb des Rechtsextremismus unterscheiden sich allerdings beträchtlich. Die Medien der Neuen Rechten zählen zu den professionellsten der Bewegung, und insbesondere die ‚Junge Freiheit' hat einen bemerkenswerten Professionalisierungsprozess durchlaufen. Sie hat sich von der Freizeitaktivität jugendlicher Blattmacher zu einem Medium entwickelt, das technisch modern ausgestattet ist und von bezahlten Redakteuren wöchentlich erstellt wird; ihr Design unterstreicht die gewünschte Außenwirkung als modernes, konservatives Blatt. Die meisten der auflagenstärkeren Periodika innerhalb des Rechtsextremismus werden von hauptamtlichen Kräften produziert: Die Bandbreite reicht von Ein-Personen-Redaktionen bis zu recht umfangreichen Mitarbeiterstäben. Nur in seltenen Fällen sind Herausgeber und Redakteure für ihre Tätigkeit formal qualifiziert, meist erfolgt die Ausbildung durch ‚learning by doing'.

4. Der Medienmix der Neuen Rechten

4.1 Internet

Das Internet ist gerade für diejenigen rechtsextremistischen Gruppen ein interessantes Instrument geworden, denen es um größtmögliche Breitenwirkung geht. Diese ist das oberste Ziel der Neuen Rechten und mit der langfristigen Perspektive einer „kulturellen Hegemonie" verbunden. Einige Medien dieser Strömung richten sich vorwiegend an ein jüngeres Publikum mit teilweise hoher formaler Bildung, zum Beispiel Studenten, junge Akademiker. Gerade für diese Zielgruppe ist der Umgang mit dem Internet in Beruf und Ausbildung Alltag und für die betreffenden neurechten Medien die Präsenz im Netz geradezu eine Selbstverständlichkeit. Die Homepages – beispielsweise der ‚Jungen Freiheit' und von ‚nation24.de' – unterstreichen zudem den professionellen Anspruch dieser Medien. Beide Fälle zeigen aber auch, dass die Internet-Seiten politische Breitenwirkung mit den – grundsätzlich legitimen – kommerziellen Interessen der Betreiber verbinden: Das Netz ist ein notwendiges Werbemedium und unterstützt den Vertrieb beispielsweise von

Büchern und CDs. Auf diese Weise ist das Internet für ‚nation24.de' und den hinter der Zeitschrift stehenden Verlag zum vermutlich wichtigeren Medium geworden als das gedruckte Magazin; für die ‚Junge Freiheit' dagegen ist das Netz zurzeit eher ein ergänzendes Mittel. Zu seinen Vorzügen zählen die geringen Kosten, die deutlich unter denen einer herkömmlichen Zeitung oder Zeitschrift liegen. Für das neurechte Organ ‚Staatsbriefe' ist es eine preiswerte Alternative zum Printmedium, das unrentabel geworden ist.

Der Neuen Rechten ist an einer Modernisierung rechtsextremistischer Positionen und des Erscheinungsbildes dieses Spektrums gelegen. Die Präsenz im Internet ist ein wichtiger symbolischer Schritt, um das Image der Rückwärtsgewandten abzubauen. Zur mythischen, durchaus auch esoterischen Symbolsprache des Theorie-Zirkels ‚Thule-Seminar' und der neurechten Domain ‚Esclarmondes Heimatseite' mag die Existenz auf dem Computerbildschirm prinzipiell in einem gewissen Widerspruch stehen. Insbesondere gilt dies für die kommerziellen Werbeeinblendungen, die auf der Seite ‚Esclarmonde' immer wieder aufleuchten. Dass kultische und esoterische Inhalte im Internet allerdings durchaus auf Interesse stoßen, zeigt die Vielfalt nicht rechtsextremistischer Seiten aus diesem Bereich. ‚Esclarmonde' stellt seine Inhalte anonym im Internet zur Verfügung, dies ist für Printmedien zumindest erheblich schwieriger. Auf dieser Seite dient die Anonymität – anders als bei vielen Skinhead- oder Neonazi-Seiten – allerdings nicht dazu, der Strafverfolgung zu entgehen, vielmehr soll sie auch die Aura des Geheimnisvollen, geradezu Magischen unterstreichen, von der die Domain durchzogen ist. Strafverfolgung zu vermeiden ist für neurechte Kreise kein vorrangiges Ziel, da ihre Texte zwar häufig deutlich rechtsextremistisch geprägte Inhalte enthalten, aber die Schwelle zur Strafbarkeit nur selten überschreiten. Auf den meisten neurechten Internet-Seiten sind die Verantwortlichen problemlos zu erkennen; sie weisen werbewirksam auf sich hin und möchten auf diese Weise ihre Bekanntheit – wohl auch ihren Stellenwert innerhalb dieser Strömung – erhöhen.

4.2 Bücher

Bücher neurechter Autoren erscheinen in rechtsextremistischen Verlagen, werden aber gelegentlich auch von Unternehmen aus dem demokratischen – meist konservativen – Spektrum herausgegeben. Ob Ersteres oder Letzteres der Fall ist, beeinflusst den Charakter und die Breitenwirkung der Publikationen: So nehmen Bücher, die in rechtsextremistischen Verlagen erscheinen, deutlichere – mitunter offen antidemokratische – Positionen ein, Sammelbände setzen sich meist aus Beiträgen überwiegend oder ausschließlich rechtsextremistischer Autoren zusammen. Von den 44 organisationsunabhängigen rechtsextremistischen Verlagen und Vertriebsunternehmen in Deutschland, die nach Angaben des Bundesamtes für Verfassungsschutz im Jahr 2002 bestanden, geben die weitaus meisten auch neurechte Publikationen heraus oder verbreiten sie. Die Bandbreite dieser Bücher reicht von umfangreichen, aufwändig produzierten Bänden, die als wissenschaftliche Standardwerke verstanden werden möchten, bis zu kurzen, essayistischen Diskussionsbeiträgen.

Zu den ambitioniertesten Projekten zählte das vierbändige ‚Handbuch zur Deutschen Nation', das zwischen 1986 und 1992 erschienen ist. Neben Autoren, die dem traditionellen Rechtsextremismus oder nicht dem rechtsextremistischen Spektrum entstammen, waren namhafte Vertreter der Neuen Rechten beteiligt wie Alain de Benoist und Armin Mohler. Carl Schmitt zählt seit jeher zu den Leitfiguren dieser Strömung – und auch zu den „Ikonen" seines Schülers Armin Mohler. So hieß es in der kleinen Festschrift ‚Lauter Dritte Wege', die zu Mohlers 80. Geburtstag erschienen ist (Kubitschek 2000: 10). Der Schweizer war bis zu seinem Tode einer der aktivsten Publizisten der Neuen Rechten. Seine Dissertation ‚Die Konservative Revolution in Deutschland 1918-1932' von 1949 wurde 1999 zum fünften Mal aufgelegt und zählt nach wie vor zu den Standardwerken dieser Strömung. Im Unterschied zu Mohlers wissenschaftlichen Publikationen verstanden sich zwei weitere Bücher eher als Streitschriften: ‚Liberalenbeschimpfung' (1990) und ‚Der Nasenring. Die Vergangenheitsbewältigung vor und nach dem Fall der Mauer' (1991).

Mohler veröffentlichte seine Schriften in der Regel nicht in rechtsextremistischen Verlagen und damit vermutlich in höheren Auflagen. Zu den Vertretern der Neuen Rechten mit publizistischer Breitenwirkung zählt auch der Autor Karlheinz Weißmann. Eine politische Streitschrift, die in der Neuen Rechten breit rezipiert wurde, hatte dieser bereits 1992 unter dem Titel ‚Rückruf in die Geschichte' veröffentlicht. Sein Credo war die „Um- und Neugründung des deutschen Staates", verbunden mit einer „grundlegende[n] intellektuelle[n] und moralische[n] Erneuerung" – gemeint war die Forderung, ethnisch-nationale Kategorien ins Zentrum der Politik zu rücken. Weißmann bezeichnete diesen Prozess mit Alfred Mechtersheimer als „nationale[n] Revolution" und „geistige Revolte von unten" (Weißmann 1993: 191). Zum selben Themenkreis haben Weißmann und ein Mitherausgeber 2002 den Band ‚Nation?' vorgelegt, den das neurechte ‚Institut für Staatspolitik' (vgl. den Beitrag von Anton Maegerle in diesem Band) finanziell gefördert hat.

Mitte der 1990er Jahre erschienen zwei programmatische Sammelbände, zu denen Akteure der Neuen Rechten beigetragen haben: ‚Wir 89er. Wer wir sind – was wir wollen' (1995) und – erheblich bedeutender – ‚Die selbstbewusste Nation' (1994). Letzterer spiegelte die damalige Aufbruchsstimmung der Neuen Rechten wider, und einige – der sehr unterschiedlichen – Beiträge versammelten typische sprachliche und thematische Muster. So stellte ein Autor ein Carl-Schmitt-Zitat als Leitgedanken voran und warnte vor der „multikulturell-kriminelle[n] Gesellschaft" sowie vor „Menschheitsschwärmerei", da beide Indizien der Entwurzelung seien (Bergfleth 1994: 102). Ein weiterer Aufsatz beklagte den „Nationalmasochismus" der deutschen Intellektuellen, die sich seit der „Umerziehung" an „Deutschenhaß" nicht überbieten lassen wollten (Röhl 1994: 97). Bezeichnend ist die Distanzierung des Journalisten Eduard Beaucamp, der dem Nachdruck seines Artikels aus der FAZ zugestimmt hatte: „[D]u bist plötzlich in eine Gesellschaft geraten, zu der du nie gehören wolltest. [...] Hier drängen sich Nationalromantiker, Vereinigungspathetiker, aber auch heftige Umdeuter des deutschen Verhängnisses, Liebhaber gefährlicher Zweideutigkeiten, Modernitätshasser, Zeitgeist-Schmäher, Schollenliebhaber und Zivilisationsverächter" (Beaucamp 1994). Der Titel ‚Die selbstbewußte Nation' ist zum geflügelten Wort der Neuen Rechten geworden. So hat sich der Gothic-Musiker Josef Maria Klumb, der mit neurechten Ideologemen und NS-Symbolik jongliert, die Formel – in spezifischem Duktus – zu Eigen gemacht: „Ich setze die selbstbewußte Nation gegen diesen Auflösungszustand dieser versauten Gesellschaft." (zit. nach Pfeiffer 2002: 477) Über die Neue Rechte hinaus griff beispielsweise die REP-Fraktion im baden-württembergischen Landtag den Ausdruck auf und überschrieb ein Positionspapier: „Die Demokratie braucht die selbstbewußte Nation." (Die Republikaner 2001)

4.3 Periodika

Zeitungen und Zeitschriften sind zentrale Elemente im Medienmix der Neuen Rechten. Periodika dieser Strömung, ihrer Bedeutung und ihren Funktionen gehen Anton Maegerle und Michael Puttkamer in ihren Beiträgen zu diesem Band ausführlich nach.

5. Fazit

Die Neue Rechte hat sich einen vielfältigen Medienmix erschlossen, der die politische Klimaveränderung vorbereiten soll. Diese Publizistik ist ähnlich breit wie die des deutschen Rechtsextremismus insgesamt, der als Bewegung auf einen Verteiler für Ideologeme, Begriffe und Kampagnenthemen angewiesen ist: auf ein informationelles Kapillarsystem. In der Regel zählen die Medien der Neuen Rechten zu den professionellsten und größeren Organen der Bewegung und die meisten neurechten Publikationen zu den Typen der Ideologie- und Scharnierorgane. Dies entspricht der Funktion dieser Strömung als einer Ideologie bildenden Instanz und verweist auf das Ziel der Breitenwirkung. Letzteres verfolgt die Neue Rechte maßgeblich mit publizistischen Mitteln und häufig konsequent, wenngleich der Erfolg hinter den Erwartungen zurückgeblieben ist.

Wenn Internet-Seiten den Medienmix der Neuen Rechten auch ergänzt haben, dürften Printmedien weiterhin den Schwerpunkt bilden. Sie schaffen eine stärkere Bindung der Rezipienten an das Medium, als es eine Internet-Seite leisten kann, die in der Regel eher flüchtig wahrgenommen wird und buchstäblich nicht zu greifen ist. Hinzu kommt, dass aktuelle Medien, die auch der kurzfristigen Mobilisierung dienen, für eine intellektuelle Strömung weniger wichtig sind als für die aktionistischen Teile der Bewegung. Insbesondere das Medium Buch hat symbolische Implikationen: Allein die Existenz umfangreicher, aufwändig produzierter Bände trägt zu einer seriöseren Außenwirkung der Bewegung bei und kann die Anhängerschaft der Richtigkeit ihrer Positionen vergewissern. Bücher dienen ebenso wie Periodika mitunter als publizistische Foren, auf denen Rechtsextremisten vertreten sind, aber auch Autoren, die nicht zu diesem Spektrum zählen. Dies bestätigt die These einer Erosion der Abgrenzung von rechtsextremistischen und nicht extremistischen Bereichen. Dass Medien für die Neue Rechte ein unverzichtbares Mittel sind, bringt die Betreiberin der Homepage ‚Esclarmonde' auf den Punkt. Ihr fragwürdiges Credo lautet: „Unsere Waffe ist das Wort und nichts als das Wort / Unser Schlacht ist der Diskurs und nichts als der Diskurs / Unser Schwert ist der Geist / Unser Schild die Wahrheit" [„Esclarmonde" (2003)].

Literatur

Bahn, Peter: Lücke zwischen Bayernkurier und Frey-Presse (Leserbrief), in: JF 6/1989 (November/Dezember), S. 14

Beaucamp, Eduard: Beiträgers Erbleichen, in: FAZ vom 20.10.1994, S. 35

Bergfleth, Gerd: Erde und Heimat. Über das Ende der Ära des Unheils, in: Schwilk/Schacht 1994, S. 101-123

Die Republikaner im Landtag von Baden-Württemberg: „Die Demokratie braucht die selbstbewußte Nation", in: Der Republikaner, H. 4/2001, S. 7

„Esclarmonde": Heil og sael!, in: Reich Europa – Esclarmondes Heimatseite, http://esclarmonde. ionichost.com/allgemein/rahmen.html (ges. am 14.8.2003)

Gessenharter, Wolfgang: Neue radikale Rechte, intellektuelle Neue Rechte und Rechtsextremismus: Zur theoretischen und empirischen Neuvermessung eines politisch-ideologischen Raumes, in: ders. und Fröchling, Helmut (Hrsg.): Rechtsextremismus und Neue Rechte. Neuvermessung eines politisch-ideologischen Raumes?, Opladen 1998, S. 25-66

Jaschke, Hans-Gerd: Formiert sich eine neue soziale Bewegung von rechts? Folgen der Ethnisierung sozialer und politischer Konflikte, in: Mitteilungen des Instituts für Sozialforschung an der Johann Wolfgang Goethe-Universität Frankfurt am Main, H. 2/1993, S. 28-44

Kubitschek, Götz: Den Gläubigen des Mythos, in: Weißmann, Karlheinz; Kositza, Ellen und Kubitschek, Götz (Hrsg.): Lauter Dritte Wege. Armin Mohler zum Achtzigsten, Bad Vilbel 2000, S. 9-15

Lange, Astrid: Was die Rechten lesen. Fünfzig rechtsextreme Zeitschriften. Ziele, Inhalte, Taktik, München 1993

Neidhardt, Friedhelm: Einige Ideen zu einer allgemeinen Theorie sozialer Bewegungen, in: Hradil, Stefan (Hrsg.): Sozialstruktur im Umbruch. Karl Martin Bolte zum 60. Geburtstag, Opladen 1985, S. 193-204

Pfeiffer, Thomas: Für Volk und Vaterland. Das Mediennetz der Rechten – Presse, Musik, Internet, Berlin 2002

Pfeiffer, Thomas: Medien einer neuen sozialen Bewegung von rechts, Bochum 2000, in: Homepage Ruhr-Universität Bochum (Universitätsbibliothek), http://www-brs.ub.ruhr-uni-bochum.de/netahtml/HSS/Diss/PfeifferThomas/

Raschke, Joachim: Soziale Bewegungen. Ein historisch-systematischer Grundriß, 2. Aufl. d. Studienausg., Frankfurt a.M./New York 1988

Röhl, Klaus Rainer: Morgenthau und Antifa. Über den Selbsthaß der Deutschen, in: Schwilk/Schacht 1994, S. 85-100

Rucht 1994a: Rucht, Dieter: Modernisierung und neue soziale Bewegungen. Deutschland, Frankreich und USA im Vergleich, Frankfurt a.M./New York 1994

Rucht 1994b: Rucht, Dieter: Öffentlichkeit als Mobilisierungsfaktor für soziale Bewegungen, in: Neidhardt, Friedhelm (Hrsg.): Öffentlichkeit, öffentliche Meinung, soziale Bewegungen, Opladen 1994 (Sonderhefte der Kölner Zeitschrift für Soziologie und Sozialpsychologie 34), S. 337-358

Rucht, Dieter: Rechtsradikalismus aus der Perspektive der Bewegungsforschung, in: Grumke, Thomas und Wagner, Bernd (Hrsg.): Handbuch Rechtsradikalismus. Personen – Organisationen – Netzwerke vom Neonazismus bis in die Mitte der Gesellschaft, Opladen 2002, S. 75-86

Schwilk, Heimo und Schacht, Ulrich (Hrsg.): Die selbstbewußte Nation. „Anschwellender Bocksgesang" und weitere Beiträge zu einer deutschen Debatte, 1. Aufl., Frankfurt a.M./Berlin 1994

Weißmann, Karlheinz: Rückruf in die Geschichte. Die deutsche Herausforderung: Alte Gefahren – Neue Chancen, 2. Aufl., Berlin/Frankfurt a.M. 1993

Anton Maegerle

Blätter gegen Zeitgeist und Dekadenz

Profile und Beziehungen neurechter Periodika an Beispielen[1]

„Es gibt keine nennenswerte Zeitschrift im rechtsextremen Lager, zu der keine Arbeitszusammenhänge oder zumindest personelle Verbindungen von Seiten der Jungen Freiheit bestehen. Häufig schreiben JF-Redakteure bzw. Autoren in diesen Zeitschriften und deren Autoren umgekehrt in der Jungen Freiheit. Werbeanzeigen werden ausgetauscht, Leserbriefe geschrieben." Zu diesem Ergebnis kommt eine Untersuchung, die das ‚Duisburger Institut für Sprach- und Sozialforschung' (DISS) 1994 zur ‚Jungen Freiheit' vorgelegt hat (Kellershohn 1994: 43).[2] Zwischenzeitlich hat sich die ‚Junge Freiheit' zum wichtigsten publizistischen Bindeglied zwischen dem rechtskonservativen und dem rechtsextremen Spektrum entwickelt. Zu ihrem ideologischen Pool zählen wesentliche Merkmale der Neuen Rechten wie die Annahme der natürlichen Ungleichheit der Menschen, das Eintreten gegen Multikulturalismus und für Ethnopluralismus sowie Antiegalitarismus, Antiindividualismus, Antimodernismus, Antiparlamentarismus, Antiamerikanismus, völkischer Kollektivismus, Sozialdarwinismus und ein Freund-Feind-Politikverständnis. Agitiert wird gegen die Globalisierung, den europäischen Einigungsprozess, gegen das politische System der Bundesrepublik Deutschland und dessen Repräsentanten (zur ‚Jungen Freiheit' vgl. den Beitrag von Michael Puttkamer in diesem Band).

Aus dem Spektrum der Periodika, in denen Beiträge von Autoren und Redakteuren der ‚Jungen Freiheit' erschienen sind, greift der folgende Beitrag sechs Publikationen exemplarisch heraus, die sich mehr oder minder eindeutig einer Neuen Rechten zuordnen lassen (zu den Besonderheiten von ‚Nation & Europa' vgl. auch den Aufsatz „Avantgarde und Brücke" von Thomas Pfeiffer in diesem Band). Der Verfassungsschutz NRW sieht bei zwei Beispielen – den Zeitschriften ‚wir selbst' und ‚Criticón' – lediglich Einflüsse der Neuen Rechten (vgl. Innenministerium NRW 2003: 104-108).

---

1 Der Autor konnte kurzfristig nicht an der Tagung vom Oktober 2003 teilnehmen. Der Beitrag basiert auf dem für die Veranstaltung vorgesehenen Referat.

2 2003 hat das DISS eine weitere Publikation zur ‚Jungen Freiheit' vorgelegt (Dietzsch 2003).

Gleichwohl zählten beide Periodika zumindest phasenweise zu den wichtigsten Medien dieser Strömung – die jüngsten Entwicklungen von ‚Criticón' weisen allerdings in eine andere Richtung. JF-Autoren tauchen verschiedentlich auch in Publikationen auf, die im rechtskonservativen Spektrum angesiedelt sind. Solche Periodika sind nicht „rechtsextremistisch"; sie erfüllen aber eine „Scharnierfunktion" (Wolfgang Gessenharter) zwischen Konservatismus und Rechtsextremismus. Geht man von Gessenharters Begriff aus, wie es im Folgenden geschieht, sind Medien in dieser Grauzone als Bestandteil der Neuen Rechten zu verstehen. Zumindest weisen sie personelle Berührungspunkte und entsprechende thematisch-programmatische Bezüge auf (vgl. Maegerle 2004). Der Beitrag skizziert die Profile typischer neurechter Zeitungen und Zeitschriften; er geht aber auch dem Beziehungsgeflecht nach, auf dem eine informelle Strömung wie die Neue Rechte basiert und das sich anhand ihrer Periodika besichtigen lässt.

Nation & Europa

Seit 1951 erscheint monatlich im fränkischen Coburg das Politmagazin ‚Nation & Europa' (NE, bis 1990: Nation Europa), das durch den ehemaligen SS-Sturmbannführer und Chef der Bandenbekämpfung im Führerhauptquartier, Arthur Ehrhardt, sowie den ehemaligen SA-Obersturmführer Herbert Böhme gegründet wurde. Den Namen der Zeitschrift wählte Erhardt nach der gleichnamigen „geistvollen Studie" seines „englischen Freundes Sir Oswald Mosley", der zuvor die ‚British Union of Fascists' geführt hatte (Ehrhardt 1975: 44). Ehrhardt vertrat innerhalb der Waffen-SS eine Minderheitenposition, da er nicht auf ein großgermanisches Reich unter deutscher Führung setzte, sondern eine „Nation Europa" anstrebte – definiert als „die große einigende Idee der weißen Menschheit der Zukunft". Ehrhardt propagierte, dass der „nordische Gedanke als Bindekraft" gepflegt werden müsse und nicht zum „Spaltpilz" werden dürfe (Hänsler 1971: 12). Die „Forderung ‚Nation Europa'", so die erste Ausgabe von NE, enthalte zugleich „ein Gebot handgreiflicher Notwendigkeit: Die volle Gleichberechtigung aller europäischen Völker, die man uns Deutschen noch immer vorenthalten will. An diesem Gebot weitschauender Staatskunst und europäischen Rechtes ist nicht zu deuteln, und hier hilft kein Feilschen" (Nation Europa 1/1951: 3f.).

‚Nation & Europa' – die älteste noch erscheinende Zeitschrift des deutschen Rechtsextremismus – möchte zur Intellektualisierung des Rechtsextremismus beitragen und bietet Rechtsextremisten unterschiedlicher Strömungen eine Plattform. Ihr vorrangiges Ziel ist es seit Beginn der 1990er Jahre, die Zersplitterung der rechtsextremen Parteien und Organisationen zu überwinden sowie das nationalistisch orientierte Lager in der Bundesrepublik zu einen. Der ursprüngliche „Europa-Gedanke" ist allerdings – abgesehen von Kontakten zu gleichgesinnten Parteien und Organisationen im europäischen Ausland – zunehmend zugunsten eines deutschen Nationalismus in den Hintergrund getreten. ‚Nation & Europa' nahm in den vergangenen 50 Jahren mit seinen Grundsatzbeiträgen zu Fragen der politischen Theorie und mit Kommentaren zur Tagespolitik großen Einfluss auf die ideologische Entwicklung des Rechtsextremismus. Ende der 1960er Jahre förderte NE die nationalrevolutionären Intellektuellen und erschloss Anfang der 1970er Jahre das Thema „Überfremdung" als wichtiges Agitationsfeld. Ehrhardt bezeichnete die angebliche „Überfremdung" in seiner letzten Rede vor dem Tod als „Genozidanschlag" und „biologische Austilgung" (Ehrhardt 1975: 45). Eng mit der Zeitschrift verbunden sind ein eigener Verlag und ein Buchdienst. Nach Auskunft eines Verlagsmitarbeiters von NE verfügt der Buchversand über eine 400.000 Adressen umfassende Interessentenkartei (Gläser 2001).

Seit 1992 ist Harald Neubauer (Pseudonyme: Werner Baumann, Klaus Hansen) Mitherausgeber von ‚Nation & Europa' und Eigentümer des ‚Nation Europa Verlags'. Neubauer arbeitete von 1974 bis 1984 als Redakteur für die ‚Deutsche Volksunion' (DVU). Von 1985 bis 1988 war er Generalsekretär und von 1988 bis 1990 bayrischer Landesvorsitzender der ‚Republikaner'. Von 1989 bis 1994 gehörte er der ‚Technischen Fraktion der Europäischen Rechten' im Europäischen Parlament an. Vor seiner Zeit bei den ‚Republikanern' ist Neubauer zweimal in die NPD ein- und wieder ausgetreten; er amtierte als Parteisprecher des oberbayrischen NPD-Bezirks. Neubauer gilt als Freund des ‚Front National'-Vorsitzenden Jean-Marie Le Pen und des Kopfs der ‚Deutschland-Bewegung', Alfred Mechtersheimer.

Mitherausgeber ist zudem Peter Dehoust, der seit Jahrzehnten im „nationalen Lager als ein charakterfester Kämpfer für die Wahrung der nationalen Identität und gegen Dekadenz und Geschichtsfälschung" gefeiert wird (Zur Zeit, 24-25/2001). Er war von 1960 bis 1978 Herausgeber des ‚Deutschen Studenten-Anzeigers', „der auch mitten in wildester APO-Zeit als auflagenstärkstes deutsches Studentenblatt den Linken kräftig in die Parade fuhr" (National-Zeitung, 23/2001). 1971 wurde Dehoust Chefredakteur von ‚Nation Europa'. Er war bis 1992 NPD-Mitglied und einer der Mitbegründer der ‚Deutschen Liga für Volk und Heimat'. Darüber hinaus ist er Vorstandsmitglied der rechtsextremen ‚Gesellschaft für Freie Publizistik' (GFP).

Einer der Köpfe von ‚Nation & Europa' ist neben Neubauer und Dehoust auch der Redakteur Karl Richter. Seine Beiträge sind in einer großen Bandbreite rechtsextremer Publikationen erschienen; er zählt zu den führenden intellektuellen Köpfen dieses Spektrums. Nach 1989 war Richter Referent von Harald Neubauer am Europäischen Parlament. Von 1991 bis 1997 amtierte er als Chefredakteur von ‚Nation & Europa', 1998 bis 2002 als Chefredakteur des zwischenzeitlich eingestellten Zweimonatsmagazins ‚Opposition' (Verlagsgesellschaft Berg). Heute ist Richter Redaktionsmitglied von ‚Deutschland in Geschichte und Gegenwart' und verantwortlich für die Gestaltung des ‚Witikobriefs', des Organs des ‚Witikobundes' (München). Daneben ist Richter langjähriger GFP-Funktionär; zeitweilig gehörte er als Vorstandsmitglied dem bayrischen Landesverband der ‚Deutschen Liga für Volk und Heimat' an. Zu den Stammautoren von NE zählt darüber hinaus der ehemalige Bundesvorsitzende der ‚Republikaner', Franz Schönhuber. Außerdem schrieben für die Zeitschrift beispielsweise Heiner Kappel, Vorsitzender der ‚Deutschen Partei', JF-Autor Josef Schüßlburner, Alfred Mechtersheimer, der Nationalrevolutionär Wolfgang Strauss und Roland Wuttke, der auch als Autor des NPD-Organs ‚Deutsche Stimme' aufgetreten ist.

Sezession

Im April 2003 erschien erstmals die Zeitschrift ‚Sezession', das Sprachrohr des ‚Instituts für Staatspolitik' (IfS) mit Sitz auf dem Rittergut Schnellroda im thüringischen Albersroda. Per Anzeige in der ‚Jungen Freiheit' ging ‚Sezession' auf Lesersuche, geworben wurde für die Zeitschrift auch im Organ der Münchner ‚Burschenschaft Danubia' (vgl. die Beiträge von Dietrich Heither und Hans-Peter Lüngen in diesem Band). Der Redaktion von ‚Sezession' gehört neben Karlheinz Weißmann und Götz Kubitschek der Österreicher Wolfgang Dvorack-Stocker an, Inhaber und Geschäftsführer des traditionsreichen ‚Leopold Stocker Verlages' (Graz), in dem die Zeitschrift erscheint. Der Verlag gibt auch die Vierteljahresschrift ‚Neue Ordnung' heraus, in der wiederum die JF-Autoren Franz Uhle-Wettler und Claus-Martin Wolfschlag publizieren. Zu den Buchautoren des Verlages zählen zudem die JF-Autoren Hans-Helmuth Knütter, Stefan Winckler und Claus-Martin Wolfschlag. Im Gesamtverzeichnis 2003/2004 stellt der Verlag ‚Sezession' als „Nachfolgerin des alten ‚Criticón'" vor. Das Unternehmen verdient sein Geld hauptsächlich mit Koch- und Landwirtschaftsbüchern – mit „Publikationen im politischen und zeitgeschichtlichen Bereich" möchte es „dem mündigen Staatsbürger wesentliche Informationen zur selbständigen Bildung seiner politischen Meinung" liefern (Gesamtverzeichnis 2003/2004 des ‚Leopold Stocker Verlages': 3). Der aktuelle Katalog wirbt für Buchtitel wie: ‚Adolf Hitler – mein Jugendfreund' (August Kubizek), ‚Rudolf Heß: „Ich bereue nichts"' (Wolf Rüdiger Heß) und ‚Das Ende der Tabus. Aufbruch in der Zeitgeschichte' (Rudolf Czernin).

‚Sezession', das ‚Institut für Staatspolitik', der Verlag ‚Edition Antaios' und die ‚Junge Freiheit' bilden ein Netzwerk von Einrichtungen, die anscheinend arbeitsteilig kooperieren. Das im Mai 2000 unter anderem von den JF-Autoren Weißmann und Kubitschek gegründete IfS versteht sich als Aktivposten neurechter Bildungsarbeit, quasi als „Reemtsma-Institut von rechts". Chefideologe ist Karlheinz Weißmann, einer der Protagonisten der Neuen Rechten. Weißmanns Denken beschreibt ‚Sezession' folgendermaßen: „Es ist politisch, kreist um das Machbare und kann dem Lager des relativen Bellizismus zugeordnet werden, weil es [...] die Dekadenz als eines der Grundübel deutscher Staatlichkeit ausmacht. Krieg, Auseinandersetzung an sich sind dann Antriebskräfte einer Wiederbelebung altruistischer Tugenden wie Selbstlosigkeit und Kameradschaft. So zu denken folgt dem Beispiel von Moltkes, der den berühmten Satz sprach: ‚Der ewige Friede ist ein Traum, und nicht einmal ein schöner', mißverstanden und ausgebeutet ohne seine Fortsetzung: ‚Ohne Krieg würde die Welt dem Materialismus verfallen'" (Fischer 2003: 50).

Weißmann und Kubitschek hielten im Juni 2000 die Laudatio zum 80. Geburtstag von Armin Mohler, dem Spiritus Rector der Neuen Rechten. Politisch stand bei dem im Sommer 2003 verstorbenen Mohler[3] der Kampf gegen den „Egalitarismus" im Vordergrund, den Liberalismus und Marxismus angeblich in der Tradition der Aufklärung herbeigeführt hätten, sowie die Besinnung auf die Werte vor 1789. Mohler – bis 1994 Autor der ‚Jungen Freiheit', danach wegen der Relativierung des Holocaust „dienstentlassen" – glaubte, dass die „Konservativen Revolutionäre" geeint würden durch eine gemeinsame Mentalität: den Kampf gegen die Dekadenz des liberalen Systems und die universalistischen Tendenzen der Moderne, zu deren Ursachen er das Christentum zählte. In einem Interview bekannte er sich zum Faschismus, bezogen auf den spanischen Faschismus im Sinne José Antonios Primo de Rivera, des Gründers der ‚Falange', die Francos Diktatur stützte. Auf die Frage „Bewundern Sie Hitler immer noch wie in ihren Jugendzeiten?" antwortete Mohler: „Was heißt bewundern? Er hat immerhin eine richtige Führung geschaffen. Die Kader, die er heranzog, hatten Stil." Die Frage, ob er „die Massenmorde an den Juden für eine Erfindung" halte, wollte Mohler nicht offen beantworten: „Über das Thema mag ich nicht reden. Da steht man gleich mit einem Bein im Gefängnis, wenn man sich nicht an die offizielle Sprachregelung hält" (Interview mit Armin Mohler 1995). Weißmann hat sich als „Schüler Armin Mohlers" bezeichnet (Blätter der Deutschen Gildenschaft 3/2000: 90).

Zielgruppen des Instituts sind Schüler, Studenten und junge Akademiker. Veranstaltet werden Sommer- und Winterakademien sowie die Veranstaltungsreihe ‚Berliner Kolleg', die sich auch an ältere Sympathisanten richtet. Zahlreiche JF-Autoren waren Referenten und Podiumsteilnehmer bei Veranstaltungen des IfS, darunter Baal Müller, Ellen Kositza und Alain de Benoist. Über diese Veranstaltungen wird regelmäßig in der ‚Jungen Freiheit' berichtet.

---

3 Die ‚Frankfurter Allgemeine Zeitung' (FAZ) veröffentlichte am 11. Juli 2003 eine Todesanzeige von „Freunden und Schülern" Mohlers. Unterzeichner sind Wolfgang Dvorack-Stocker (Leopold Stocker Verlag), Götz Kubitschek (Edition Antaios) und Karlheinz Weißmann (Institut für Staatspolitik).

wir selbst

Das Magazin ‚wir selbst' (‚Zeitschrift für nationale Identität') aus Koblenz trägt die Übersetzung der irischen Nationalbewegung ‚Sinn Fein' im Namen und wurde 1979 von Siegfried Bublies gegründet. Bublies war zeitweise Landesvorstandsmitglied der NPD-Jugend ‚Junge Nationaldemokraten' (JN) in Rheinland-Pfalz und später ‚Republikaner'-Mitglied. In den ersten Jahren seiner Existenz versuchte ‚wir selbst' – so die ‚Junge Freiheit' – eine „programmatische Verknüpfung linksnationaler und befreiungsnationalistischer Ansätze mit einer grün-alternativen Thematik" (Olles 1999). „‚Nationalrevolutionär'" hieß das „Zauberwort, das wie eine geistige Klammer dem Medium Halt und Form" vermittelt habe. Damit, so der JF-Autor Oliver Geldszus, „stellten sich Bublies und seine Mitstreiter in die Tradition Ernst Niekischs aus den 1920er Jahren, als das nationalrevolutionäre Element das linke Spektrum der Konservativen Revolution illustrierte". Seit 1990, so Geldszus, stehe dagegen „vor allem die nationale Identität im Zeitalter der Globalisierung im Mittelpunkt der Zeitschrift" (Geldszus 2000). Auch wenn sich ‚wir selbst' noch heute gerne als „jenseits von links und rechts" positioniert, haben sich Bublies und seine Redaktionsmannschaft nie aus der rechten Stammkultur gelöst. Die Zeitschrift versteht sich als antikapitalistisch, antiamerikanisch und antiwestlich und unterscheidet sich inzwischen kaum mehr von anderen neurechten Heften.

Redaktionsmitglied ist unter anderem der „nationale Liedermacher" Friedrich Baunack. Baunack organisierte im Oktober 2000 das erste „Musik- und Tanzfest" von ‚wir selbst', das in der stark rechtsextrem beeinflussten Bildungsstätte ‚Collegium Humanum' im ostwestfälischen Vlotho stattfand. Geworben wurde dafür in der NPD-Zeitung ‚Deutsche Stimme'. Baunack ist Ansprechpartner des ‚Freundeskreises „wir selbst"'. Als parteiloser Kreistagsabgeordneter vertritt er die ‚Republikaner' in Hessen und greift als Autor für die ‚Deutsche Stimme' sowie als Leserbriefschreiber für die ‚Junge Freiheit' (JF) zur Feder. Gern gesehen als Liedermacher ist Baunack auf Veranstaltungen der NPD und der NPD-nahen ‚Deutschen Akademie'. „Starautor" (Gallus/Jesse 2001: 7) der Zeitschrift ist der in Dänemark lebende Kulturhistoriker Henning Eichberg, der maßgeblich das „Ethnopluralismus"-Konzept und das darauf basierende Konzept des „Befreiungsnationalismus" der Neuen Rechten geprägt hat (vgl. den Beitrag „Avantgarde und Brücke" von Thomas Pfeiffer in diesem Band). Der ‚Verlag S. Bublies' bietet unter anderem Bücher an, die den Nationalsozialismus verherrlichen. Zu den Autoren zählen neben Eichberg Jutta Rüdiger, ehemals Reichsreferentin für den ‚Bund Deutscher Mädel', und Artur Axmann, letzter Reichsjugendführer Hitlers.

Criticón

Als publizistische Reaktion auf die 68er Revolte ging im Juli 1970 die Bonner Zeitschrift ‚Criticón' (von griechisch Krisis: Scheidung, Unterscheidung, Urteil) an den Start: ein „Kristallisationspunkt für konservative Intelligenz jenseits des niedergehenden Milieus der Unionsparteien", so die ‚Junge Freiheit'. Benannt ist ‚Criticón' nach dem allegorischen Roman ‚El Criticón' des spanischen Dichters Baltasar Gracián (1601–1658); gegründet wurde das Blatt von Caspar von Schrenck-Notzing. Wie kein anderer, sieht man von Schrenck-Notzing ab, hat der 2003 verstorbene Armin Mohler bis Mitte der 1990er Jahre ‚Criticón' geprägt. Er brachte die Zeitschrift in die Nähe der französischen Nouvelle Droite und ihres Chefideologen Alain de Benoist. Über Frankreich importierte Mohler das Ideengut der Konservativen Revolution zurück und verschaffte Autoren wie Arnold Gehlen, Ernst Jünger und Carl Schmitt wieder Gehör. Ziel war es, die von Gehlen intendierte „Revitalisierung des Konservatismus" vorwärts zu bringen (Criticón 136: 99). Diesem Auftrag hatten sich Publizisten wie Hellmut Diwald und Gerd-Klaus Kaltenbrunner verschrieben.

Mohler war es, wie sein Schüler Karlheinz Weißmann bewundernd zu dessen 65. Geburtstag in ‚Criticón' schrieb, der die Deutschen als erster aufforderte, „ihre Demutshaltung aufzugeben, den ‚Bewältigungsrummel' zu beenden und damit in die Politik und also auch in die Geschichte zurückzukehren" (Weißmann 1985: 59). Im Laufe der Jahre entwickelte sich ‚Criticón' zu einem der wichtigsten Organe der intellektuellen Rechten. In den 1990er Jahren war der Autorenstamm des strömungsübergreifenden ‚Criticón' mit dem der ‚Jungen Freiheit' nahezu identisch. Im Jahr 1998 übergab Schrenck-Notzing – ein halbes Jahr zuvor hatte er seinen 70. Geburtstag gefeiert – die redaktionelle Verantwortung an den ständigen ‚Criticón'-Autor Gunnar Sohn. Sohn, ehemals Pressesprecher des ‚Dualen Systems Deutschland', behielt zunächst die politische Linie von ‚Criticón' bei, baute das Blatt aber zugleich zu einem Kampforgan gegen das Duale System um. Im Jahr 2000 wurde Sohn auch Herausgeber von ‚Criticón'. Das einstmalige symbiotische Verhältnis zwischen der ‚Jungen Freiheit' und ‚Criticón' ist nach der Übernahme von ‚Criticón' durch Sohn zerbrochen. „Kulturpessimistische Deutschtümelei ist einfach nicht der Fall des bekennenden Israel-Freundes", dessen „Lieblingsbeschäftigung" in „kosmopolitischer Verspottung völkisch-nationalistischer Staatsvergötzer" bestehe, schrieb ‚Focus' über Sohn (Thiede 2000).

Die ‚Junge Freiheit' wirft den „‚Anarcho-Kapitalisten'" von ‚Criticón' vor, „ausdrücklich an die US-amerikanische Libertarianer-Bewegung" anzuknüpfen, die die JF als „kuriose Mischung aus industrieller Gewinn-Maximierungs-Ideologie und wildwestlicher Trapperromantik" bezeichnet („Pankraz" 2000). Tatsache ist, dass der neue Herausgeber ‚Criticón' (Untertitel 1998: ‚Konservativ heute', Untertitel 1999: ‚Das Magazin für Politik und

Kultur') nach und nach zu einem ,Magazin für Mittelstand, Marktwirtschaft und Freiheit' (Untertitel 2003) ausgebaut hat. „Als Sprachrohr des Mittelstandes" plädiert ,Criticón' für das von Ludwig Erhard geprägte „Konzept für eine freie Marktwirtschaft". Zielpublikum des Blattes ist ein „aufgeschlossenes Bürgertum, [...] die libertär-konservativen Wanderer zwischen den Welten, [...] eine unideologische und aufgeschlossene Leserschaft" [Die Idee (2003)]. Als „Nachfolgerin des alten ,Criticón'" hat deshalb Weißmann mit weiterer Unterstützung aus dem JF-Umfeld im Frühjahr 2003 die Zeitschrift ,Sezession' gegründet.

nation24.de

„Die Nation der Deutschen wird in den Massenmedien ständig zur Disposition gestellt. Das Eintreten für die Belange unseres Landes unterscheidet nation24.de von den meisten anderen Medien in Deutschland. Fast 60 Jahre nach dem Untergang der Nazi-Diktatur muß es auch den Deutschen möglich sein, ein normales Verhältnis zu sich selbst, einen gesunden Patriotismus zu entwickeln – frei von Chauvinismus, aber auch frei von den heute im politischen Leben unserer Republik so häufig festzustellenden Komplexen" [Signal wird umbenannt (2003)]. Zu lesen waren diese Zeilen anlässlich der Umbenennung der Kölner Zeitschrift „Signal – Das patriotische Magazin" im Herbst 2003 in ,nation24.de'. ,Signal' erschien seit 1998 vierteljährlich als Nachfolgemagazin des Strategieorgans ,Europa Vorn', das 1987 gegründet worden war. Mit ,nation24.de' kehrt Herausgeber Manfred Rouhs dem Konzept einer klassischen politischen Zeitschrift den Rücken und wendet sich dem modernen Internetmagazin zu.

Rouhs ist Vorstandsmitglied der ,Bürgerbewegung pro Köln'. Seinen politischen Werdegang startete er bei der ,Jungen Union'; später war er als Mitglied bzw. Funktionär für JN und NPD, ,die Republikaner' sowie die ,Deutsche Liga für Volk und Heimat' aktiv. Autoren seiner Blätter sind unter anderem Hans-Ulrich Kopp, Claus Nordbruch, Wolfgang Traxel sowie Franz und Reinhard Uhle-Wettler, die allesamt auch für die ,Junge Freiheit' geschrieben haben. Ständiger Autor der Rouhs-Zeitschriften ist der JF-Autor Hrvoje Lorkovic. Der Kroate, ehemals Universitätsdozent in Ulm, ist Autor der ,Verlagsgemeinschaft Grabert/Hohenrain' und Referent bei der ,Gesellschaft für Freie Publizistik'. Mit seinen Beiträgen zu den Bereichen Anti-Multikulturalismus, Befreiungsnationalismus und Anti-Globalisierung sowie mit seiner Anlehnung an die Konservative Revolution prägt er die Rouhs-Publikationen maßgeblich. Rouhs – einer der bekannteren Rechtsextremisten in der Bundesrepublik – veranstaltet jährlich ein Pressefest[4], bei dem Rechts-

4 2002 fand stattdessen eine „Protestversammlung gegen Repression" statt.

extremisten wie Peter Dehoust und Alfred Mechtersheimer auftreten. Aufgespielt wird von Szene-Bands wie ‚Nordwind'. Daneben betreibt Rouhs einen einschlägigen Buch- und CD-Vertrieb.

1995 sorgte er in seiner Eigenschaft als Initiator der ‚Pulheimer Erklärung' für Wirbel in der rechtsextremen Szene. Darin wird die Einheit der „nationalen Rechten" beschworen: „Die gravierenden Mißstände in Deutschland und das Unvermögen der Altparteien, diese zu beseitigen, machen eine starke und zukunftsorientierte Rechtspartei dringend erforderlich. Doch der deutschen Rechten droht der Sturz in die dauerhafte Bedeutungslosigkeit. Hierfür sind die Lügen- und Haßkampagnen unserer politischen Gegner nur bedingt verantwortlich. Jahrelanger Schlingerkurs und unnötige Querelen in den eigenen Reihen haben uns Millionen Wählern entfremdet und auch die Leidensfähigkeit der Treuesten überfordert. Resignation und Frustration machen sich breit. Wir brauchen jetzt ein kraftvolles Signal zur Versöhnung und Bündelung aller seriösen Kräfte von rechts. Es muß Schluß sein mit dem Gegeneinander eigentlich Gleichgesinnter. Nur wenn die vernünftigen Patrioten zusammenfinden, kann der Zerfall gestoppt werden und eine neue Aufbruchstimmung entstehen" (Pulheimer Erklärung 1995). Die ‚Pulheimer Erklärung' ist heute eine Historie und die „nationale Rechte" weiterhin ein zerstrittenes Spektrum. Rouhs, der in der Vergangenheit auch in ‚Frieden 2000' und ‚Nation & Europa' publiziert hat, ist in rechtsextremen Kreisen seit Jahren umstritten. Der NPD-Parteizeitung ‚Deutsche Stimme' gilt der „Kleinverleger und Möchtegern-Politiker" unter anderem aufgrund seiner wechselnden Parteimitgliedschaften als „Prototyp eines Verlierers" (Weider 2002).

Sleipnir

Benannt ist die seit 1995 in unregelmäßigen Abständen erscheinende Zeitschrift ‚Sleipnir' (Berlin) nach dem achtbeinigen Ross des germanischen Heldengottes Odin. Herausgeber von ‚Sleipnir' (‚Zeitschrift für Kultur, Geschichte und Politik') ist der wegen Volksverhetzung vorbestrafte Betriebswirt Andreas Röhler, der seit 1993 den ‚Verlag der Freunde' (Berlin) betreibt, in dem ‚Sleipnir' erscheint. Dem Verlag ist ein Buchversand angeschlossen, bei dem Literatur der Konservativen Revolution bestellt werden kann. In rechtsextremen Kontexten machte Röhler erstmals im Gründerjahr seines ‚Verlags der Freunde' auf sich aufmerksam – in der antisemitischen Hetzpostille ‚Bauernschaft' des Holocaust-Leugners Thies Christophersen, ehemals SS-Sonderoffizier in Auschwitz, legte er damals seine fremdenfeindlichen, antiamerikanischen und verschwörungstheoretischen Überzeugungen offen: „Bestimmte Nachrichten, wie zum Beispiel die vom Massenansturm der Zigeuner auf Rostock, nachdem es in Lichtenhagen brannte, lassen vermuten, daß hinter der Masseneinwanderung international und verdeckt operierende

Organisationen stehen, deren Ziel ein Bürgerkrieg in Deutschland ist, die US-Besatzungstruppen hätten dann als UN-Truppe eine erneute Legitimation" (Röhler 1993).

Röhler ist Anhänger des „wissenschaftlichen" Revisionismus, der entlarven möchte, dass die industriell betriebene Ermordung von Juden in den Vernichtungs- und Konzentrationslagern weder technisch noch chemisch möglich war. Demzufolge überwiegen in ‚Sleipnir', das sich als nationalrevolutionäres Theorieorgan definiert, antisemitisch und geschichtsrevisionistisch ausgerichtete Beiträge. Röhlers Versuch, sich beim politischen Gegner von links anzubiedern und gemeinsam eine systemüberwindende Opposition zu bilden, kann als gescheitert angesehen werden. Für ‚Sleipnir' haben unter anderem der Chef vom Dienst der ‚Jungen Freiheit', Thorsten Thaler, und ihr Gelegenheits-Autor Thomas Fischer zur Feder gegriffen. Letzterer prangerte in dem Blatt das „bundesrepublikanische Tabu der sogenannten Offenkundigkeit" des Holocaust an (Fischer 1998). Kritisch spielte er auf die Feststellung an, der Holocaust habe ohne jeden Zweifel (offenkundig) stattgefunden. Auf dieser Basis lehnen es deutsche Gerichte in Verfahren gegen Holocaust-Leugner ab, deren angebliche „Beweise" zu prüfen.

Literatur

Die Idee, in: Homepage Criticón, www.criticon.de/rechts.html (ges. am 29.12.2003)

Dietzsch, Martin u.a. (Hrsg.): Nation statt Demokratie. Sein und Design der Jungen Freiheit. Duisburg 2003

Ehrhardt, Arthur: Die Idee wird siegen!, in: Nation Europa, Februar 1975, S. 43-45

Fischer, Cornelius: Relativer Bellizismus, in: Sezession, H. 1/2003, S. 50-51

Fischer, Thomas: Zeitzeuge dreier Diktaturen, in: Sleipnir, H. 6/1998, S. 32-33

Geldszus, Oliver: Linke Anstöße von rechts, in: Das Ostpreußenblatt, Neujahr 2000, S. 7

Gläser, Ronald: Beschlüsse aus der hohlen Hand, in: Junge Freiheit, 22/2001

Hänsler, Werner: Laudatio und Gedenken für Arthur Ehrhardt, in: Nation Europa, Juni 1971, S. 9-12

Interview mit Armin Mohler, in: Sächsische Neueste Nachrichten vom 25./26.11.1995, S. 2

Gallus, Alexander und Jesse, Eckhard: Was sind Dritte Wege? Eine vergleichende Bestandsaufnahme, in: Aus Politik und Zeitgeschichte, H. 16-17/2001, S.6-15

Innenministerium des Landes Nordrhein-Westfalen (Hrsg.): Die Kultur als Machtfrage. Die Neue Rechte in Deutschland, Düsseldorf 2003

Kellershohn, Helmut (Hrsg.): Das Plagiat. Der Völkische Nationalismus der Jungen Freiheit, Duisburg 1994

Maegerle, Anton: Autorengeflecht in der Grauzone. Blätter zwischen Konservatismus und Rechtsextremismus, in: Braun, Stephan (Hrsg.): Rechte Netzwerke – die neue Gefahr, Opladen 2004 (i.E.)

Olles, Werner: Zwischen den Fronten, in: Junge Freiheit, 45/1999, S. 3

„Pankraz" (d.i. Günter Zehm): J. Schumpeter und die Anarcho-Kapitalisten, in: Junge Freiheit, 40/2000, S. 9

Pulheimer Erklärung vom 2. September 1995, in: Europa Vorn, H. 90, S. 11

Röhler, Andreas: Leserbrief, in: Bauernschaft, H. 4/1993, S. 52
Signal wird umbenannt, in: Signal online, www.signal-online.de/artikell/umbenennung.htm (ges. am 24.10.2003)
Thiede, Roger: Konservatismus. Der Sohn vom Baron, in: Focus, H. 38/2000, S. 252-253
Weider, Friedrich: Schweinejournalismus. Spitzel, Spalter oder einfach nur Provokateur? Der Kleinverleger und Möchtegern-Politiker Manfred Rouhs – Prototyp eines Verlierers, in: Deutsche Stimme, Juni 2002, S. 12
Weißmann, Karlheinz: Armin Mohler. Zum 65. Geburtstag, in: Criticón, H. 88 (1985), S. 58-62

Michael Puttkamer

„Jedes Abo eine konservative Revolution"

Strategie und Leitlinien der ‚Jungen Freiheit'

Die ‚Junge Freiheit' im Spiegel der freiheitlichen demokratischen Grundordnung

Seit 1994 wird die neurechte Wochenzeitung ‚Junge Freiheit' (JF) vom nordrhein-westfälischen Verfassungsschutz beobachtet. Während sie in den ersten Jahren seit ihrer Gründung im Jahre 1986 als zweimonatlich erscheinendes Szeneblättchen nur wenigen bekannt war, konnte sie ihren Wirkungsradius Anfang der 1990er Jahre ausbauen und fiel dem nordrhein-westfälischen Verfassungsschutz seinerzeit im Zusammenhang mit der Beobachtung der Partei ‚Die Republikaner' (REP) auf. In ‚Republikaner'-Kreisen kursicrte sie als Ideologieorgan, in dem der heutige Bundesvorsitzende der REP gelegentlich intellektuell anspruchsvollere Beiträge platzieren konnte als in der Parteipresse. Kurz nach der Umstellung auf wöchentliches Erscheinen hat der Verfassungsschutz NRW die bis dahin bekannt gewordenen JF-Ausgaben einer ersten systematischen Auswertung unterzogen; Anhaltspunkte für den Verdacht einer rechtsextremistischen Bestrebung waren nicht zu übersehen.

Die für die ‚Junge Freiheit' bis heute typischen verfassungsschutzrechtlich relevanten Anhaltspunkte betreffen Bestrebungen insbesondere gegen die Achtung vor den im Grundgesetz konkretisierten Menschenrechten und gegen das Demokratieprinzip. Auffällig sind auch ihre tendenzielle Verharmlosung der NS-Verbrechen und – damit einhergehend – die Rolle als Verteidigerin von rechtsextremistischen Straftätern. Besondere Beachtung finden beim Verfassungsschutz auch die Verbindungen von Redaktion, Stammautoren und „ständigen Mitarbeitern" zu anderen Rechtsextremisten. Darüber hinaus haben zahlreiche von den Verfassungsschutzbehörden beobachtete Medien und Organisationen in der JF Anzeigen geschaltet – wie die ‚Republikaner', die ‚Unabhängigen Nachrichten' und die Zeitung der ‚Deutsch-Europäischen Studiengesellschaft' (‚DESG-inform', vgl. den Beitrag „Avantgarde und Brükke" von Thomas Pfeiffer in diesem Band). Weitere markante Beispiele enthalten die nordrhein-westfälischen Verfassungsschutzberichte seit 1994.

In seinem Urteil vom 14. Februar 1997 (1 K 9318/96) hat das Verwaltungsgericht Düsseldorf eine Klage der ‚Junge Freiheit Verlag GmbH & Co.' gegen die Erwähnung der Zeitung in den NRW-Verfassungsschutzberichten 1994 und 1995 in allen Punkten abgewiesen. Das Verwaltungsgericht hob in seiner Urteilsbegründung hervor, dass sich zahlreichen in der ‚Jungen Freiheit‘ veröffentlichten Beiträgen Anhaltspunkte für die Zielsetzung entnehmen ließen, „tragende Strukturprinzipien der freiheitlichen demokratischen Grundordnung [...] zu beseitigen oder außer Geltung zu setzen“.

Einen Antrag der ‚Junge Freiheit Verlag GmbH & Co.‘ auf Zulassung der Berufung hat das Oberverwaltungsgericht für das Land Nordrhein-Westfalen mit Beschluss vom 22. Mai 2001 (5 A 2055/97) zurückgewiesen. In der Begründung des Beschlusses wird ausgeführt, dass die vom Verwaltungsgericht zitierten Veröffentlichungen der JF „auch nach Einschätzung des Senats tatsächliche Anhaltspunkte für den Verdacht von Bestrebungen“ erkennen lassen, die gegen das Demokratieprinzip gerichtet sind. Überdies ergebe sich das Bild einer die Menschenwürde (Art. 1 Abs. 1 GG) und das Diskriminierungsverbot des Art. 3 Abs. 3 GG missachtenden fremdenfeindlichen und antisemitischen Ausrichtung, die pauschal und diffamierend Ausländer, insbesondere Flüchtlinge, für den Verlust der deutschen Identität, für Arbeitslosigkeit, Kriminalität, Wohnungsnot, steigende Sozialkosten und Umweltschäden verantwortlich macht und die Opfer des Holocaust in zynischer Weise herabwürdigt. Auch wenn sich daneben zahlreiche weitere Beiträge fänden, denen eine solche Ausrichtung nicht entnommen werden könne, so erwecke die ‚Junge Freiheit‘ durch die über einen längeren Zeitraum hinweg erfolgte kommentarlose und undistanzierte Veröffentlichung einer größeren Anzahl antidemokratischer, fremdenfeindlicher und antisemitischer Beiträge objektiv den Eindruck, sie trete aktiv für die dort propagierten Auffassungen und Ziele ein. Damit, so das Oberverwaltungsgericht, lägen tatsächliche Anhaltspunkte für den Verdacht vor, dass von der ‚Jungen Freiheit‘ verfassungsfeindliche Bestrebungen ausgehen.

Über die Annahme einer Verfassungsbeschwerde des JF-Verlags gegen den Beschluss des Oberverwaltungsgerichts hat das Bundesverfassungsgericht noch nicht entschieden. Im September 2003 hat die ‚Junge Freiheit‘ – vertreten durch den ehemaligen Generalbundesanwalt Alexander von Stahl – auch Klage gegen die Berichterstattung im Verfassungsschutzbericht über das Jahr 2002 erhoben.

Das strategische Ziel: „Kulturelle Hegemonie“

Schlüssel zum Verständnis der politischen Bestrebungen der JF ist die Betrachtung ihrer Strategie. Die Zeitung verfolgt die von dem italienischen Marxisten Antonio Gramsci formulierte Strategie, wonach zunächst die Eroberung der kulturellen Hegemonie anzustreben ist; sie sei die Voraussetzung, um später die politische Macht zu erringen. Es ist sicherlich kein Zufall, dass sich Anhaltspunkte für den Verdacht rechtsextremistischer Bestrebungen häufig im zweiten Teil der „Wochenzeitung für Politik und Kultur“ (Untertitel der JF) finden.

Mit strategischen Fragen beschäftigt sich die ‚Junge Freiheit' seit der Umstellung auf wöchentliches Erscheinen intensiv. So schrieb ein damaliger Stammautor bereits 1994: „In den fortgeschrittenen und differenzierten Gesellschaften des Westens [...] ist die Struktur der Macht diffus. Sie konzentriert sich nicht auf das Regierungsgebäude, vielmehr ist sie in tausend Instanzen verteilt: in den Köpfen und Herzen der Beamten, Lehrer, Journalisten usw. Erst durch die Eroberung des kulturellen Überbaus, der die Mentalität und Wertewelt eines Volkes bestimmt, wird die Basis für den Angriff auf die eigentlich politische Sphäre geschaffen." (Knörzer 1994: 11) Wenig später ergänzte ein langjähriger Redakteur: „[D]ie ‚kulturelle Hegemonie' im Kleinsegment der Bildungseliten stellt lediglich ein Etappenziel auf dem Weg zur Instrumentalisierung der Massenkultur nach eigenen Vorstellungen dar. [...] Versuche, breitere Kreise über die Wege der gedanklichen Reflexion zu bewegen, müssen ergänzt werden durch die Inszenierung gefühlsmäßig nachvollziehbarer Bilder, durch emotional aufgeladene Symbolbündel [...] Das Konzept der kulturellen Hegemonie muß also gefolgt und begleitet werden durch ein Programm ästhetischer Umwertungen in der Massenkultur." (Bubik 1994: 11)

Zum strategischen Konzept der kulturellen Hegemonisierung gehört, dass die politischen Ziele nicht immer von vornherein offen genannt und verfolgt werden, sondern dass rechtsextremistisches Gedankengut möglichst verschleiert transportiert wird: Die „politische Mimikry" ist ein Begriff, den der langjährige JF-Stammautor Karlheinz Weißmann in den strategischen Diskurs der Neuen Rechten eingebracht hat (zum Begriff der Neuen Rechten vgl. den Beitrag von Thomas Pfeiffer in diesem Band). Viele der für die Bewertung der ‚Jungen Freiheit' entscheidenden Artikel sind so verfasst, dass sich die eigentliche Zielrichtung bzw. die Einbindung in ein politisches Konzept, das mit der freiheitlichen demokratischen Grundordnung unvereinbar ist, nicht auf den ersten Blick erschließt – beispielsweise

- indem der dem Grundgesetz widersprechende Aussagegehalt ironisierend transportiert wird,
- indem man sich dem Wortlaut nach von einer Position „distanziert", an anderer Stelle jedoch etwas, wovon man sich soeben distanziert hatte, erneut verbreitet oder praktiziert und dadurch unter Umständen die angeblich abgelehnte Aussage verstärkt (im Ergebnis eine „Distanzierung von der Distanzierung"),
- indem man nur den prädisponierten Leser verstehen lässt, was tatsächlich gemeint ist,
- indem Begriffe umgewertet bzw. Maßstäbe verschoben werden.

Systematisch praktiziert die ‚Junge Freiheit' beispielsweise die Umwertung des Begriffs „konservativ". Sie erweitert den „Konservativismus" um Teile des rechtsextremistischen Spektrums und verfolgt damit – wohl auch im ureigensten Interesse – das strategische Ziel, die für die Bewertung politischer Bestrebungen bedeutsame Grenze zwischen dem freiheitlichen demokratischen und dem extremistischen Spektrum zu verschieben. Im Sprachgebrauch der JF existieren „rechtsextremistische" bzw. „rechtsextreme" Parteien oder Organisationen so gut wie nicht. So wurde etwa in einer Kopfzeile auf der Titelseite der frühere NPD-Vorsitzende Adolf von Thadden kurz nach seinem Tod als „liberaler Konservativer" bezeichnet (JF vom 26.7.1996), ‚Junge Freiheit'-Chefredakteur Dieter Stein charakterisierte von Thadden als „Staatsmann" (Stein 1996: 2). Nach der Bundestagswahl 2002 wurde in der ‚Jungen Freiheit' das schlechte Abschneiden „konservativer und nationaler Parteien" beklagt – gemeint waren die ‚Schill-Partei', die ‚Republikaner' und die NPD. Es stelle sich „erneut die Frage von Wahlbündnissen und Wahlabsprachen"; so spreche sich „beispielsweise die Parteiführung der NPD [...] dafür aus, dass in der Zukunft konkurrierende Wahlantritte verhindert werden sollten" (JF vom 27.9.2002: 6). Co-Autor dieses Artikels ist ein – so JF-Chefredakteur Stein – „zurückhaltender junger Mann"; beim nordrhein-westfälischen Verfassungsschutz ist der Betreffende allerdings als Aktivist der NPD bekannt.

Die Konservative Revolution als Code und Programm

Ideologische Konstante der ‚Jungen Freiheit' ist das Gedankengut, das in der Zeit der Weimarer Republik von den Anhängern der so genannten Konservativen Revolution vertreten wurde. In ihren frühen Jahren warb die ‚Junge Freiheit' mit dem Slogan: „Jedes Abo eine konservative Revolution" (Ausgabe Juni 1993). In allen Jahrgängen fällt die hohe Zahl von redaktionellen Beiträgen auf, in denen Protagonisten der Konservativen Revolution und deren Wirken äußerst wohlwollend betrachtet werden. Entsprechende Literatur wird auch in den aktuellen Prospekten des ‚JF-Buchdienstes' besonders beworben. Der ‚Junge Freiheit'-Redakteur Manuel Ochsenreiter antwortete auf die Frage, was er in seinem Leben bewirken wolle: „Vielleicht eine kleine ‚konservative Revolution'" (Ochsenreiter 1995: 210).

In seinem Urteil vom Oktober 1952, mit dem das Bundesverfassungsgericht die rechtsextremistische ‚Sozialistische Reichspartei' verbot, hieß es über die Konservative Revolution: „Neben der traditionell-konservativen Richtung entwickeln sich andere rechtsstehende Oppositionsgruppen, die von vornherein in vielen Schattierungen radikalere Gedanken vertreten und nicht nur eine politische, sondern eine allgemeine gesellschaftliche und geistige Erneuerung erstreben. Dabei machen sich Strömungen geltend, die bereits in den letzten Jahrzehnten des Kaiserreiches – aus mannigfachen Quellen gespeist – sichtbar geworden waren und die einem Leitbild folgen, das man mit einem Ausdruck Hugo von Hofmannsthals als ‚konservative Revolution' zu bezeichnen sich gewöhnt hat. Hier wird versucht, gegen Materialismus und Nationalismus ethische Werte, bisweilen in spezifisch christlicher Tönung, wachzurufen. Ideen von einem ‚ständischen Staatsaufbau', einer ‚sozialen Monarchie' werden erörtert. Der Gedanke eines ‚Dritten Reiches', gedacht als ein Reich der sittlichen Erneuerung, entsteht. Hieraus ergibt sich ein Gegensatz zu dem angeblichen ‚Parteienwirrwarr' des liberalen demokratischen Staates." (BVerfGE 2, 1, 16ff.)

Dass die Ideen der Konservativen Revolution konträr zu den Prinzipien der heutigen freiheitlichen demokratischen Grundordnung stehen, zeigt der Definitionsversuch eines – von der JF gerne erwähnten – Protagonisten dieser Strömung besonders deutlich. So schrieb Edgar Julius Jung (1894–1934): „Konservative Revolution nennen wir die Wiederinachtsetzung all jener elementaren Gesetze und Werte, ohne welche der Mensch den Zusammenhang mit der Natur und mit Gott verliert und keine wahre Ordnung aufbauen kann. An Stelle der Gleichheit tritt die innere Wertigkeit, an Stelle der sozialen Gesinnung der gerechte Einbau in die gestufte Gesellschaft, an Stelle der mechanischen Wahl das organische Führerwachstum, an Stelle [...] des Massenglücks das Recht der Volkspersönlichkeit." (zit. nach Assheuer/Sarkowicz 1992: 149) An anderer Stelle schrieb Jung: „Menschenrechte sind uferlos. Die Ausstattung aller Teile des Ganzen mit gleichen und unbedingten Rechten führt immer zum Kampfe aller gegen alle, zum Zerfall des Ganzen." (Jung 1930: 49)

Einer der von der ‚Jungen Freiheit' zumindest zeitweise geradezu verehrten Konservativen Revolutionäre ist Arthur Moeller van den Bruck (1878–1925). Im Jahre 1995 erbat die ‚Junge Freiheit' unter der Überschrift „Jede Mark eine Konservative Revolution" Spenden zur Pflege seines Grabes: „Am 27. Mai dieses Jahres jährt sich der Todestag Arthur Moeller van den Brucks zum 70. Male. Daß an diesem Tage der Blick nicht nur auf die häusliche Bibliothek fällt, sondern eine Grabstätte existiert, die zu Ehrung und Gedenken einlädt, ist allein den Lesern der Jungen Freiheit zu verdanken. Sie haben 1993 den Fortbestand der Grabstätte garantiert [...]" (Jede Mark 1995). Auch Moeller van den Bruck vertrat Ansichten, die mit der heutigen freiheitlichen demokratischen Grundordnung kollidieren. Dies gilt vor allem für seinen aggressiven Antiliberalismus, der sich nicht nur gegen eine politische Idee, sondern auch gegen den Weimarer Verfassungsstaat richtete: „Der Liberalismus ist der Ausdruck einer Gesellschaft, die sich aus den minderwertigen Bestandteilen des Volkes zusammensetzt" (Moeller 1931: 82). „Im liberalen Menschen erkennt die deutsche Jugend den Feind [...] An Liberalismus gehen die Völker zu Grunde [...] Der Kampf gegen die Aufklärung, den wir aufnehmen, wird ein Kampf gegen den Liberalismus auf der ganzen Linie sein." (ebd.: 102f.) Die Schlussworte aus seinem Hauptwerk lassen auf ein latent rassistisches Menschenbild Moeller van den Brucks schließen: „Das Tier im Menschen kriecht heran. Afrika dunkelt in Europa herauf. Wir haben die Wächter zu sein an der Schwelle der Werte." (ebd.: 245)

Es besteht kein Zweifel, dass solche Vorstellungen mit der Achtung vor den heute im Grundgesetz konkretisierten Menschenrechten nicht vereinbar sind. Betroffen sind hier sowohl Gleichheits- als auch Freiheitsrechte. Indem Vorstellungen vertreten werden, die im einzelnen Menschen nicht ein Individuum eigener Würde und absoluter Wertigkeit sehen, sondern nur ein Glied eines höherrangigen Kollektivs, wird gleichzeitig das in Artikel 1 des Grundgesetzes festgeschriebene Postulat der Würde des Menschen abgelehnt. Bei Moeller van den Bruck ist darüber hinaus die Ablehnung einer zentralen Rolle des Parlaments („Schwatzbude") zu erkennen: „Wir glauben allerdings, daß die Zeit des Parlamentarismus vorüber ist. [...] Und am Ende ist es gut so, daß Deutschland für den Parlamentarismus – zu gut ist." (ebd.: 117f.) Aufschlussreich ist auch ein Blick auf Othmar Spann (1878–1950), einen weiteren Protagonisten der Konservativen Revolution. Hier wird insbesondere die Ablehnung von Staatsformen, die demokratische Teilhaberechte garantieren, deutlich: Nur in der „Gemeinschaft" könne, so Spann, der „mechanische Grundsatz der Mehrheit" überwunden werden (zit. nach Jaschke 2001: 44). In der demokratisch-republikanischen Gesellschaft hingegen werde jeder in die gleiche Waagschale geworfen und mitgewogen, „jeder einzelne ist ein gleichwertiges Atom, Nietzsche und sein Stiefelputzer haben die gleiche Stimme", „Die Mehrheit in den Sattel setzen heißt das Niedere herrschend machen über das Höhere." (Spann 1921: 108ff., 213)

Bezüge auf die Protagonisten der Konservativen Revolution erscheinen in der ‚Jungen Freiheit' erschreckend häufig; dies geschieht immer wieder auch im Zusammenhang mit aktuellen Themen, die in Politik und Gesellschaft diskutiert werden. Durch die wohlwollende Rezeption dieses Gedankenguts ergeben sich schwerwiegende tatsächliche Anhaltspunkte für den Verdacht einer Bestrebung gegen die Achtung vor den im Grundgesetz konkretisierten Menschenrechten, gegen die Volkssouveränität, gegen die Verantwortlichkeit der Regierung, gegen die Gewaltenteilung und damit gegen die freiheitliche demokratische Grundordnung insgesamt. Als Kronzeuge gegen das Grundgesetz dient seit Jahren immer wieder Carl Schmitt. Thor von Waldstein, ehemaliger Vorsitzender des ‚Nationaldemokratischen Hochschulbundes', schrieb bereits 1992 in der JF: „Die Bücher Carl Schmitts [...] sollten – wie ein guter schottischer Malzwhisky – pur genossen werden. Wer mit dem Grundgesetz unter dem Kopfkissen schläft, braucht Carl Schmitt nicht. Wer jedoch erkannt hat, dass die Verfassung das Gefängnis ist, in dem die res publica der Deutschen – gerade nach der kleinen Wiedervereinigung – gefangengehalten wird, greift gerade jetzt zu seinen Werken." (von Waldstein 1992: 17) Durch die kontinuierliche Bezugnahme auf die Konservative Revolution und ihre Protagonisten signalisiert die ‚Junge Freiheit' auch heute noch insbesondere dem eingeweihten Leser in codierter Form den politischen Standort der Zeitung. Sie kann inzwischen allerdings immer öfter – wenn auch nicht vollständig – darauf verzichten, die Inhalte näher auszuführen, und sich so gegenüber Außenstehenden als „Unschuldslamm“ präsentieren. Dieser sprachliche Kunstgriff wird in der Wissenschaft häufig als „Insinuation“ bezeichnet (Meyer 1995: 18; zur Konservativen Revolution vgl. auch die Beiträge von Kurt Sontheimer und Wolfgang Gessenharter in diesem Band).

Der „verwachsene Schnabel“: Fremdenfeindlich geprägte Positionen in der ‚Jungen Freiheit‘

Der ständige JF-Mitarbeiter Alain de Benoist, der auch als „Cheftheoretiker“ der französischen Neuen Rechten (Nouvelle Droite) gilt, diffamierte in der ‚Jungen Freiheit‘ unter der Überschrift „Neue Zensoren“ die Menschenrechtsidee als irrationale und aufgezwungene Ideologie und stellte die Allgemeingültigkeit der Menschenrechte in Abrede. Sein Artikel – 1998 zum 50. Jahrestag der „Allgemeinen Erklärung der Menschenrechte“ veröffentlicht – lässt eine fundamentale Gegnerschaft zum Grundgesetz erkennen, zu dessen zentralen Prinzipien Anerkennung und Schutz der Menschenwürde sowie die Achtung der Menschenrechte zählen. Nach de Benoists Darlegung handelt es sich bei der „Menschenrechtsideologie“ um eine „zeitgenössische Religion“, die „ihre Missionare, ihre Katecheten und ihre Theologen“ habe, welche „behaupten, daß alle Menschen Rechte haben“. Verächtlich schreibt er: „Die Menschenrechtsideologie macht aus Individuen Menschen von überall und nirgends“. Sie trage dazu bei, dass „miteinander unvereinbare Rechte zum Heiligtum aufgebläht werden“; die Menschenrechte „besetzen [...] den gesamten öffentlichen Raum und vernichten alle anderen Werte“. (de Benoist 1998: 2) Solche Ausführungen überraschen nach der Betrachtung des Gedankenguts der von der ‚Jungen Freiheit‘ geschätzten Konservativen Revolutionäre nicht. Eine „Distanzierung“ dürfte der ‚Jungen Freiheit‘ in diesem Fall kaum gelingen, handelt es sich bei dem betreffenden Autor, Alain de Benoist, doch um einen der Zeitung besonders eng verbundenen langjährigen ständigen Mitarbeiter.

Zu den Kernideologemen der ‚Jungen Freiheit‘ zählt nach wie vor das Konzept des Ethnopluralismus, das eine ethnisch homogene Staatsbevölkerung als Ziel vorsieht sowie eine räumliche, zumindest aber kulturelle Trennung der Ethnien. Ihm entspricht ein völkischer Nationalismus, der von einem mythisierten Nationsverständnis ausgeht und die Zugehörigkeit zur Nation allein ethnisch bestimmt. Einwanderer erscheinen vor diesem Hintergrund als Störfaktoren, die die ethnische Homogenität Deutschlands bedrohen. So beschäftigt sich ein in glossierendem Ton gehaltener Beitrag mit der ethnischen Zugehörigkeit von Fußballspielern in Deutschland (Homann 2002: 24). Er moniert, dass immer mehr Teams mit „Spielern nichtdeutscher Abkunft bestückt“ seien. Der Beitrag unterscheidet deutlich zwischen einer launig skizzierten vergangenen Phase, in der „ausnahmslos hellhäutige Europäer christlicher Religionszugehörigkeit in Diensten hiesiger Vereine" gestanden hätten, und beklagt, dass inzwischen „insbesondere Afrikaner und Südamerikaner" massiv zuströmten. Die Situation der Bundesliga steht ausdrücklich stellvertretend für bedrohliche gesamtgesellschaftliche Entwicklungen: „Das gesellschaftliche Segment des Fußballs nimmt aufgrund der Jugendlichkeit der Sportler jene Entwicklung vorweg, die in der zukünftigen Generationenfolge zum allmählichen Wegsterben der derzeitigen Bevölkerungsmehrheit führen wird." Die Einbürgerung ausländischer Spieler und ihr Einsatz in der Nationalmannschaft werden implizit verhöhnt. Bezeichnenderweise ist der Beitrag mit dem Foto des farbigen deutschen Fußballers Gerald Asamoah und der Bildzeile „Nationalspieler" illustriert. In den Schlusssätzen verspottet der Autor die Integrationsleistungen der Sportvereine, beispielsweise indem er eine entsprechende Bemerkung Uwe Seelers mit dem ironischen Hinweis kommentiert, Seeler habe „unter Rot-Grün ‚dazugelernt'". Nachdem der Autor das Szenario einer ausschließlich aus Eingebürgerten bestehenden Nationalmannschaft dargelegt hat, baut er eine emotionale Kluft zwischen diesem Team der „anderen" und den ethnisch Deutschen auf. Der lapidare Schlusssatz impliziert, dass ethnisch Deutsche einem solchen Team allenfalls kühl-gelassen gegenüberstehen, ihm keinesfalls verbunden sein könnten: „Na, dann siegt mal schön."

Ein besonders markantes Beispiel für die dem Gedankengut des Ethnopluralismus zu Grunde liegenden rassistischen Motive lieferte die ‚Junge Freiheit' in einem Beitrag über die Rechtschreibreform: „Das passt alles zu einem Land, in dem sich viele Millionen mit und ohne deutschem Pass mit einem Multi-Kulti-Radebrech herumschlagen [...] Sie reden, wie ihnen der Schnabel verwachsen ist." (Mechtersheimer 1997: 1) Wenn – wie hier – Menschen, die insbesondere wegen ihrer Herkunft oder Abstammung die deutsche Sprache nicht perfekt beherrschen, ein „verwachsener Schnabel" attestiert wird, wird die Menschenwürde in besonderer Weise missachtet. Dieser Artikel illustriert gleichzeitig die Taktik der ‚Jungen Freiheit', öffentlich diskutierte Themen mit extremistischen Komponenten – in diesem Beispiel der rassistisch motivierten Herabwürdigung von Menschen anderer Abstammung – zu überlagern.

Solidarität für „Ole Caust" und andere „unschuldig Verurteilte"

Ein Motiv, das die ‚Junge Freiheit' mit besonderer Stetigkeit prägt, ist die Solidarität für rechtsextremistische Straftäter. Schlüsselwörter wie „Meinungsterror" (zum Beispiel Neujahr 2002a: 11) sind kennzeichnend für die verzerrende Darstellung der freiheitlichen Demokratie in der JF. Mit diesem Solidaritäts-Motiv verbinden sich Bemühungen, die Verbrechen des NS-Regimes zu verharmlosen. Wenn etwa staatlichen Organen bzw. Funktionsträgern oder allen Andersdenkenden unterstellt wird, sie schwängen „die ‚Nazi-Keule‘“ (zum Beispiel Neujahr 2002b: 2), oder behauptet wird, es werde „das Schmierenstück ‚antisemitische Gefahr‘ inszeniert“ (Stein 2002: 2), mag sich das vordergründig auf eine aktuelle politische Situation beziehen – hier zum Beispiel auf die Antisemitismus-Debatte des Jahres 2002. Andererseits jedoch wird suggeriert, Antisemitismus und speziell die NS-Verbrechen seien es nicht wert, sich damit heute noch zu beschäftigen.

Einen Beitrag, der diesen Zusammenhang überaus deutlich bestätigt, lieferte 1998 ein ständiger Mitarbeiter der ‚Jungen Freiheit‘: „Neueste Nachricht aus den Katakomben der BRD: Letztes Jahr wurden hier sage und schreibe 7949 Strafverfahren wegen ‚Volksverhetzung‘ abgewickelt [...]. Tausende von Jahren Gefängnis wurden verhängt, tausende bürgerlicher Existenzen vernichtet. Zur Zeit sitzen wegen sogenannter ‚Propagandadelikte‘ in Deutschland mehr Menschen hinter Gittern als jemals in den letzten Jahren der DDR. Erkundigt man sich, was denn die vielen verurteilten Menschen ausgefressen haben, so erfährt man: Sie haben irgendwas ‚geleugnet‘, irgendwas ‚verharmlost‘, irgendwelche Zahlen ‚öffentlich nicht geglaubt‘, irgendwelche Vorgänge ‚nicht als historische Hauptsache, sondern nur als historisches Detail‘ bezeichnet, irgendwelche ‚verbotenen Lieder‘ gesungen, irgendwelche Symbole ‚vorgezeigt‘“ („Pankraz“ 1998: 11). Tatsächlich stellt der Paragraph über die Volksverhetzung die öffentliche Leugnung des Holocaust unter Strafe.

Derselbe ständige JF-Mitarbeiter verteidigte wenige Wochen später den Publizisten Hans-Dietrich Sander, damaliger Herausgeber der rechtsextremistischen Zeitschrift ‚Staatsbriefe‘, den das Innenministerium des Landes Nordrhein-Westfalen angezeigt hatte, nachdem unter dem Pseudonym „Ole Caust“ eine besonders zynische Verhöhnung der Holocaust-Opfer in seinen ‚Staatsbriefen‘ erschienen war: „Der ominöse Verfassungsschutz von Nordrhein-Westfalen hat ihn kürzlich der ‚Volksverhetzung‘ bezichtigt, ein Münchner Amtsgericht ihn daraufhin ‚wegen zweimaliger Leugnung bzw. Verharmlosung des Holocaust‘ zu acht Monaten Gefängnis verurteilt. Die Revisionsverfahren laufen noch. Das ganze Verfahren ist skandalös, gereicht den politischen Verhältnissen in der Bundesrepublik zur Unehre. Aber wer von unseren Staatsverwaltern spricht heute noch von Ehre?“ (Zehm 1998: 4) Solche Artikel, die keineswegs von Gelegenheitsautoren stammen, sind klare Signale der ‚Jungen Freiheit‘ an die gesamte rechtsextremistische Szene.

Literatur

Assheuer, Thomas und Sarkowicz, Hans: Rechtsradikale in Deutschland. Die alte und die neue Rechte, 2. Aufl., München 1992

Bubik, Roland: Konservative und Massenkultur, in: JF vom 16.9.1994, S. 11

de Benoist, Alain: Neue Zensoren, in: JF vom 4.12.1998, S. 2

Homann, Theo: Konkret Soccer, Ey!, in: JF vom 15.11.2002, S. 24
Jaschke, Hans-Gerd: Rechtsextremismus und Fremdenfeindlichkeit. Begriffe – Positionen – Praxisfelder, 2. Aufl., Wiesbaden 2001
Jede Mark eine Konservative Revolution, in: JF vom 17.3.1995, S. 10
Jung, Edgar Julius: Die Herrschaft der Minderwertigen, Nachdruck der 2. Aufl. von 1930, Struckum 1991
Knörzer, Winfried: Eine kulturelle Hegemonie von rechts, in: JF vom 19.8.1994, S. 11
Mechtersheimer, Alfred: Sprache, in: JF vom 14.11.1997, S. 1
Meyer, Thomas: Methoden und Strategien: Insinuation als Stilmittel, in: Am rechten Rand (hrsg. von der Friedrich Ebert Stiftung), H. 1 (1995), S. 18-19
Moeller van den Bruck, Arthur: Das dritte Reich, 3. Aufl., Hamburg 1931
Neujahr 2002a: Neujahr, Doris, Scharfgestochene Miniaturen, in: JF vom 15.2.2002, S. 11
Neujahr 2002b: Neujahr, Doris, Unmündig, in: JF vom 24.5.2002, S. 2
Ochsenreiter, Manuel: Erziehungssache, in: Bubik, Roland (Hrsg.): Wir 89er. Wer wir sind – was wir wollen, Frankfurt a.M./Berlin 1995, S. 209-225
„Pankraz" [d.i. Günter Zehm]: Pankraz, M. Kohlhaas und die Pariser Komitees der Wachsamkeit, in: JF vom 10.4.1998, S. 11
Spann, Othmar: Der wahre Staat. Vorlesungen über Abbruch und Neubau der Gesellschaft, Leipzig 1921
Stein, Dieter, Die FDP und der „Fall Karsli". Das gefundene Fressen, in: JF vom 24.5.2002, S. 2
Stein, Dieter: Abschied der großen alten Männer, in: JF vom 26.7.1996, S. 2
von Waldstein, Thor: Sechzig verweht. Carl Schmitt: „Glossarium", in: JF Oktober 1992, S. 17
Zehm, Günter: Vom Marxisten zum Demaskierer, in: JF vom 12.6.1998, S. 4

Diskussion

Die Neue Rechte – eine Gefahr für die Demokratie?

Der folgende Meinungsaustausch basiert auf der Podiumsdiskussion, die zum Abschluss der Tagung „Die Neue Rechte – eine Gefahr für die Demokratie?" am 8. Oktober 2003 in Düsseldorf stattgefunden hat. Die Beteiligten hatten Gelegenheit, die Abschrift dieses Gespräches geringfügig zu überarbeiten.

Wolfgang Kapust: Meine Damen und Herren, wir wollen nun über die Neue Intellektuelle Rechte sprechen hier auf dem Podium, und ich bitte Sie, Ihre Fragen und Beiträge dazu dann nach der Podiumsrunde einzubringen. Zunächst möchte ich Ihnen das Podium kurz vorstellen: Dr. Hartwig Möller ist Leiter des nordrhein-westfälischen Verfassungsschutzes, und Prof. Wolfgang Gessenharter leitet die Arbeitsgruppe Demokratieforschung an der Universität der Bundeswehr in Hamburg. Prof. Christoph Butterwege ist Geschäftsführender Direktor des Seminars für Sozialwissenschaften an der Universität zu Köln, Dr. Uwe Backes Stellvertretender Direktor des Hannah-Arendt-Instituts für Totalitarismusforschung an der Technischen Universität Dresden. Zunächst will ich nach Ihren Grundpositionen zur Neuen Rechten fragen. Herr Prof. Butterwegge, Sie beschäftigen sich sehr kritisch mit der Neuen Rechten, und Sie warnen vor ihr.

Christoph Butterwegge: Ich spreche meist von der „so genannten" Neuen Rechten, weil manches an ihr sehr alt ist. Diese so genannte Neue Rechte stellt durchaus eine Gefahr für unsere Demokratie dar – nicht in dem Sinne, dass der Verfassungsstaat bedroht wäre oder ein zweiter 30. Januar 1933 vor der Tür stünde, aber in dem Sinne, dass etwas geschwächt wird, das nach meiner Ansicht konstitutiv ist für die Demokratie: eine demokratische politische Kultur. Diese stirbt natürlich nicht von heute auf morgen, wird aber seit geraumer Zeit von der Neuen Rechten untergraben.

Nunmehr möchte ich versuchen, den Begriff „Neue Rechte" genauer zu umreißen. Er ist ja sehr bunt, schillernd und vielfältig. Manche können damit überhaupt nichts anfangen. Er ist ganz sicherlich missverständlich. In der Fachliteratur gibt es mancherlei Definitionen und Bemühungen, ihn in der einen oder anderen Weise zu fassen. Ich habe dieser Vielzahl von Begriffsbestimmungen eine weitere hinzugefügt, was ich kurz begründen will. Ich finde, es macht wenig Sinn, als Neue Rechte eine Strömung zu bezeichnen, die sich auf etwas Altes bezieht – auf die Konservative Revolution der Weimarer Republik etwa –, wie dies in einschlägigen Publikationen geschieht.

Meine nächste Frage lautet: Was ist denn nun wirklich neu an einer solchen Neuen Rechten? Das eigentlich Neue ist für mich das weltpolitische und weltwirtschaftliche Umfeld, in dem rechtsextreme und rechtspopulistische Kräfte agieren. Diese früher unbekannte Entwicklungsdynamik wird mit dem Schlagwort „Globalisierung" bezeichnet. Ich spreche lieber – wahrscheinlich ist das präziser – von „neoliberaler Modernisierung". Da werden fast alle Bereiche der Gesellschaft, sei es der Sozialstaat, die Bildung, die Kultur oder der Freizeitbereich, nach dem Vorbild des Marktes umstrukturiert. Und zwar, obwohl er auf seinem ureigenen Terrain, der Volkswirtschaft – ausweislich einer anhaltenden Massenarbeitslosigkeit – gerade kläglich versagt. Die aktuellen Diskussionen um Gerhard Schröders Agenda 2010 und um die Sozialreformen in unserem Land sind ein Teil der Debatte um solche Zukunftsentwürfe. In diesem Umfeld entsteht eine Neue Rechte, die sich – anders als die alte – nicht so sehr auf den Staat bezieht, vielmehr stärker auf den Markt und ihn beinahe mythologisiert. Sie stellt also nicht mehr die „klassische" Wertetrias von Führer, Volk und Vaterland in den Vordergrund, sondern die von Markt, Leistung und Konkurrenz. Statt fremde Länder zu erobern, wie dies der Nationalsozialismus bzw. Faschismus tat, will man neue Märkte erobern und den eigenen „Wirtschaftsstandort" zum stärksten auf der Welt machen, was militärische Abenteuer, beispielsweise zur Rohstoffsicherung, ja nicht ausschließt.

Wenn ich in dem Zusammenhang von „Standortnationalismus" spreche, mag dies entweder gar nicht einleuchten oder bisher nur in Ansätzen nachvollziehbar erscheinen. Trotzdem glaube ich, dass hier die Entwicklungsperspektiven einer solchen Neuen Rechten liegen. Was es inmitten der Gesellschaft an neoliberalem Wettbewerbswahn gibt, wird radikalisiert, in Richtung eines brutalen Marktfundamentalismus zugespitzt und nationalistisch aufgeladen.

Ich will auf einen weiteren Aspekt hinweisen: Es ist hier schon gesagt worden, dass der Verfassungsschutz die Aufgabe hat, verfassungsfeindliche oder verfassungswidrige Bestrebungen zu beobachten. Sozial- bzw. Politikwissenschaftler haben andere Aufgaben, beispielsweise das Interesse, zu sehen, wie die demokratische Mitte auf bestimmte Entwicklungen reagiert und welche Wechselwirkungen es zwischen ihr und der extremen Rechten gibt. Deshalb gucke ich natürlich auch darauf, wie zum Beispiel die Medien der Neuen Rechten wirken. Wie wirken sie ein auf andere, die ich als „Mainstream-Medien" bezeichne? Da stößt man auf sehr viele inhaltliche Überschneidungen, die ich an Beispielen belegen könnte.

Beschränken möchte ich mich auf einen Bereich, den ich „Demografie-Diskurs" nenne. Häufig findet man in der ‚Jungen Freiheit' Überschriften wie die folgende: „Ein sterbendes Volk. Bevölkerungsrückgang – Gebärverweigerung wird mit Zuwanderung bestraft". Nun leugne ich keineswegs, dass es einen demografischen Wandel, das heißt eine Veränderung der Altersstruktur und nachfolgend einen Rückgang der Bevölkerung in der Bundesrepublik, gibt. Aber in den rechtsextremen Medien betrachtet man diesen Prozess aus einem nationalistischen Blickwinkel und zieht andere, fragwürdige Schlussfolgerungen: Das deutsche Volk erscheint als wertvolle biologische Spezies, die auszusterben droht. Auch durch Zuwanderung oder eine weniger restriktive Zuwanderungspolitik lässt sich an dem Problem, wie es dort in ethnischen Kategorien beschrieben wird, nichts ändern.

Ähnliche Überschriften finden sich zum Beispiel auch in der rheinischen Boulevardzeitung ‚Express', allerdings noch mit Fragezeichen: „Sterben die Deutschen aus?". Ähnliche Beispiele gibt es auch in anspruchsvolleren Medien, zum Beispiel der ‚Zeit': „Kinder, Kinder!" und darunter der Untertitel: „Die Zahl der Deutschen fällt rapide. Noch immer fehlt eine Familienpolitik". Und dann auch hervorgehoben: „Immer weniger Deutsche kriegen Kinder". Wohlgemerkt: Nicht Kinder *in* Deutschland, sondern *deutsche* Kinder fehlen. Unter der Überschrift „Kinder für das Land" forderte der ‚Rheinische Merkur' am 31. Juli 2003: „Eine neue Bevölkerungspolitik muss her". Immer mehr Kommentatoren fragen, wie Deutschland durch eine pronatalistische, geburtenfördernde Familien- und Bevölkerungspolitik zu mehr Nachwuchs kommt.

Das treibt dann die etablierte Politik um. Edmund Stoiber, Kanzlerkandidat der Unionsparteien, hat sich dazu im Wahlkampf häufig geäußert. Das treibt auch die Wissenschaft um. Meinhard Miegel äußert sich dazu in vielen Medien, übrigens auch solchen der Neuen Rechten, und das Thema wandert mehr und mehr vom rechten Rand in die Mitte. Ich glaube, dies ist ein Thema der Zukunft – ein Thema, von dem aus man den Sozialstaat frontal angreifen kann. Dabei wird die Demografie als Mittel der sozialpolitischen Demagogie benutzt: Weil wir weniger und immer älter werden, könne dieser Sozialstaat so nicht mehr fortexistieren, hört man allenthalben.

Hier liegt aber auch ein argumentativer Ansatzpunkt, um sich als „selbstbewusste Nation" zu regenerieren, wenn es heißt: „Wir Deutschen dürfen nicht aussterben, sondern müssen mächtig bleiben oder wieder werden." Da gibt es dann – nicht von Rechtsextremisten, sondern von einem an sich geschätzten Kollegen, dem Migrationsforscher Rainer Münz – in der ‚Zeit' einen Artikel mit der Überschrift: „Mehr Kinder, mehr Macht. Europa schrumpft, die USA wachsen. Auch die Einwohnerzahl entscheidet darüber, wer künftig in der Welt den Ton angibt". Das sind Töne, die auf der äußersten Rechten aufgenommen werden können, und insofern denke ich, dass es Wechselwirkungen zwischen solchen Tendenzen in der Mitte und der Neuen

Rechten gibt. Letztere hat es geschafft, das Thema „Demografie" in den öffentlichen Diskurs einzuspeisen. Darin sehe ich längerfristig eine mögliche Gefahr für die Demokratie.

Wolfgang Kapust: Herr Backes, ist die Demokratie durch die Neue Rechte gefährdet?

Uwe Backes: Wenn das zuträfe, was Herr Butterwegge sagt, dann wäre sie akut gefährdet. Denn dann säße die Neue Rechte im Planungsstab der Agenda 2010 von Gerhard Schröder, und dann säße die Neue Rechte in der Redaktion der Hamburger Wochenzeitung ‚Die Zeit', und natürlich würde sie in der ‚Jungen Freiheit' auch sitzen. Also: Die Neue Rechte wäre omnipräsent in unserem Land. Alles wäre von Neuen Rechten unterwandert. Sie zögen die Fäden. Wir müssen vorsichtig sein mit dem Begriff „Neue Rechte". Herr Butterwegge, Sie haben ja auch gesagt, der Begriff werde sehr unterschiedlich verwendet. Sie sagen, bei der Neuen Rechten handele es sich um neoliberale Politikkonzepte. In der Tat gibt es Autoren, die das so verstehen. Aber dann ist die Neue Rechte in Deutschland an der Macht. Und wie gelingt es uns dann, diejenigen Gruppierungen begrifflich zu erfassen, die uns von Herrn Pfeiffer vorgestellt worden sind [vgl. den Beitrag von Thomas Pfeiffer in diesem Band]: ‚Synergon' oder die ‚Junge Freiheit' und ähnliche Organe. Man muss ja auch darauf hinweisen, dass diese Gruppierungen meist gar nicht neoliberal sind. Wenn Sie in die Wirtschaftskonzepte reinschauen, überwiegt vielmehr ein Sozialprotektionismus, manchmal herrschen sogar sozialistische, jedenfalls antikapitalistische Konzeptionen vor, mitunter auch neoliberale Konzepte. Aber ich sehe hier keine wirtschaftspolitische Einheitlichkeit, wenn ich von einem Begriff ausgehe, wie ihn uns Herr Pfeiffer vorgestellt hat.

Wir hatten im Workshop gerade zwei kompetente Referenten, die über die Situation in den USA und in Frankreich vorgetragen haben. Es ging um die Nouvelle Droite und um eine religiös-fundamentalistische Rechte in den Vereinigten Staaten, wie wir sie hier in Europa viel weniger kennen. Der Referent, der über die USA gesprochen hat, Herr Grumke, hat auch hierfür – für diese religiös-fundamentalistische Rechte – den Begriff „Neue Rechte" verwendet. Und zugleich sehen wir dann wieder GRECE, also diese französische Gruppierung, als Prototyp der Neuen Rechten an. Irgendwie müssen wir uns natürlich in der wissenschaftlichen Diskussion auf einen Begriff verständigen.

Ich persönlich neige dazu, obwohl auch ich den Begriff „Neue Rechte" in eigenen Arbeiten gelegentlich verwendet habe, von ihm Abstand zu nehmen. Denn er ist in vielerlei Hinsicht problematisch. Zum einen, Herr Butterwegge hat darauf schon hingewiesen, ist ja nicht alles so neu, was die so genannte Neue Rechte vorträgt. Es wird ja gesagt: Es sind zum Teil Ideen, die schon in der Weimarer Republik in der Auseinandersetzung mit der wilhelminischen Alten Rechten oder dem alten wilhelminischen Nationalismus entfaltet worden sind. Mir persönlich gefällt auch nicht, dass man pauschal von „der Rechten" spricht, der „Neuen Rechten". In Deutschland erregt das gar keinen Widerspruch, das macht mich besorgt. In Frankreich ist es ganz normal, dass man unterscheidet zwischen der gemäßigten Rechten, der gemäßigten Linken, der extremen Linken und der extremen Rechten. Bei uns möchte sich keine Partei den Begriff „Rechte" anhängen. Natürlich hat unsere Vergangenheit zu dieser Semantik geführt, aber zu einer lebendigen Demokratie gehören nun einmal unterschiedliche politische Kräfte. Es gehört ein breites, pluralistisches politisches Spektrum dazu. Und wenn es nur noch Linke gibt, dann ist dieses Spektrum sehr verengt.

Ich plädiere also dafür, mit einem solchen Begriff nicht pauschal alles, was sich vielleicht als rechts definieren könnte, aus dem Verfassungsbogen herauszudrängen. Es sollte auch Platz sein für eine gemäßigte Rechte, genauso wie es Platz gibt für eine gemäßigte Linke. Und das sind zwei Argumente, die dafür sprechen, dass man von diesem Begriff Abstand nimmt und vielleicht eher vom intellektuellen Rechtsextremismus spricht. Das ist doch eigentlich unser Thema. Wir interessieren uns hier für Rechtsextremisten. Also für entschiedene Gegner des demokratischen Verfassungsstaates. Für intellektuelle, ideologische Konzepte, die Fundamentalwerte des demokratischen Verfassungsstaates attackieren, wie sie Herr Gessenharter vorgestellt hat [vgl. den Beitrag von Wolfgang Gessenharter in diesem Band]. Und wenn wir von einem solchen engeren Begriff der Neuen Rechten ausgehen – oder des intellektuellen Rechtsextremismus – und mir die Frage gestellt wird: Ist das eine Gefahr in Deutschland?, dann muss ich sagen: Aktuell geht von diesen Gruppierungen keine nennenswerte Gefahr aus.

Man muss also überlegen, wenn man bestimmte Gruppierungen wahrnimmt, wie bedeutend ihr Einfluss ist. Da ist es doch nahe liegend, danach zu fragen, wie viele Mitglieder die Gruppierungen haben, wie hoch die Auflagen der Organe sind, die zur Diskussion stehen. Das sind Kriterien, an denen man sich festhalten kann. Und wenn man die Zeitungen und Zeitschriften betrachtet, die Herr Pfeiffer dargestellt hat, dann stellen wir doch fest: Das sind winzige Blättchen. Die ‚Junge Freiheit' ist von denen, die uns hier vorgestellt worden sind, noch das größte. Die anderen sind viel kleiner. Das sind zum Teil ja fast bemitleidenswerte Minderheiten, die noch dazu unter einem großen gesellschaftlichen Druck stehen. Glücklicherweise haben wir in Deutschland inzwischen eine lebendige pluralistische Diskussionskultur. Wir haben eine sehr kritische, überaus aufmerksame Öffentlichkeit, die sich mit rechtsextremen Tendenzen auseinandersetzt. Diese Auseinandersetzung ist sehr wichtig. Wir müssen sie permanent führen, aber wir müssen natürlich auch in dieser Auseinandersetzung immer den Sinn für die Realitäten bewahren und nicht aus kleinen, relativ unbedeutenden Grüppchen eine große Gefahr stilisieren.

Wolfgang Kapust: Das war eine eindeutige Beschreibung. Herr Möller, Herr Backes hat gesagt: keine Gefahr für die Demokratie. Sie sind als Verfassungsschutz damit beschäftigt, mögliche Gefährdungen zu erkennen. Sie geben ein Büchlein heraus mit dem Titel „Die Kultur als Machtfrage. Die Neue Rechte in Deutschland", das heißt: Sie benutzen ebenden Begriff, den Herrn Backes kritisiert hat, und Sie nennen eine Reihe von Gruppen und Publikationen. Also wenn Backes sagt: Das Ganze ist nicht so stark, schätzen Sie es dann falsch ein, oder ist es ein Selbstbeschäftigungsprogramm für den Verfassungsschutz NRW, um es provokant auszudrücken?

Hartwig Möller: Der Verfassungsschutz hat eine etwas andere Aufgabe als die Politikwissenschaft oder die politische Diskussion. Für uns gilt zunächst einmal etwas rein Formales: Wir werden überhaupt nur tätig, wenn wir tatsächliche Anhaltspunkte für verfassungsfeindliche Bestrebungen haben. Bei dem Objekt, das heute am häufigsten genannt worden ist, der ‚Jungen Freiheit', ist dies gerichtlich festgestellt worden. Deswegen sind wir sogar verpflichtet hinzuschauen – ganz unabhängig davon, welche tatsächlichen Auswirkungen von einer solchen Zeitung ausgehen. Wir sind auch der Meinung, dass dieser Verdacht nach wie vor voll begründet ist. Mir ist es wichtig festzuhalten, dass wir uns einig sind mit dem Verfassungsschutz in Baden-Württemberg, der ja bekanntlich von einer CDU-geführten Landesregierung gestellt wird. Es geht hier also nicht um ein parteipolitisches Problem, auch wenn im Vorfeld dieser Tagung anderes behauptet wurde. Mit der CDU unseres Landtages – das ist uns noch einmal ausdrücklich bestätigt worden – haben wir keine Differenzen bei der Beobachtung der ‚Jungen Freiheit'.

Wo liegt die Gefahr der Neuen Rechten? Natürlich sind Skinheads und Organisationen, die Gewalt ausüben, spektakulärere Formen des Rechtsextremismus. Militanz ist zweifellos eine besonders offensichtliche Gefahr. Den Rechtsextremismus aber auf diese Kreise zu reduzieren verkürzt das Problem. Wir sind ein Frühwarnsystem, wir müssen auf Entwicklungen schauen, die gefährlich werden können, die unsere Gesellschaft in einem verfassungsfeindlichen Sinne beeinflussen können. Wenn solche demokratiefeindlichen Tendenzen subtil vermittelt, intellektuell ummantelt werden, wenn sie nicht auf den ersten Blick zu erkennen sind, gerade dann sind wir aufgefordert, zur Aufklärung beizutragen.

Ich bin gleichwohl der Meinung, dass die Neue Rechte – ich bleibe einstweilen bei diesem Begriff, bin aber durchaus bereit, über den des „intellektuellen Rechtsextremismus" nachzudenken – von einer Meinungsführerschaft, einer kulturellen Hegemonie, weit entfernt ist. Das muss man klar sagen. Das ist auch heute deutlich geworden. Womöglich hat diese Strömung ihr Ziel aber auch bewusst hochtrabend, pathetisch formuliert, um sich selbst anzutreiben. Die Breitenwirkung ist nicht ausgeblieben: Sie ist begrenzt geblieben. Ich habe keinen Zweifel daran, dass sich eine deutliche Mehrheit in

Deutschland demokratiefeindlichen Tendenzen entschieden entgegenstellt. Aber noch einmal: Als Verfassungsschutz fühlen wir uns verpflichtet, auf solche Tendenzen aufmerksam zu machen und rechtzeitig zu warnen, dass sich Gefahren entwickeln könnten.

Wolfgang Kapust: Ich möchte Herrn Backes zurückfragen: Sie sind Wissenschaftler, Herr Möller ist Verfassungsschützer und muss das Ganze verfassungsrechtlich betrachten. Beeindruckt es Sie, wenn ein Verfassungsschützer argumentiert: Die Gerichte haben entschieden; sie haben festgestellt, dass ihr beobachten könnt, sogar müsst, weil es tatsächliche Anhaltspunkte für den Verdacht verfassungsfeindlicher Bestrebungen im Falle der ‚Jungen Freiheit' gibt. Bleiben Sie bei Ihrer Position, dass eine solche Strömung ungefährlich ist, sagen Sie: Was die Gerichte und die Behörden tun, ist mir als Wissenschaftler egal, das ist eine andere Ebene?

Uwe Backes: Das sind ganz unterschiedliche Fragen. Der Verfassungsschutz beobachtet doch ständig auch kleine Gruppierungen, die keine aktuelle Gefahr für die Demokratie darstellen. Man kann ja nicht sagen, dass alle beobachteten Gruppen Gefahren für die Demokratie sind in dem Sinne, dass sie eine aktuelle Bedrohung wären. Man könnte allenfalls argumentieren, dass jede kleine Gefahr irgendwann zu einer großen werden kann. Insofern ist es nicht auszuschließen, dass solche Gruppierungen in der Zukunft – in 20, 30 Jahren – eine kulturelle Bedeutung erlangen könnten, die sie zu einer echten Gefahr für die Demokratie werden ließen. Ich meine, dass es eine Aufgabe aller demokratischen gesellschaftlichen Kräfte ist, aufmerksam solche Entwicklungen zu beobachten; insofern steht der Verfassungsschutz nicht unter einem Begründungszwang, wenn er kleine Gruppierungen beobachtet. Wenn man allerdings zurzeit zu dem Ergebnis käme, dass die Gefahr sehr gering ist, dann könnte man darüber nachdenken, ob die personellen Kapazitäten angemessen sind, die man für die Beobachtung solcher Gruppierungen einsetzt. Das sind Überlegungen, die in einer Behörde vielleicht anzustellen sind und die Herr Möller sicherlich ständig anstellt. Man kann daraus aber nicht unmittelbar die Konsequenz ableiten, dass eine solche Gruppierung gar nicht zu beobachten wäre.

Zur ‚Jungen Freiheit' möchte ich mich noch etwas näher äußern. Von den Organen, die Herr Pfeiffer uns heute Vormittag dargestellt hat, habe ich bei diesem die größten Skrupel, wenn es um verfassungsschützerische Beobachtung geht. Sie ist ja ein Blatt, in dem ein Meinungsspektrum vertreten wird. Sie ist kein Kampfblatt einer in sich gefestigten Organisation, die über eine klar umrissene Ideologie verfügte. Dort schreiben inzwischen viele Autoren, deren demokratische Reputation über jeden Zweifel erhaben ist. In der neuen Nummer der ‚Jungen Freiheit' ist diese Tagung vom Nestor der Extremismusforschung in Deutschland, Erwin Scheuch, heftig kritisiert worden [Prof. Dr. Erwin Scheuch ist am 12. Oktober 2003 verstorben, d. Hrsg.]. Herr

Scheuch ist kein naiver Mensch und wird sich nicht in einem Organ äußern, von dem er meint, es sei fast schon eine Untergrabung der Demokratie, sich darin zu äußern. Ich glaube also, dass die ‚Junge Freiheit‘ in jenem Bereich angesiedelt ist, der schon in verschiedenen Referaten dieser Tagung eine Rolle gespielt hat: in einer Grauzone zwischen rechtsextremer Szene und demokratische Mehrheitskultur. Ich glaube nicht, dass es Aufgabe der Verfassungsschutzämter sein sollte, solche Grauzonen auszuleuchten. Es ist meines Erachtens sinnvoll, dass man sich auf Gruppierungen beschränkt, die eine klare verfassungsfeindliche Zielsetzung aufweisen. Mir geht es um etwas, das vorhin in unserem Workshop mit Blick auf Amerika schon betont wurde: Die Amerikaner heben sehr stark hervor, dass die freie Gesellschaft eine Gesellschaft ist, in der jeder seine Meinung artikulieren kann. Die Meinungsfreiheit ist die vornehmste der demokratischen Freiheiten, und gesellschaftliche Auseinandersetzungen, heftige Diskussionen um bedenklich erscheinende Thesen und Theorien, die in Blättern wie der ‚Jungen Freiheit‘ vertreten werden, sind meines Erachtens dringend erforderlich – eine intensive geistige Auseinandersetzung der Gesellschaft. Aber eine Behörde für Verfassungsschutz sollte meines Erachtens bei der Wahl ihrer Beobachtungsobjekte zurückhaltend sein, sich auf das organisierte Spektrum konzentrieren und dann das geistige Umfeld ausleuchten. Ich würde auch sagen: Wenn Verfassungsschutzbehörden intern Diskussionen um die ‚Junge Freiheit‘ führen, ist das wichtig und notwendig, wenn man sich mit Rechtsextremismus beschäftigt. Aber staatlicherseits Berichte zu veröffentlichen, in denen ein solches Organ aufgeführt wird, das scheint mir bedenklich. Es wird schließlich staatlicherseits eine Art Verrufserklärung ausgesprochen. Bevor man dies tut, muss man ganz sicher sein, dass es die betreffenden Organe und Organisationen verdienen, in dieser warnenden Absicht in einem Bericht erwähnt zu werden. Insofern bin ich einverstanden mit den Gruppen und Organen, die Herr Pfeiffer erwähnt hat, beispielsweise ‚Synergon‘. Die ‚Junge Freiheit‘ beobachte ich allerdings seit langem, durchaus sehr kritisch, und habe über sie in der Vergangenheit selbst kritische Stellungnahmen abgegeben. Ich habe aber heute doch meine Bedenken, ob es sinnvoll ist, eine solche Zeitung in einem Verfassungsschutzbericht zu erwähnen, oder ob es nicht besser wäre, der wissenschaftlichen und gesellschaftlichen Diskussion hier den Vorrang zu geben.

Wolfgang Kapust: Meine Frage bezog sich ja darauf, ob Sie die genannten Gerichtsurteile beeindrucken, zumal sich irgendwann das Bundesverfassungsgericht entscheiden wird: entweder die Verfassungsbeschwerde der ‚Jungen Freiheit‘ zur Entscheidung anzunehmen oder dies abzulehnen.

Uwe Backes: Nach meiner Erfahrung ist es so, dass die Gerichte in Deutschland eine ganz große Bedeutung für den Schutz der bürgerlichen Rechte haben. Wenn ein Gericht zu dem Ergebnis kommt, dass diese Beobachtung sich auf ein breites Fundament stützt, so ist das ein sehr ernsthaftes Ergebnis. Das muss dann von allen ernst genommen werden.

Wolfgang Kapust: Im Urteil des Verwaltungsgerichts Düsseldorf wird festgestellt, dass die Meinungsfreiheit nach Artikel 5 Grundgesetz für die ‚Junge Freiheit' nicht eingeschränkt ist. Deshalb sei die Beobachtung rechtens. Spontan hatten sich Herr Möller und Herr Butterwegge gemeldet – ich gehe einfach einmal alphabetisch vor.

Christoph Butterwegge: Herr Backes, Sie haben darauf hingewiesen, dass in der ‚Jungen Freiheit' zum Teil sehr reputierliche Politiker, Wissenschaftler und Künstler zu Wort kommen. Ich weiß zumindest von einem Fall, wie solche Beiträge manchmal zu Stande kommen. Nämlich dadurch, dass man einen Prominenten, der die neurechte Wochenzeitung gar nicht richtig kennt, unter enormen Zeitdruck setzt – jemanden, der sich zu einer aktuellen Frage in möglichst vielen Medien äußern möchte. Nun wird der Betreffende per Fax darauf hingewiesen, dass schon manch anderer Prominenter dort veröffentlicht oder Interviews gegeben hat, und geschrieben: Wir erwarten Ihren Beitrag mit soundso viel Zeilen à soundso viel Anschlägen bis spätestens heute um 18 Uhr. Anschließend erscheint ein weiterer „seriöser" Beitrag in der ‚Jungen Freiheit' und die Liste der reputierlichen Namen wird wieder länger. Ich frage mich, ob das wirklich eine Art und Weise der Rekrutierung von Autoren ist, mit der man beweist, ein demokratisches Organ zu sein.

Ich bin auch nicht Ihrer Auffassung, Herr Backes, dass wir den Begriff der Meinungsfreiheit übernehmen sollten, wie er in den USA und den skandinavischen Ländern herrscht. Das ist eine Frage des Demokratiebegriffs: Demokratie heißt für mich nicht, dass jeder jede Meinung äußern darf, und mag sie noch so menschenfeindlich sein. So wie die Gewerbefreiheit natürlich nicht deckt, dass jemand mit Heroin handelt. Im Gegenteil: Wer die Gewerbefreiheit erhalten will, muss gerade verhindern, dass mit Kokain oder Kinderpornografie gehandelt wird. Und wer die Demokratie verteidigt, muss verhindern, dass sich auf das Gebot der Meinungsfreiheit jeder berufen kann, egal womit. Damit behaupte ich natürlich nicht, dass in der ‚Jungen Freiheit' ständig Menschenverachtendes stünde. Ich beobachte die Zeitung sehr genau – schließlich schreibt sie ja sehr häufig über mich, insbesondere über meine 25 Jahre zurückliegende Juso-Vergangenheit – und stelle fest, dass bisweilen etwas aufscheint, was ich insofern als menschenverachtend ansehe, als es Artikel 1 des Grundgesetzes widerspricht: dem Gebot, die Würde des Menschen zu achten. Manches verträgt sich einfach nicht mit dem Gedanken der Rechtsgleichheit und dem Postulat von der Gleichwertigkeit aller Menschen, unabhängig von ihrer Herkunft, „Rasse", Nationalität und Religion.

Nur ein Beispiel dazu aus der ‚Jungen Freiheit': Auf der Titelseite ihrer Ausgabe vom 9. März 2001 stehen zwei Artikel, deren inhaltlichen Kontext ich höchst interessant finde. Der von Volker Kempf verfasste Leitartikel heißt: „Ein Planet wird geplündert. Bevölkerungswachstum: Europa muß sich auf neue Wanderungsströme einstellen." Zustimmend wird für die so genannte Dritte Welt die Forderung des US-amerikanischen Anthropologen Marvin Harris nach einer Familienplanung zitiert, die „auch vor Abtreibung nicht zurückzuschrecken" habe, um damit die Bevölkerungsvermehrung in den Entwicklungsländern zu stoppen. Direkt darunter steht ein Kommentar von Chefredakteur Dieter Stein zur Bioethik und zum Embryonenschutz, „Eine Wende für das Leben" überschrieben. Dort wird die feministische Linke der Bundesrepublik gegeißelt, weil sie „die Freigabe der Tötung ungeborener Kinder durch Abtreibung (verniedlichend ‚Schwangerschaftsabbruch' genannt)" durchgesetzt und damit „jährlich Hunderttausende ungeborene Kinder legal ans Messer" geliefert habe. Wenn sich eine deutsche Schwangere dazu entschließt, das Kind nicht zu bekommen, so wird suggeriert, handelt es sich um Mord. In der Dritten Welt hingegen darf oder muss man diesen offenbar sogar massenhaft begehen. Ein ausländischer Fötus ist für die ‚Junge Freiheit' weniger (schützens)wert als ein deutscher. Ich finde diese Doppelmoral bzw. die Doppelbödigkeit der Argumentation beider Artikel inhuman. Mit dem Artikel 1 des Grundgesetzes ist sie kaum vereinbar. Daher hat man sehr wohl Grund, die ‚Junge Freiheit' kritisch zu beobachten.

Ich begrüße es, dass sich der Verfassungsschutz in Nordrhein-Westfalen nicht auf besonders spektakuläre und militante Fälle konzentriert, dass er Rechtsextremismus nicht nur als Gewalttätigkeit, auch nicht nur als Ensemble verfassungswidriger Organisationen und Parteien begreift, sondern dass man dort auch die so genannte Neue Rechte und das geistige Hinterland des Rechtsextremismus berücksichtigt. Schließlich bereitet die Neue Rechte den geistigen Nährboden für Sprengstoffanschläge, die natürlich nur das Extrem und die kriminelle Spitze des Eisberges im Rechtsextremismus darstellen. Dieser ist ein so breites, in sich differenziertes und komplexes Phänomen, dass es auch der Verfassungsschutz in seiner ganzen Breite ausleuchten muss. Wenn man dies tut, dann müssen auch die geistigen Brandstifter, denen nicht zuletzt die ‚Junge Freiheit' ein publizistisches Forum bietet, in die Beobachtung einbezogen werden. Dann kann man nicht die Meinungsfreiheit bemühen, um dafür zu sorgen, dass Neurechte treiben können, was sie wollen. In der ‚Jungen Freiheit' kommen zwar auch demokratisch-reputierliche Personen zu Wort, aber doch nur um deren guten Ruf zu instrumentalisieren und damit im Grunde zu missbrauchen.

Wolfgang Kapust: Herr Möller wird gleich Gelegenheit haben zu reagieren. Ich möchte Folgendes einflechten: Ich erinnere mich an die Zeitschrift ‚Mut', die vor vielen Jahren, wie ich glaube, etwas ähnliches getan hat, auch dort gab es Artikel und Interviews zur Legitimation. Mich würde interessieren, Herr Möller, ob das, was wir in neurechten Zeitungen lesen können, vielleicht nicht die ganze Problematik zeigt. Vielleicht trifft das Bild vom Eisberg ja auch auf intellektuelle Kreise zu – in dem Sinne, dass sich andere Teile des Rechtsextremismus auf diese stützen. Wenn die Bomben von München[1] gekommen wären, hätten sie uns den Antisemitismus wieder in Erinnerung gebracht und sicherlich Anlass gegeben, bei Gerhard Frey in der ‚National-Zeitung' nachzuschlagen oder bei der ‚Jungen Freiheit', welche antisemitischen Tendenzen es dort gibt.

Hartwig Möller: Ich glaube schon, dass Extremisten einer ideologischen Steuerung bedürfen. Leute, die in München möglicherweise Bombenanschläge vorbereitet haben, gehen mit einer gewissen Geisteshaltung an diese Dinge heran. Sie werden Beiträge in der JF und in anderen Publikationen der Neuen Rechten finden, die als Nährboden für diese Geisteshaltung geeignet sein können. Als Vertreter einer Behörde möchte ich aber ein formales Argument wiederholen, das Sie als Wissenschaftler vielleicht weniger interessiert. Aus den Gründen, die eben von Herrn Butterwegge formuliert wurden, beobachten wir die ‚Junge Freiheit'. Und das ist gar keine Frage des Wollens, sondern auch eine Frage des Müssens. Ich kann aufgrund der Rechtslage, die wir haben, gar nicht anders, als sie zu beobachten. Fragen der Opportunität, wie sie Herr Backes skizziert hat, stellen sich für uns nicht – ich muss es tun. Und dies vielleicht als Neuigkeit hier im Raum: Es gibt eine neue Klage der ‚Jungen Freiheit' gegen die Beobachtung durch den Verfassungsschutz NRW, die im September 2003 bei uns eingegangen ist. Das heißt: Die Gerichte werden sich wieder damit befassen. Es wird dann auf den Zeitraum, der nach dem letzten Gerichtsverfahren vergangen ist, Bezug genommen werden. Wenn diese Entscheidung des Gerichtes ergangen ist oder wenn zwischendurch eine Entscheidung des Bundesverfassungsgerichts ergehen sollte, werden wir uns natürlich daran halten.

Ich möchte Herrn Backes noch direkt ansprechen. Wir waren vorhin zunächst im selben Arbeitskreis. Sie hätten dann mit mir in den Workshop über die Publizistik der Neuen Rechten gehen sollen, in dem Herr Puttkamer und Herr Pfeiffer genau über diese Frage gesprochen haben: Wo liegt die Gefahr der ‚Jungen Freiheit'? [vgl. die Beiträge von Michael Puttkamer und Thomas Pfeiffer in diesem Band] Wir haben von Leuten, die genauer hinschauen als der normale Leser, die zwischen den Zeilen lesen und die Bezüge sehen können, an vielen Beispielen belegt bekommen, wie gefährlich die ‚Junge Freiheit' ist und wie notwendig es ist, auf diese Probleme aufmerksam zu ma-

1 Am 9. September 2003 stellte die Münchner Polizei 1,7 Kilogramm TNT-Sprengstoff sowie Handgranaten und Infanteriemunition in der Wohnung des Anführers der neonazistischen 'Kameradschaft Süd', Martin Wiese, sicher. Die Gruppe hatte offenbar Anschläge auf mehrere Ziele geplant, darunter die Baustelle des neuen jüdischen Gemeindezentrums.

chen. Ich glaube alle, die in diesem Saal waren, haben diesen Eindruck mitgenommen.

Wenn ich bis dato vielleicht den Eindruck gehabt hätte, dass die ‚Junge Freiheit' eine vernachlässigungswerte Postille ohne politischen Einfluss ist, dann sehe ich es anders, wenn ich auf die Begleitumstände dieser Tagung blicke: was dort an Verleumdungskampagnen gelaufen ist gegen einzelne Personen, die hier im Raum sitzen – was dort bis in das demokratische Spektrum hinein initiiert worden ist – welche Überlappungs- und Scharnierfunktion deutlich geworden ist und wen die ‚Junge Freiheit' mit einer Kampagne, die sie gegen uns mobilisiert hat, zu diffamierenden Äußerungen und Abqualifizierungen von honorigen Personen treiben konnte. Wenn ich all das betrachte, kann ich nicht zu dem Ergebnis kommen, die Bedeutung dieser Zeitung sei allzu gering.

Wolfgang Kapust: Herr Gessenharter, welche Rolle spielt die Neue intellektuelle Rechte, von der Sie sprechen, für den gesamten Rechtsextremismus? Ist sie ein Teil, den wir im Zusammenhang sehen müssen, wie Herr Möller es gerade angedeutet und Herr Butterwegge angefragt hat? Sehen wir manchmal zu wenig die Zusammenhänge? Wenn ich höre, dass die ‚Staatsbriefe' zur Neuen Rechten gehören, und ich mich erinnere, dass ich den Herausgeber Hans-Dietrich Sander schon vor 20 Jahren erlebt habe, als er an Seminaren mit rechtsradikalen Schülerzeitungsredakteuren beteiligt war, dann frage ich mich: Ist das wirklich eindeutig zu trennen? Gibt es nicht Verflechtungen, die der Verfassungsschutz vielleicht kennt, die wir aber gar nicht so richtig wahrnehmen?

Wolfgang Gessenharter: Ich würde erst einmal sehr davor warnen, Herr Möller, dass Sie den Begriff des intellektuellen Rechtsextremismus übernehmen. Aus dem ganz einfachen Grunde, dass Sie damit ein ganz wichtiges Spektrum auslassen, von dem noch nicht klar ist, ob es nun wirklich im verfassungsrechtlichen Sinne extremistisch ist. Sie begeben sich damit einer Möglichkeit – vor allem, wenn Sie nur mit den Mitteln beobachten, von denen Sie gesprochen haben. Ich würde durchaus dafür plädieren, von der intellektuellen Neuen Rechten weiter zu sprechen und sie in einem viel größeren Zusammenhang zu sehen – nämlich in einem Zusammenhang, den man bewegungstheoretisch analysieren kann und in dem man feststellen kann, dass es sehr unterschiedliche Gruppen und auch unterschiedliche Härtegrade gibt. Herr Backes, wenn Sie sagen, es wäre doch einfacher, sich auf Gruppierungen oder Organisationen zu beschränken, dann möchte ich dagegen sprechen: Das sind genau diejenigen Einschränkungen, die in diesem Bereich relativ uninteressant sind. Die organisierten Gruppierungen, Parteien usw. – das wissen wir alle – spielen keine so zentrale Rolle, sondern es geht um etwas anderes: Es geht um diese intellektuellen Netzwerke.

Wir sprechen immer so, als ob dies ein Problem sei, das gerade im Moment aus irgendwelchen Gründen – sei es München – das erste Mal deutlich würde. Wir haben schließlich – und deswegen ist der Begriff der Neuen Rechten überhaupt nicht so schlecht gewählt – eine Dauer der Beobachtung, auch der wissenschaftlichen Beobachtung, die über 30 Jahre hinausreicht. Wenn wir uns das einmal genauer anschauen, dann ist es post festum doch wohl völlig unsinnig zu sagen, hier habe keine Beeinflussung der Gesellschaft stattgefunden. Ich erinnere an ein paar Stichworte: 1981 die Veröffentlichung des ‚Heidelberger Manifests'[2]. Das ist damals sehr unterschiedlich in der Öffentlichkeit diskutiert worden – ist das so eine Spinnerei von ein paar Universitätsprofessoren, oder was ist das? Wir wissen in der Zwischenzeit: Das war schon ein etwas größeres Netz, es hatte auch seine Beziehungen, und – ich habe das heute Vormittag kurz angedeutet – der erste Entwurf für ein Ausländeraufenthaltsgesetz von 1988 hatte genau diesen Gedanken. Dann kam eine neue Situation. In den 88er, 89er Jahren – also bis kurz vor der Wende – haben wir uns alle gefragt: Was ist denn eigentlich mit der Neuen Rechten los? In dieser Zeit war sie praktisch nicht präsent, weil beispielsweise die Frage der deutschen Vereinigung in den Hintergrund gedrängt war. Dann kam die deutsche Vereinigung, und es folgte etwas, was immer wieder völlig falsch dargestellt wird: Es waren nicht zuerst die Stammtische in Deutschland, die über Ausländer gesprochen haben, und erst dann hätten sich die Politiker der Sache angenommen. Vielmehr ist dieses Thema im politischen Raum zuerst besprochen worden. Zuerst ist es in den Parteien besprochen worden, und es ist unter anderem von der Neuen Rechten durchsetzt und infiltriert worden. Erst danach ist der öffentliche Dialog mit all diesen Schand- und Brandtaten eingetreten – nicht umgekehrt. Wenn da noch jemand sagen will, dies sei keine Gefahr, dann frage ich: Wo lebt der denn eigentlich?

Danach geht das Ganze wieder etwas zurück, bis etwa Mitte der 90er Jahre. Dann beginnt diese ganze Geschichte mit der „Selbstbewussten Nation"[3] und den dazugehörigen Diskussionen. Man muss sich doch nur anse-

---

2 Im ‚Heidelberger Manifest' vom 17. Juni 1981 forderten 15 Professoren „alle Verbände, Vereinigungen und Bürgerinitiativen, die sich für die Erhaltung des deutschen Volkes, seiner Sprache, Kultur und Lebensweise einsetzen", auf, einen Dachverband zu gründen. Weiter hieß es: „Mit großer Sorge beobachten wir die Unterwanderung des deutschen Volkes durch Zuzug vieler Millionen Ausländer und ihrer Familien, die Überfremdung unserer Sprache, unserer Kultur, unseres Volkstums. [...] Die Integration großer Massen nichtdeutscher Ausländer ist daher bei gleichzeitiger Erhaltung unseres Volkes nicht möglich und führt zu den bekannten ethnischen Katastrophen multikultureller Gesellschaften." Zugleich mit dem Manifest wurde ein Aufruf zur Gründung eines ‚Schutzbundes für das deutsche Volk' (SDV) veröffentlicht, dessen Diktion dem Sprachgebrauch der NPD ähnelte. Nach Kritik in der Öffentlichkeit distanzierten sich die Professoren vom SDV. Die meisten von ihnen veröffentlichten am 30. Januar 1982 in Mainz ein neues, abgeschwächtes Manifest.

3 Der Sammelband 'Die selbstbewusste Nation. 'Anschwellender Bocksgesang' und weitere Beiträge zu einer deutschen Debatte' wurde 1994 von Heimo Schwilk und Ulrich Schacht

hen, was allein dieser Aufruf in der FAZ 1995 ausgelöst hat.[4] Welche honorigen, wichtigen Leute hat er plötzlich zusammengeführt – auch aus der SPD, Herr Apel war dabei und wer weiß wer. Danach ist etwas Interessantes geschehen: Die Öffentlichkeit hat in einer Schärfe reagiert, die ich nicht erwartet hatte, und das Ganze ist zusammengefallen. Damals hat Herr Schwilk gesagt: Wir sind die Neuen Rechten. Warum weigern wir uns diese Gruppierung so zu bezeichnen, wie er sie selbst nennt? Ich habe jede Menge Zitate aus seinem Buch von 1997 ‚Für eine Berliner Republik', in dem er sagt: Wir sind die Neuen Rechten, wir sind die Neuen intellektuellen Rechten, wir sind die Jungen Rechten, wir sind die Jungen Konservativen. Er legt sich nicht auf einen Begriff fest, erweckt aber doch alle möglichen Assoziationen.

Die Linie führt bis in die Mitte der CDU hinein. Nicht ich war es, der als Erster gesagt hat, es reichten Dinge bis in die Mitte der Gesellschaft hinein (wenn auch Herr Scheuch in seiner sich um Wahrheit nicht kümmernden Art dieses behauptet). Es war Friedbert Pflüger aus der CDU, der es in seinem Buch ‚Deutschland driftet' 1994 geschrieben hat, das etwa ein Vierteljahr später herauskam als mein damaliges Buch ‚Kippt die Republik?'. Wäre es umgekehrt gewesen, hätten mir wahrscheinlich die Leute den Vorwurf gemacht, ich hätte von ihm abgeschrieben. Friedbert Pflüger hat gesagt: Dies geht mir als jemanden, der in der CDU eine wichtige Funktion hatte und auch heute hat, zu weit. Ich habe vor kurzem einen Briefwechsel mit ihm geführt, und er hat mir darin geschrieben, dass er von den damaligen Aussagen keinerlei Abstriche zu machen habe. Er sah die Gefahr. Und diese Gefahr war nicht gering. Zurzeit sind wir wieder an einem Punkt, an dem ich sagen würde: Es besteht eine gewisse Pause. Aber Herr Butterwegge sagt zu Recht: Lasst uns früh genug hinschauen. Damit wir nicht hinterher hängen und wie-

---

herausgegeben. Häufig wird das Buch als eine Art Manifest der Neuen Rechten verstanden, da es die damalige Aufbruchsstimmung dieser Strömung widerspiegelt und einige Beiträge typische sprachliche und thematische Muster versammeln. Der Titel „Die selbstbewusste Nation" ist in der Neuen Rechten und in Teilen des traditionellen Rechtsextremismus aufgegriffen worden, um die eigenen Zielvorstellungen zusammenzufassen bzw. euphemistisch zu umschreiben.

4 Der Aufruf ‚Wider das Vergessen' wurde zum 50. Jahrestag der Kapitulation des Deutschen Reiches, dem 8. Mai 1995, initiiert und von der Neuen Rechten unterstützt. Der Aufruf kritisierte, Medien und Politiker charakterisierten den Tag des Kriegsendes einseitig als „Tag der Befreiung". Dabei markiere er auch den Beginn der Vertreibungen und der Teilung Deutschlands. Positive Resonanz fand der Aufruf bei rechtsextremistischen Akteuren, zum Teil aber auch bei Vertretern demokratischer Parteien. Letztere zogen ihre Unterstützung mitunter zurück, nachdem ihnen das politische Spektrum der Mitunterzeichner bekannt geworden war. Kritiker werfen dem Aufruf vor, er wolle Deutschland vorrangig als ein Opfer der Geschichte darstellen und die Erinnerung an die Verbrechen, die von Deutschland ausgingen, in den Hintergrund treten lassen. Vgl. Gessenharter, Wolfgang: Rückruf zur ‚selbstbewussten Nation', in: Hellmann, Kai-Uwe und Koopmans, Ruud (Hrsg.): Paradigmen der Bewegungsforschung, Opladen 1998, S. 166-180. Zum Aufruf ‚Wider das Vergessen' sowie zum Buch ‚Die selbstbewusste Nation' vgl. auch die Beiträge von Thomas Pfeiffer in diesem Band.

der sagen müssen: Um Gottes Willen, wir haben das gar nicht gewusst. Und an dieser Stelle ist – ich hab das heute schon gesagt – ein Verbund zwischen Wissenschaft und dem Verfassungsschutz möglich. Dass Wissenschaftler sehr viel freier vorgehen können, finde ich sehr gut. Auf der anderen Seite finde ich es sehr gut, dass der Verfassungsschutz in Nordrhein-Westfalen – es gibt auch andere Verfassungsschutzbehörden, das will ich nicht leugnen, die mir weniger gefallen als dieser hier – derart akribisch arbeitet – so wie wir das vorhin gehört haben. Vieles von dem, was Herr Puttkamer in der Arbeitsgruppe wiedergegeben hat, war für mich neu, und ich finde sein Vorgehen ganz korrekt. Wir sollten uns daher nicht scheuen im Sinne einer wehrhaften, – und das ist entscheidend – öffentlich, aber scharf diskutierenden Gemeinde miteinander zu ringen. Dies sollten wir untereinander tun und mit den Gegnern – ich würde niemals sagen Feinde –, die uns etwas aufdrängen wollen, was ich nicht möchte.

Wolfgang Kapust: Wir haben nun unterschiedliche Positionen aus der Wissenschaft gehört: Die einen sagen, die Neue Rechte ist gefährlich, wir können zusammenarbeiten – die anderen halten davon nicht viel. Herr Backes, wirft das eigentlich ein Schlaglicht auf die Wissenschaft? Was leisten Sie eigentlich an den Universitäten? Haben Sie die gleiche Empirie, die gleiche Basis, auf der Sie Wertungen vornehmen? Wie ernst können wir die Ergebnisse nehmen, die uns aus den Universitäten zugänglich gemacht werden?

Uwe Backes: Wir haben eine pluralistische Wissenschaftslandschaft, und da wird natürlich auch über solche Themen nie ein Einvernehmen herzustellen sein. Ich möchte aber auch keine falschen Fronten aufbauen. In einigen Punkten sind wir ja einer Meinung. Alle auf dem Podium sind, denke ich, der Auffassung, dass es wichtig ist, sich mit intellektuellen ideologischen Formen des Rechtsextremismus auseinander zu setzen. Niemand hier bestreitet, dass die Verfassungsschutzbehörden dabei eine wichtige Rolle spielen. Wir haben gestritten um den Begriff der Neuen Rechten, aber wir alle sind uns darüber im Klaren, dass in der Literatur ganz unterschiedliche Begriffe kursieren und dass es natürlich in der wissenschaftlichen Diskussion auch wichtig ist, sich über Begriffe zu verständigen, damit nicht Kommunikationsschwierigkeiten entstehen – und vor allem, damit nicht Dinge zusammengerührt werden, die nicht zusammen gehören. Meines Erachtens wird hier doch ein bisschen viel zusammengemengt. Erstens muss man doch die Frage stellen: Was wissen wir überhaupt über die Wirkungen von solchen kleinen Organen, wie sie Herr Pfeiffer vorgestellt hat, auf die demokratische Mehrheitskultur? Das ist ganz schwer zu messen, eben weil es relativ kleine Grüppchen sind. Sie konstruieren doch hier, Herr Gessenharter, Verbindungen zwischen gesellschaftlichen Ereignissen und Äußerungen von Politikern in Wahlkampfzeiten, die in entsprechend emotionalisierter Atmosphäre oder auch mit

Kalkül getan werden und von denen wir beide bedauern, dass sie ausgesprochen wurden. Aber wie können wir belegen, dass es hier eine Verbindung gibt? Oder wenn Sie über Auswirkungen auf die gewaltorientierte Szene sprechen? Wir sind uns natürlich einig, dass Letzteres ein ganz besonders zu beobachtendes und brisantes Phänomen in der Bundesrepublik ist.

Ich möchte noch eine Bemerkung hinzufügen: Ich glaube, dass die Texte, die von Skinhead-Musikgruppen verbreitet werden, eine viel größere Wirkung auf die Jugend haben als verschrobene Theorieausarbeitungen in elitären, esoterischen neurechten Zirkeln. Wir müssen danach fragen, wie diese Wirkungen zu messen sind. Herr Gessenharter, Sie sind doch auch empirisch arbeitender Sozialwissenschaftler. Sie haben mit empirisch quantifizierenden Methoden beispielsweise den Einfluss von rechtsextremen Meinungen in der Bundeswehr analysiert ...

Wolfgang Gessenharter: ... das war auch schwer genug.

Uwe Backes: Warum wenden Sie nicht dieses empirisch quantifizierende Instrumentarium an, um die Wirkung von Theorien, wie sie im intellektuellen Rechtsextremismus entwickelt werden, auf die Gesellschaft zu messen? Das könnte man ja mal versuchen.

Wolfgang Gessenharter: Die Kollegen im Wissenschaftszentrum Berlin haben das getan. Darauf habe ich gerade eben verwiesen.[5]

Wolfgang Kapust: Es gibt mehrere Wortmeldungen aus dem Publikum. Ich schlage vor, dass wir zunächst einige Fragen zusammenstellen.

Frage: Ich komme zurück auf den Anfang der Debatte. Herr Möller, Sie haben gesagt: Das Verwaltungsgericht hat entschieden – das OVG hat entschieden – deshalb müssen wir die ‚Junge Freiheit' beobachten. Das ist nicht richtig. Das müssten Sie eigentlich wissen. Der Prozess betraf die Verfassungsschutzberichte von 1994 und 1995. Es mag ja sein, dass inzwischen Einiges nicht mehr zutrifft. Wenn künftige Berichte die ‚Junge Freiheit' erwähnen, muss das Landesamt für Verfassungsschutz das jeweils verantworten. Die Tatsache, dass eine neue Klage eingegangen ist, zeigt gerade, dass alte Sachen alte Sachen sind, auf die Sie sich nicht berufen können. Wenn Sie glaubten, Sie bräuchten sich aufgrund eines Privilegs diese Gedanken nicht zu machen, wäre das sehr traurig. Von den jüngsten Berichten, die ich gelesen habe, ist einer schwächer als der andere.

---

5 Diese Forschungsergebnisse werden in folgendem Beitrag referiert: Gessenharter, Wolfgang: Neue radikale Rechte, intellektuelle Neue Rechte und Rechtsextremismus, in: ders. und Fröchling, Helmut (Hrsg.): Rechtsextremismus und Neue Rechte in Deutschland, Opladen 1998, S. 45f.

Hartwig Möller: Ich denke, das ist Ihre persönliche Wertung. Wenn ein Gericht feststellt, dass bestimmte Äußerungen und bestimmte Kampagnen rechtfertigen, dass eine Verfassungsschutzbehörde eine Bestrebung beobachtet, und wenn diese Äußerungen Jahr um Jahr fortgeführt werden ...

Zwischenruf: ... das ist die Frage!

Hartwig Möller: Ich darf aus der neuesten Analyse des Verfassungsschutzes in Baden-Württemberg zitieren, damit hier nicht immer von Nordrhein-Westfalen die Rede ist. Dort heißt es: „Die ausgewählten Bespiele aus den ‚Junge Freiheit'-Ausgaben des ersten Halbjahres 2003 belegen, dass weiterhin – im Vergleich zum zweiten Halbjahr 2002 sogar mit zunehmender Tendenz – tatsächliche Anhaltspunkte für rechtsextremistische Bestrebungen gegeben sind. Sie rechtfertigen eine Beobachtung dieser Zeitung durch den Verfassungsschutz auch weiterhin." Das stammt aus Baden-Württemberg. Es geht hier also nicht um einen Kleinkrieg von Nordrhein-Westfalen. Wir prüfen sehr genau, und wir wissen, was wir tun müssen. Wir wissen auch um die Bedeutung der Erwähnung im Verfassungsschutzbericht. Das machen wir nicht leichtfertig. Ich hoffe, dass Sie dies nicht unterstellen. Wir wissen genau, dass das ein Eingriff ist, der Folgen hat. Aber wir können es rechtfertigen, und wir sehen diesen Klagen mit Gelassenheit entgegen. Sie waren ja im selben Arbeitskreis wie ich, und Sie haben die Argumente gehört. Wir werden dem Gericht all die Beispiele vorlegen, die zeigen, dass wir uns richtig verhalten haben. Ich sehe keine Tendenz der ‚Jungen Freiheit' seit dem letzten Urteil, von ihrer Haltung grundlegend abzuweichen, eine Wende zum Guten, zum demokratischen Spektrum zu vollziehen.

Frage: Ich komme von der „neoliberalen" Friedrich-Naumann-Stiftung. Ich wende mich an Herrn Prof. Butterwegge und möchte vorwegschicken, dass ich Sie sehr schätze für Ihre Arbeit in den Bereichen Migration und Rechtsextremismus. Ich habe allerdings das Gefühl, dass Ihnen bei der Definition der Neuen Rechten ein wenig der alte Stamokap-Juso durchgegangen ist. Ich lade Sie gerne in die Friedrich-Naumann-Stiftung ein, um zu sehen, womit wir uns – als „Marktradikale" – beschäftigen: mit freiem Welthandel, mit freiem Zug von Personen und Waren. Das sind Dinge, durch die aus unserer Sicht die Entwicklung in der Dritten Welt vorankommen kann. Diese Positionen sind also in keiner Weise rechts. Ich halte das nicht nur für sachlich falsch, sondern auch für gefährlich: Sie betreiben mit Ihrer Definition genau die Erosion der Grenze von „Neuer Rechter" und „Mitte der Gesellschaft", die die Protagonisten der Neuen Rechten anstreben. Sie packen Leute in einen Sack, die dort nicht hineingehören.

An Herrn Dr. Backes nur ganz kurz folgender Hinweis: Ich denke, dass die ‚Junge Freiheit' ein Blatt ist, das ein Spektrum, vor allem innerhalb des

Konservatismus, widerspiegelt – in dem es den demokratischen Konservatismus gibt, allerdings auch einen rechtsextremen Konservatismus. Das ist etwas Ähnliches wie das, was man bei der PDS tut, die von sich sagt: Wir sind eine pluralistische Linke – da gibt es demokratische Linke, und es gibt auch teilweise die ‚Kommunistische Plattform'. Da beschweren Sie sich meines Wissens nicht darüber, dass die ‚Kommunistische Plattform' vom Verfassungsschutz beobachtet wird. Von daher denke ich, dass eine gewisse Parallelität vorhanden ist, und ich verstehe nicht, warum Sie die ‚Junge Freiheit' aus der Verfassungsschutzbeobachtung herausnehmen möchten.

Frage: Ich habe eine kurze Anmerkung und eine konkrete Frage an Herrn Backes. Die Anmerkung ist folgende: Wie man auch zur Arbeit einer Verfassungsschutzbehörde stehen mag, ist doch zweifellos eine ihrer Aufgaben die präventive Tätigkeit, wenn sich Verdachtsmomente ergeben. In Bezug auf die ‚Junge Freiheit' erinnere ich da nur an den gemeinsamen Buchmessenauftritt mit Horst Mahler im Jahr 1998.

Zu Herrn Backes: Sie haben selbst den Begriff des intellektuellen Rechtsextremismus in die Debatte gebracht. Wenn ich mir aber Ihre eigenen Schriften anschaue, dann fällt mir auf, dass Sie mit Rainer Zitelmann zusammengearbeitet haben, der ja selbst einer der Vorredner der Neuen Rechten war. Wenn ich mir das Autorenverzeichnis des von Ihnen gemeinsam mit Ihrem Kollegen Eckhard Jesse herausgegebenen Jahrbuchs ‚Extremismus & Demokratie' anschaue, dann treffe ich da auf Bernd Rabehl, der sich jetzt in kleinen Verlagen verdient macht um die revolutionäre Eindeutschung des Werks von Rudi Dutschke, und ich treffe auf den bekennenden Antisemiten und Verteidiger des Geschichtsrevisionismus Ernst Nolte. Vor diesem Hintergrund ist mir die zaghafte Haltung, die Sie gegenüber der ‚Jungen Freiheit' einnehmen, ein bisschen verdächtig.

Frage: Ich bin Mitherausgeber des Buchs ‚RechtsRock', das sich ausführlich mit rechten Musiknetzwerken beschäftigt. Mich wundert der Beitrag von Herrn Backes. Sie würden sagen: Konzentrieren Sie sich doch vorrangig auf die Organisationen. Dabei ist ganz klar, dass im Bereich der extremen Rechten inzwischen sehr viel mehr über soziale Netzwerke läuft, über soziale Beziehungen, auch über die Erlebniswelten von Jugendlichen, besonders durch den Rechtsrock.

Wolfgang Kapust: Jetzt haben Sie noch einmal kurz Gelegenheit zur Replik. Herr Backes ist gebeten, die gesamte wissenschaftliche Reputation wieder herzustellen. In einer Minute.

Uwe Backes: Es sind ja verschiedene Fragen gestellt worden. Zunächst die nach der Parallele zur PDS: Sie meinten, ich hätte ja auch nichts gegen die

Beobachtung der kommunistischen Plattform, und sie sei ja nur ein Teil der PDS. Denken Sie nicht, dass dieser Vergleich ein wenig hinkt – zwischen einer Zeitung mit einer Auflage von 10.000 Exemplaren und einer Partei, die immerhin noch um die 70.000 Mitglieder hat? Ich möchte meine Position im Hinblick auf die Verfassungsschutzbehörden und ihre Rolle noch einmal deutlich machen und warum ich meinte, sie sollten die ‚Junge Freiheit' aus der Beobachtung herausnehmen. Die Konzeption der streitbaren Demokratie und die Einrichtungen des behördlichen Verfassungsschutzes in Deutschland sind eine Gratwanderung der Demokratietheorie, wie alle Begründer der Konzeption der streitbaren Demokratie das ja auch verstanden haben. Es sollte – im Unterschied zur Weimarer Zeit – in das Vorfeld der illegalen und der gewaltorientierten extremistischen Betätigung hineingeleuchtet werden können. Die Praxis der Verfassungsschutzbehörden konzentrierte sich dann im Wesentlichen auf die Beobachtung des organisierten Extremismus. Ich beobachte, dass seit einigen Jahren nun eine Ausdehnung in ein geistiges Vorfeld stattfindet. Das erscheint mir problematisch. Ich fürchte, dass dadurch die Verfassungsschutzbehörden einen Eingriff in den freien Austausch der Meinungen vornehmen, der im Interesse einer offenen, einer liberalen Gesellschaft nicht wünschenswert ist. Ich würde daher die Rolle der Verfassungsschutzbehörden, deren Aufgaben ich für sehr wesentlich halte und deren Legitimität als Institutionen des Demokratieschutzes ich nicht in Frage stelle, lieber auf das organisierte Spektrum einschränken.

Ich bin dann sehr persönlich gefragt worden, ich hätte mit Rainer Zitelmann zusammengearbeitet. In der Tat gibt es eine gemeinsame Publikation, die ungefähr 13 Jahre zurückliegt. Das war aber keine politische Zusammenarbeit. Wir haben damals wissenschaftlich auf bestimmten Feldern zusammengearbeitet, danach kamen seine politischen Aktivitäten, die ich persönlich nicht geteilt habe, die mir aber auch in keiner Weise extremistisch zu sein scheinen. Das spielte sich auf dem rechten Flügel der FDP in Berlin ab, wie Sie vielleicht wissen, und das ist auch nicht Gegenstand der Beobachtung des Verfassungsschutzes gewesen.

Im Jahrbuch ‚Extremismus & Demokratie' schreiben viele Autoren. Es gibt eine lange Liste von renommierten Autoren, die darin zu Themen der Extremismusforschung schreiben. Ich glaube nicht, dass es zutreffend ist, wenn Sie Ernst Nolte vorwerfen, er sei ein bekennender Antisemit. Sie müssten mir erst einmal zeigen, wo er Äußerungen in diesem Sinne gemacht hat. Ich halte ihn für einen bedeutenden Wissenschaftler, und er ist in der Faschismusforschung einer der Pioniere gewesen. Sie sollten vielleicht auch einmal lesen, was er im Jahrbuch ‚Extremismus & Demokratie' geschrieben hat, und nicht gleich, wenn der Name fällt, allergisch reagieren und Angst haben vor dem, was da unter Umständen von dem betreffenden Autor geschrieben werden könnte. Und dann erlaube ich mir die Bemerkung, dass wir das Thema Neue Rechte oder intellektueller Rechtsextremismus im Jahrbuch keineswegs ausgespart haben. Wenn Sie die Bände durchschauen, werden Sie sehen: Es ist eine kontinuierliche Auseinandersetzung. Es gibt eine ganze Reihe von Zeitschriftenportraits, die sich in detaillierter Form mit Organen auseinandersetzen, die diesem Spektrum zugerechnet werden oder teilweise diesem Spektrum angehören. Ich würde behaupten, es gibt kaum anderswo derart detaillierte Auseinandersetzungen mit solchen Organen, und wundere mich darüber, dass Sie das nicht zur Kenntnis genommen haben.

Christoph Butterwegge: Ich bin dem Vertreter der Friedrich-Naumann-Stiftung dankbar, dass ich Folgendes klarstellen kann: Ich habe nie gesagt, der Liberalismus oder Neoliberalismus sei gleichzusetzen mit dem Rechtsextremismus – womöglich gar der FDP-Vorsitzende Guido Westerwelle mit Franz Schönhuber oder Udo Voigt. Davon kann überhaupt keine Rede sein. Ich habe vielmehr davor gewarnt, dass sich der Marktradikalismus mit dem Standortnationalismus verbindet. Für den Letzteren spielt das Individuum überhaupt keine Rolle mehr, sondern im Mittelpunkt seines ganzen Denkens und Handelns steht die Frage, wie man den „Wirtschaftsstandort D" zur die Welt beherrschenden Größe machen kann – ähnlich wie es früher beim Kaiserreich der Fall war. Ich hoffe sehr, dass dies nicht die Zielsetzung der FDP oder der ihr nahe stehenden Stiftung ist.

Standortnationalistische Tendenzen werfen für mich die Frage auf, ob nicht eine modernistische Fraktion im Rechtsextremismus entsteht, die – anders als eine traditionalistische Fraktion – eher Modernisierungs- oder Globalisierungsgewinner anspricht. Ich sehe solch eine Fraktionierung, eine Dualisierung, im Rechtsextremismus – auch wenn das in Deutschland andere Formen annimmt und vielleicht noch nicht so deutlich ist wie beispielsweise in Osteuropa. Der Fraktionierung entspricht, dass die einen in Richtung des Standortnationalismus denken und die anderen in Richtung des völkischen Nationalismus. Beides schließt sich nicht aus und könnte zu einer sehr brisanten Mischung werden. Ich behaupte nicht – wie es mir von Leuten vorgeworfen wird, die nicht willens oder in der Lage sind, meine Publikationen richtig zu lesen –, dass der völkische Nationalismus verschwindet. Vielmehr sage ich, dass beide quasi als siamesisches Zwillingspärchen auftreten. Es sind also Modernisierungstendenzen auch im Rechtsextremismus feststellbar, und sie nicht zur Kenntnis zu nehmen wäre fahrlässig.

Ich behaupte auch nicht, der ‚Spiegel' sei rechtsextrem oder der Neuen Rechten zugehörig, weil er im April 2001 schrieb: „So pathetisch das klingen mag: Es geht um den Bestand des deutschen Volks." Was ich vielmehr sage, kommt im Titel meines letzten Buches ‚Themen der Rechten – Themen der Mitte. Zuwanderung, demografischer Wandel und Nationalbewusstsein' zum Ausdruck: Wenn die Mitte mehr und mehr Themen der Rechten aufgreift, wächst die Gefahr, dass sich auch inhaltliche Bezüge vermehren, dass die demokratische Öffentlichkeit nicht wachsam genug ist, dass sie gewissermaßen die Schleusen für rechtsextreme oder von Rechtsextremisten angestoßene Diskurse öffnet. Wenn sich der ‚Spiegel' oder die ‚Zeit' in der zitierten Weise über ein angeblich drohendes „demografisches Desaster" auslassen, wird deren Redaktion weder von Rechtsextremisten übernommen, noch haben sie viel mit der ‚Jungen Freiheit' gemein. Doch sollte der Demografie-Diskurs als ideologische Schnittstelle erkannt und entschärft, also nicht in einer die Neue Rechte stärkenden und bestätigenden Weise forciert werden.

Ich hoffe – auch als Fazit dieser Tagung –, dass neben den Verfassungsschutzbehörden die demokratische Öffentlichkeit wirksamen Verfassungsschutz betreibt. Wichtig ist, dass sie aufmerkt, wenn beispielsweise der Antisemitismus wieder salonfähig gemacht wird. Dass solche Tendenzen auch mit dem Namen ihres ehemaligen stellvertretenden Bundesvorsitzenden Jürgen Möllemann verbunden sind, macht die FDP natürlich nicht zu einer rechtsextremen Partei. Das Beispiel zeigt aber die Gefahr, dass schleichend, gewissermaßen subkutan, Ideologien der Neuen Rechten in die Mitte unserer Gesellschaft vordringen und dass diese dem nicht entschlossen entgegentritt. Für die nötige Sensibilität und Wachsamkeit sollten wir gemeinsam werben – Verfassungsschützerinnen und Verfassungsschützer, Wissenschaftlerinnen und Wissenschaftler, Publizistinnen und Publizisten, am besten alle Menschen, die sich politisch engagieren.

Autoren

Frank Aydt: Jg. 1971, M.A., Studium der Germanistik an der Universität Köln Magister-Arbeit: Textsemantische und diskursanalytische Untersuchung rechtsradikaler Propaganda im Internet

PD Dr. Uwe Backes: Jg. 1960, Politikwissenschaftler, Stellvertretender Direktor des Hannah-Arendt-Instituts für Totalitarismusforschung an der Technischen Universität Dresden, Forschungsschwerpunkte: Demokratietheorie, Ideologiegeschichte, vergleichende Extremismusforschung, autoritäre und totalitäre Diktaturen
Veröffentlichungen u.a.: Jahrbuch Extremismus & Demokratie (seit 1989 hrsg. mit Eckhard Jesse), Rechtsextreme Ideologien in Geschichte und Gegenwart (2003 hrsg.), Liberalismus und Demokratie – Antinomie und Synthese (2000), Schutz des Staates (1998), Politischer Extremismus in demokratischen Verfassungsstaaten (1989)

Dr. Brigitte Bailer: Jg. 1952, Historikerin, Mitarbeiterin des Dokumentationsarchivs des österreichischen Widerstandes, Lehrbeauftragte an der Universität Wien
Veröffentlichungen u.a.: Die Entstehung der Rückstellungs- und Entschädigungsgesetzgebung. Die Republik Österreich und das in der NS-Zeit entzogene Vermögen (2003), Haider und die „Freiheitlichen" in Österreich (2. Aufl. 1997 mit Wolfgang Neugebauer), Die Auschwitzleugner. „Revisionistische" Geschichtslüge und historische Wahrheit (1996 hrsg. mit Wolfgang Benz und Wolfgang Neugebauer)

Prof. Dr. Christoph Butterwegge: Jg. 1951, Geschäftsführender Direktor des Seminars für Sozialwissenschaften an der Universität Köln, Forschungsschwerpunkte: Globalisierung, Migration, Sozialstaatsentwicklung, Armut, Rechtsextremismus
Veröffentlichungen u.a.: Zuwanderung im Zeichen der Globalisierung. Migrations-, Integrations- und Minderheitenpolitik (2. Aufl. 2003 hrsg. mit Gudrun Hentges), Themen der Rechten – Themen der Mitte. Zuwanderung,

demografischer Wandel und Nationalbewusstsein (2002 mit anderen), Rechtsextremismus (2002)

Prof. Dr. Wolfgang Gessenharter: Jg. 1942, Leiter der Arbeitsgruppe Demokratieforschung an der Helmut-Schmidt-Universität – Universität der Bundeswehr Hamburg, Hochschullehrer für Politikwissenschaft, insbesondere Politische Theorie, Forschungsgebiete: Rechtsextremismus, Bürgerbeteiligung, Politische Kultur
Veröffentlichungen u.a.: Rechtsextremismus und Neue Rechte in Deutschland. Neuvermessung eines politisch-ideologischen Raumes? (1998 hrsg. mit Helmut Fröchling), Kippt die Republik? Die Neue Rechte und ihre Unterstützung durch Politik und Medien (1994)

Dr. Thomas Grumke: Jg. 1970, Politikwissenschaftler, Freier Publizist, Lehrbeauftragter am John F. Kennedy-Institut für Nordamerikastudien der Freien Universität Berlin und an der Universität Frankfurt (Oder)
Veröffentlichungen u.a.: Globalisierter Rechtsextremismus. Rechtsextremismus in der Ära der Globalisierung (2004 hrsg. mit Thomas Greven), Handbuch Rechtsradikalismus. Personen – Organisationen – Netzwerke vom Neonazismus bis in die Mitte der Gesellschaft (2002 hrsg. mit Bernd Wagner), Rechtsextremismus in den USA (2001)

Dr. Dietrich Heither: Jg. 1964, Politikwissenschaftler, Oberstudienrat an einer Wiesbadener Schule, Promotion über die ‚Deutsche Burschenschaft' an der Universität Marburg
Veröffentlichungen u.a.: Verbündete Männer. Die Deutsche Burschenschaft – Weltanschauung, Politik und Brauchtum (2000), Blut und Paukboden. Eine Geschichte der Burschenschaften (1997 hrsg. mit Michael Gehler, Alexandra Kurth und Gerhard Schäfer)

Wolfgang Kapust: Jg. 1950, Redakteur beim Westdeutschen Rundfunk, seit 2003 Korrespondent im ARD Hauptstadtstudio, Schwerpunkte: Innen- und Rechtspolitik, Rechtsextremismus

Hans-Peter Lüngen: Jg. 1956, Jurist, seit 1992 im Innenministerium NRW, von 1998 bis 2003 Referatsleiter beim Verfassungsschutz, in dieser Zeit u.a. für die Beobachtung der Neuen Rechten zuständig

Anton Maegerle: Journalist, Buch- und TV-Autor, Mitarbeiter des Informationsdienstes ‚blick nach rechts' und der Vierteljahreshefte ‚Tribüne. Zeitschrift zum Verständnis des Judentums'
Veröffentlichungen u.a.: Die Sprache des Hasses: Rechtsextremismus und völkische Esoterik – Jan van Helsing, Horst Mahler (2001), Thule. Vom völ-

kischen Okkultismus bis zur Neuen Rechten (2. Aufl. 1998, beide Publikationen mit Friedrich Paul Heller)

Dr. Hartwig Möller: Jg. 1944, Jurist, seit 1978 in der Landesverwaltung Nordrhein-Westfalen tätig, nach 1991 Leiter der Polizeiabteilung im Innenministerium NRW, seit 1999 Leiter der Abteilung Verfassungsschutz

Dr. Armin Pfahl-Traughber: Jg. 1963, Politikwissenschaftler, Referatsleiter und Wissenschaftlicher Mitarbeiter in der Abteilung Rechtsextremismus im Bundesamt für Verfassungsschutz, Lehrbeauftragter an der Universität Köln
Veröffentlichungen u.a.: Antisemitismus in der deutschen Geschichte (2002), Rechtsextremismus in der Bundesrepublik (3. Aufl. 2001), „Konservative Revolution" und „Neue Rechte". Rechtsextremistische Intellektuelle gegen den demokratischen Verfassungsstaat (1998)

Dr. Thomas Pfeiffer: Jg. 1970, Dipl.-Journalist und Sozialwissenschaftler, Wissenschaftlicher Mitarbeiter beim Verfassungsschutz NRW, Lehrbeauftragter an der Universität Bochum
Veröffentlichungen u.a.: Die Kultur als Machtfrage – Die Neue Rechte in Deutschland (2003 hrsg. vom Innenministerium NRW), Für Volk und Vaterland. Das Mediennetz der Rechten – Presse, Musik, Internet (2002)

Michael Puttkamer: Jg. 1961, Dipl.-Verwaltungswirt, seit 1993 beim Verfassungsschutz Nordrhein-Westfalen, seit 1994 insbesondere für die Auswertung der Wochenzeitung ‚Junge Freiheit' zuständig, Vorsitzender des Personalrats im Innenministerium NRW

Prof. Dr. Dr. h.c. Kurt Sontheimer: Jg. 1928, bis 1995 Professor am Geschwister-Scholl-Institut für Politische Wissenschaft der Universität München, Ehrendoktor der University of Bradford (UK), zeitweise Präsident des Deutschen Evangelischen Kirchentages und Leiter des Politischen Clubs der Evangelischen Akademie in Tutzing
Veröffentlichungen u.a.: Grundzüge des politischen Systems der Bundesrepublik Deutschland (16. Aufl. 2004 mit Wilhelm Bleek), So war Deutschland nie. Anmerkungen zur politischen Kultur der Bundesrepublik (1999), Antidemokratisches Denken in der Weimarer Republik. Die politischen Ideen des deutschen Nationalismus zwischen 1918 und 1933 (4. Aufl. 1994)

Matthias Weber: Jg. 1965, M.A., Studium der Politikwissenschaften an der Universität Köln und am Institut d'Études politiques in Paris, Referent in der Abteilung Rechtsextremismus im Bundesamt für Verfassungsschutz

Prof. Dr. Roger Woods: Jg. 1949, Leiter des Department of German der University of Nottingham (UK), Forschungsschwerpunkte u.a.: Die Kultur der Neuen Rechten in Deutschland, Konservative Revolution in der Weimarer Republik, Dissidenten und Intellektuelle in der DDR
Veröffentlichungen u.a.: Nation ohne Selbstbewusstsein. Von der Konservativen Revolution zur Neuen Rechten (2001), The Conservative Revolution in the Weimar Republic (1996), Changing Identities in East Germany (1996), Ernst Jünger and the nature of political commitment (1982)

Register